煤矿安全监管监察行政处罚
自由裁量基准

国家矿山安全监察局 制定

应急管理出版社
·北京·

图书在版编目（CIP）数据

煤矿安全监管监察行政处罚自由裁量基准/国家矿山安全监察局制定. -- 北京：应急管理出版社，2023
 ISBN 978-7-5020-9682-3

Ⅰ.①煤… Ⅱ.①国… Ⅲ.①煤矿—矿山安全—执法监管—行政处罚法—行政自由裁量权—中国 Ⅳ.①D922.54

中国国家版本馆 CIP 数据核字（2023）第 170030 号

煤矿安全监管监察行政处罚自由裁量基准

制　　定	国家矿山安全监察局
责任编辑	武鸿儒
责任校对	赵　盼
封面设计	解雅欣

出版发行	应急管理出版社（北京市朝阳区芍药居 35 号　100029）
电　　话	010-84657898（总编室）　010-84657880（读者服务部）
网　　址	www.cciph.com.cn
印　　刷	北京建宏印刷有限公司
经　　销	全国新华书店
开　　本	710mm×1000mm $^1/_{16}$　印张　15$^1/_4$　字数　274 千字
版　　次	2023 年 9 月第 1 版　2023 年 9 月第 1 次印刷
社内编号	20230912　　　　　　定价　58.00 元

版权所有　违者必究

本书如有缺页、倒页、脱页等质量问题，本社负责调换，电话：010-84657880

目　　录

第一编　总则 ··· 1

 第一条　制定目的和依据 ·· 1

 第二条　概念界定 ··· 1

 第三条　《基准》的适用范围 ·· 1

 第四条　裁量的原则 ··· 1

 第五条　法律冲突的解决 ·· 2

 第六条　裁量考虑的因素 ·· 3

 第七条　违法行为的认定依据和处罚依据 ·· 3

 第八条　处罚幅度量化 ··· 3

 第九条　罚款的一般、减轻、从轻和从重的判断 ··································· 3

 第十条　不予处罚的情形 ·· 4

 第十一条　从轻或减轻处罚的情形 ·· 4

 第十二条　从重处罚的情形 ··· 5

 第十三条　作出决定 ··· 5

 第十四条　集体讨论决定 ·· 5

 第十五条　法制审核 ··· 6

 第十六条　分别裁量、合并处罚 ··· 6

 第十七条　违法行为的技术性判断 ·· 6

 第十八条　以上、以下、以内、不满、超过 ··· 6

 第十九条　违法所得的计算 ··· 7

第二编　细则 ··· 8

 第二十条　煤矿未取得安全生产许可证擅自从事生产的违法行为 ··············· 8

 第二十一条　煤矿安全生产许可证有效期满未办理延期手续，继续
      进行生产的违法行为 ·· 9

 第二十二条　逾期仍不办理煤矿安全生产许可证延期手续，继续进
      行生产的违法行为 ··· 10

1

第二十三条 煤矿企业未依法办理安全生产许可证变更手续的违法行为 …………………………………………………………………… 11

第二十四条 煤矿改建、扩建工程已经验收合格，逾期仍不办理安全生产许可证变更手续，继续进行生产的违法行为 …… 12

第二十五条 煤矿及有关人员通过不正当手段取得煤矿安全生产许可证及其他批准文件的违法行为 …………………… 13

第二十六条 煤矿转让安全生产许可证的违法行为 ……………… 14

第二十七条 煤矿不再具备安全生产许可证取证条件的违法行为 …… 15

第二十八条 煤矿经整改仍不具备安全生产许可证取证条件的违法行为 …………………………………………………………………… 19

第二十九条 煤矿安全设施和条件被责令限期达到要求，逾期仍达不到要求的违法行为 ………………………………………… 19

第三十条 被责令停产整顿的煤矿擅自从事生产的违法行为 …… 20

第三十一条 关闭的煤矿擅自恢复生产的违法行为 ……………… 21

第三十二条 煤矿主要负责人未履行《安全生产法》规定的职责的违法行为 …………………………………………………… 22

第三十三条 煤矿主要负责人逾期未改正没有履行《安全生产法》规定的职责的违法行为 …………………………………… 23

第三十四条 煤矿主要负责人未履行《安全生产法》规定的职责，导致事故发生的违法行为（资格罚） ……………………… 23

第三十五条 煤矿主要负责人未履行职责导致事故发生的违法行为（罚款） ……………………………………………………… 24

第三十六条 煤矿其他负责人未履行职责的违法行为 …………… 26

第三十七条 煤矿其他负责人未履行职责，导致事故发生的违法行为 …………………………………………………………………… 26

第三十八条 煤矿安全生产管理人员未履行职责的违法行为 …… 27

第三十九条 煤矿安全管理人员未履行职责，导致事故发生的违法行为 …………………………………………………………………… 28

第四十条 煤矿决策机构、主要负责人或者个人经营的投资人未按规定保证安全生产所必需资金投入的违法行为 ……… 29

第四十一条 煤矿决策机构、主要负责人或者个人经营的投资人未按规定保证安全生产所必需资金投入，逾期未改正的违法行为 …………………………………………………………… 30

第四十二条 个人经营的投资人未按规定保证安全生产所必需的资

目　　录

金投入导致事故发生的违法行为 ……………………………… 31

第四十三条　煤矿未按照规定设置安全生产管理机构或者配备安全
生产管理人员的违法行为 ……………………………… 32

第四十四条　煤矿逾期未改正未按照规定设置安全生产管理机构或
者配备安全生产管理人员的违法行为 ………………… 33

第四十五条　煤矿未按照规定配备注册安全工程师的违法行为 …… 34

第四十六条　煤矿逾期未改正未按照规定配备注册安全工程师的违
法行为 …………………………………………………… 35

第四十七条　未经注册擅自以注册安全工程师名义执业的违法行为 … 36

第四十八条　注册安全工程师以欺骗、贿赂等不正当手段取得执业
证的违法行为 …………………………………………… 36

第四十九条　注册安全工程师准许他人以本人名义执业的违法行为 … 37

第五十条　　注册安全工程师以个人名义承接业务、收取费用的违法
行为 ……………………………………………………… 37

第五十一条　注册安全工程师出租、出借、涂改、变造执业证和执
业印章的违法行为 ……………………………………… 38

第五十二条　注册安全工程师泄漏执业过程中应当保守的秘密并造
成严重后果的违法行为 ………………………………… 39

第五十三条　注册安全工程师利用执业之便，贪污、索贿、受贿或
者谋取不正当利益的违法行为 ………………………… 39

第五十四条　注册安全工程师提供虚假执业活动成果的违法行为 …… 40

第五十五条　注册安全工程师超出执业范围或者聘用单位业务范围
从事执业活动的违法行为 ……………………………… 40

第五十六条　煤矿及其主要负责人或者其他人员违反操作规程或者
安全管理规定作业的违法行为 ………………………… 41

第五十七条　煤矿及其主要负责人或者其他负责人违章指挥从业人
员的违法行为 …………………………………………… 41

第五十八条　煤矿及其主要负责人或者其他负责人强令从业人员违
章、冒险作业的违法行为 ……………………………… 42

第五十九条　煤矿及其主要负责人、其他负责人、安全管理人员发
现从业人员违章作业不加制止的违法行为 …………… 43

第六十条　　煤矿及其主要负责人或者其他人员对被查封或者扣押的
设施、设备、器材、危险物品和作业场所，擅自启封或
者使用的违法行为 ……………………………………… 43

第六十一条	煤矿及其主要负责人或者其他人员故意提供虚假情况或者隐瞒存在的事故隐患以及其他安全问题的违法行为	44
第六十二条	煤矿及其主要负责人或者其他人员拒不执行安全监管监察部门依法下达的安全监管监察指令的违法行为	45
第六十三条	煤矿主要负责人和安全生产管理人员未按照规定经考核合格的违法行为	45
第六十四条	煤矿逾期未改正主要负责人和安全生产管理人员未按照规定经考核合格的违法行为	46
第六十五条	煤矿的决策机构、主要负责人、个人经营的投资人（包括实际控制人）未依法保证用于配备劳动防护用品的经费的违法行为	48
第六十六条	煤矿企业生产经营管理人员没有按照国家规定带班下井的违法行为	48
第六十七条	煤矿领导未带班下井的违法行为	49
第六十八条	煤矿企业负责人和生产经营管理人员下井登记档案虚假的违法行为	50
第六十九条	矿长、总工程师（技术负责人）带班下井档案弄虚作假的违法行为	51
第七十条	煤矿未建立健全煤矿领导带班下井制度的违法行为	52
第七十一条	煤矿未建立煤矿领导井下交接班制度的违法行为	53
第七十二条	煤矿未建立煤矿领导带班下井档案管理制度的违法行为	53
第七十三条	煤矿领导每月带班下井情况未按照规定公示的违法行为	53
第七十四条	煤矿领导未按规定填写煤矿领导下井交接班记录簿、带班下井记录的违法行为	54
第七十五条	煤矿未按规定保存带班下井相关记录档案的违法行为	54
第七十六条	煤矿未建立安全风险分级管控制度的违法行为	55
第七十七条	煤矿逾期未改正未建立安全风险分级管控制度的违法行为	56
第七十八条	煤矿未按照安全风险分级采取相应管控措施的违法行为	57
第七十九条	煤矿逾期未改正未按照安全风险分级采取相应管控措	

目　　录

	施的违法行为 ……………………………………………	57
第八十条	煤矿未建立事故隐患排查治理制度的违法行为 …………	58
第八十一条	煤矿逾期未改正未建立事故隐患排查治理制度的违法行为 ………………………………………………………	60
第八十二条	煤矿重大事故隐患排查治理情况未按照规定报告的违法行为 ………………………………………………………	61
第八十三条	煤矿逾期未改正重大事故隐患排查治理情况未按照规定报告的违法行为 ………………………………………	62
第八十四条	煤矿未采取措施消除事故隐患的违法行为 ……………	63
第八十五条	煤矿拒不执行立即消除或者限期消除事故隐患的指令的违法行为 …………………………………………………	63
第八十六条	煤矿拒不执行立即改正或者限期改正违法行为的指令的违法行为 …………………………………………………	64
第八十七条	煤矿超能力组织生产的违法行为 ………………………	65
第八十八条	煤矿超强度组织生产的违法行为 ………………………	67
第八十九条	煤矿超定员组织生产的违法行为 ………………………	69
第九十条	煤矿瓦斯超限作业的违法行为 …………………………	70
第九十一条	煤与瓦斯突出矿井，未依照规定实施防突出措施的违法行为 …………………………………………………………	71
第九十二条	高瓦斯矿井未建立瓦斯抽放系统和监控系统，或者瓦斯监控系统不能正常运行的违法行为 …………………	72
第九十三条	煤矿通风系统不完善、不可靠继续生产的违法行为 …	74
第九十四条	煤矿有严重水患，未采取有效措施继续生产的违法行为 …………………………………………………………	76
第九十五条	煤矿超层越界开采的违法行为 …………………………	78
第九十六条	煤矿有冲击地压危险，未采取有效措施继续生产的违法行为 …………………………………………………………	79
第九十七条	煤矿自然发火严重，未采取有效措施继续生产的违法行为 …………………………………………………………	80
第九十八条	煤矿使用明令禁止使用或者淘汰的设备、工艺的违法行为 …………………………………………………………	82
第九十九条	年产 6 万吨以上的煤矿没有双回路供电系统的违法行为 …………………………………………………………	84
第一百条	新建煤矿边建设边生产，煤矿改扩建期间，在改扩建的	

区域生产，或者在其他区域的生产超出安全设计规定的范围和规模的违法行为 ……………………………………………… 85

第一百零一条　煤矿实行整体承包生产经营后，未重新取得安全生产许可证，从事生产的，或者承包方再次转包的，以及煤矿将井下采掘工作面和井巷维修作业进行劳务承包的违法行为 ……………………………………………… 86

第一百零二条　煤矿改制期间，未明确安全生产责任人和安全生产管理机构的，或者在完成改制后，未重新取得或者变更采矿许可证、安全生产许可证和营业执照的违法行为 …………………………………………………………… 89

第一百零三条　未分别配备专职的矿长、总工程师和分管安全、生产、机电的副矿长，以及负责采煤、掘进、机电运输、通风、地测、防治水工作的专业技术人员的违法行为 …………………………………………………………… 90

第一百零四条　未按照国家规定足额提取或者未按照国家规定范围使用安全生产费用的违法行为 ……………………………… 91

第一百零五条　未按照国家规定进行瓦斯等级鉴定，或者瓦斯等级鉴定弄虚作假的违法行为 ……………………………… 92

第一百零六条　出现瓦斯动力现象，或者相邻矿井开采的同一煤层发生了突出事故，或者被鉴定、认定为突出煤层，以及煤层瓦斯压力达到或者超过 0.74 MPa 的非突出矿井，未立即按照突出煤层管理并在国家规定期限内进行突出危险性鉴定的违法行为 ……………………… 93

第一百零七条　图纸作假、隐瞒采掘工作面，提供虚假信息、隐瞒下井人数，或者矿长、总工程师（技术负责人）履行安全生产岗位责任制及管理制度时伪造记录，弄虚作假的违法行为 ……………………………………… 95

第一百零八条　矿井未安装安全监控系统、人员位置监测系统或者系统不能正常运行，以及对系统数据进行修改、删除及屏蔽，或者煤与瓦斯突出矿井存在第七条第二项情形的违法行为 ……………………………………… 96

第一百零九条　提升（运送）人员的提升机未按照《煤矿安全规程》规定安装保护装置，或者保护装置失效，或者超员运行的违法行为 ……………………………………… 98

目　　录

第一百一十条　带式输送机的输送带入井前未经过第三方阻燃和抗静电性能试验，或者试验不合格入井，或者输送带防打滑、跑偏、堆煤等保护装置或者温度、烟雾监测装置失效的违法行为…………………………………… 100

第一百一十一条　掘进工作面后部巷道或者独头巷道维修（着火点、高温点处理）时，维修（处理）点以里继续掘进或者有人员进入，或者采掘工作面未按照国家规定安设压风、供水、通信线路及装置的违法行为 …………………………………………… 102

第一百一十二条　露天煤矿边坡角大于设计最大值，或者边坡发生严重变形未及时采取措施进行治理的违法行为……… 104

第一百一十三条　煤矿被发现在3个月内2次或者2次以上有重大安全生产隐患仍然进行生产的违法行为………………… 105

第一百一十四条　煤矿未将事故隐患排查治理情况如实记录的违法行为 ……………………………………………………… 105

第一百一十五条　煤矿逾期未改正未将事故隐患排查治理情况如实记录的违法行为 ………………………………………… 106

第一百一十六条　煤矿未将事故隐患排查治理情况向从业人员通报的违法行为 ……………………………………………… 107

第一百一十七条　煤矿逾期未改正未将事故隐患排查治理情况向从业人员通报的违法行为 ………………………………… 108

第一百一十八条　煤矿未按规定上报事故隐患排查治理统计分析表的违法行为 ……………………………………………… 109

第一百一十九条　煤矿未制定事故隐患治理方案的违法行为……… 109

第一百二十条　煤矿未对事故隐患进行排查治理擅自生产经营的违法行为…………………………………………………… 110

第一百二十一条　事故隐患整改不合格或者未经安全监管监察部门审查同意擅自恢复生产经营的违法行为 ……………… 111

第一百二十二条　煤矿未按照规定制定生产安全事故应急救援预案的违法行为 ……………………………………………… 112

第一百二十三条　煤矿逾期未改正未按照规定制定生产安全事故应急救援预案的违法行为 ………………………………… 113

第一百二十四条　煤矿未定期组织事故救援预案演练的违法行为……… 114

第一百二十五条　煤矿逾期未改正未定期组织事故救援预案演练的

	违法行为 ……………………………………………………	114
第一百二十六条	煤矿未建立应急救援组织或者生产经营规模较小、未指定兼职应急救援人员的违法行为 ………	115
第一百二十七条	煤矿未配备必要的应急救援器材、设备和物资的违法行为 ……………………………………………	116
第一百二十八条	煤矿未对配备的必要应急救援器材、设备和物资保证正常运转的违法行为 …………………………	116
第一百二十九条	煤矿未按照规定开展风险辨识的违法行为 ………	117
第一百三十条	煤矿未按照规定开展风险评估的违法行为 ………	118
第一百三十一条	煤矿未按照规定开展应急资源调查的违法行为 …	118
第一百三十二条	煤矿未按照规定开展应急预案评审的违法行为 …	119
第一百三十三条	煤矿未将事故风险的性质、影响范围和应急防范措施告知周边单位和人员的违法行为 ……………	119
第一百三十四条	煤矿未按照规定开展应急预案评估的违法行为 …	120
第一百三十五条	煤矿未按照规定进行应急预案修订的违法行为 …	121
第一百三十六条	煤矿未落实应急预案规定的应急物资及装备的违法行为 ……………………………………………………	121
第一百三十七条	煤矿未按照规定对从业人员、被派遣劳动者、实习学生进行安全生产教育和培训的违法行为 ………	122
第一百三十八条	煤矿逾期未改正未按照规定对从业人员、被派遣劳动者、实习学生进行安全生产教育和培训的违法行为 ……………………………………………………	123
第一百三十九条	煤矿未按照规定如实告知有关的安全生产事项的违法行为 ……………………………………………	125
第一百四十条	煤矿逾期未改正未按照规定如实告知有关的安全生产事项的违法行为 ………………………………	125
第一百四十一条	逾期未改正未免费为每位职工发放煤矿职工安全手册的违法行为 …………………………………	126
第一百四十二条	煤矿未如实记录安全生产教育和培训情况的违法行为 ……………………………………………………	127
第一百四十三条	煤矿逾期未改正未如实记录安全生产教育和培训情况的违法行为 …………………………………	128
第一百四十四条	煤矿企业被发现1个月内3次或者3次以上未依照国家有关规定对井下作业人员进行安全生产教	

	育和培训或者特种作业人员无证上岗的违法行为……	129
第一百四十五条	煤矿特种作业人员未按照规定经专门的安全作业培训并取得相应资格上岗作业的违法行为…………	129
第一百四十六条	煤矿未建立健全特种作业人员档案的违法行为………	130
第一百四十七条	煤矿企业非法印制、伪造、倒卖特种作业操作证，或者使用非法印制、伪造、倒卖的特种作业操作证的违法行为……………………………………	131
第一百四十八条	煤矿特种作业人员伪造、涂改特种作业操作证或者使用伪造的特种作业操作证的违法行为………	131
第一百四十九条	煤矿从业人员进行安全培训期间生产经营单位未支付工资并承担安全培训费用的违法行为………	132
第一百五十条	煤矿未将安全培训工作纳入本单位工作计划并保证安全培训工作所需资金的违法行为………………	132
第一百五十一条	煤矿未建立安全培训管理制度的违法行为…………	133
第一百五十二条	煤矿未制定年度安全培训计划的违法行为…………	134
第一百五十三条	煤矿未明确负责安全培训工作的机构的违法行为……	135
第一百五十四条	煤矿未配备专兼职安全培训管理人员的违法行为……	135
第一百五十五条	煤矿用于安全培训的资金不符合《煤矿安全培训规定》的违法行为 …………………………………	136
第一百五十六条	煤矿未按照统一的培训大纲组织培训的违法行为……	136
第一百五十七条	煤矿不具备安全培训条件进行自主培训的违法行为……………………………………………………	137
第一百五十八条	煤矿委托不具备安全培训条件机构进行培训的违法行为……………………………………………………	137
第一百五十九条	煤矿安全培训机构未按照规定的培训大纲进行安全培训的违法行为…………………………………	138
第一百六十条	煤矿安全培训机构未开展安全培训并考试合格即颁发有关培训合格证明的违法行为………………	139
第一百六十一条	煤矿从业人员安全培训的时间少于《生产经营单位安全培训规定》或者有关标准规定的违法行为……………………………………………………	140
第一百六十二条	煤矿新招的井下作业人员未经实习期满独立上岗作业的违法行为……………………………………	140
第一百六十三条	煤矿相关人员未按照规定重新参加安全培训的违	

9

法行为…………………………………………………… 141
第一百六十四条　煤矿安全培训机构不具备安全培训条件的违法
行为………………………………………………… 142
第一百六十五条　煤矿安全培训机构未建立培训档案的违法行为…… 142
第一百六十六条　煤矿安全培训机构培训档案管理不规范的违法
行为………………………………………………… 143
第一百六十七条　煤矿安全培训机构采取不正当竞争手段，故意贬
低、诋毁其他安全培训机构的违法行为………… 143
第一百六十八条　特种作业人员以欺骗、贿赂等不正当手段取得安
全合格证或者特种作业操作证的违法行为……… 144
第一百六十九条　煤矿安全培训机构逾期不改正违反《安全生产
培训管理办法》规定的行为的违法行为………… 144
第一百七十条　煤矿未按照规定对煤矿建设项目进行安全评价的违
法行为……………………………………………… 145
第一百七十一条　煤矿逾期未改正未按照规定对煤矿建设项目进行
安全评价的违法行为……………………………… 146
第一百七十二条　煤矿建设项目没有安全设施设计的违法行为…… 147
第一百七十三条　煤矿逾期未改正煤矿建设项目没有安全设施设计
的违法行为………………………………………… 148
第一百七十四条　煤矿建设项目安全设施设计未按照规定报经有关
部门审查同意的违法行为………………………… 149
第一百七十五条　煤矿逾期未改正建设项目安全设施设计未按照规
定报经有关部门审查同意的违法行为…………… 150
第一百七十六条　煤矿建设项目的施工单位未按照批准的安全设施
设计施工的违法行为……………………………… 151
第一百七十七条　煤矿逾期未改正建设项目的施工单位未按照批准
的安全设施设计施工的违法行为………………… 152
第一百七十八条　煤矿建设项目竣工投入生产或者使用前，安全设
施未经验收合格的违法行为……………………… 153
第一百七十九条　煤矿逾期未改正建设项目竣工投入生产或者使用
前，安全设施未经验收合格的违法行为………… 154
第一百八十条　煤矿未依法设置安全警示标志的违法行为………… 155
第一百八十一条　煤矿逾期未改正未依法设置安全警示标志的违法
行为………………………………………………… 156

目　　录

第一百八十二条　煤矿安全设备的安装、使用、检测、改造和报废不符合国家标准或者行业标准的违法行为…………… 157

第一百八十三条　煤矿逾期未改正安全设备的安装、使用、检测、改造和报废不符合国家标准或者行业标准的违法行为…………… 158

第一百八十四条　煤矿未对安全设备进行经常性维护、保养和定期检测的违法行为…………… 159

第一百八十五条　煤矿逾期未改正未对安全设备进行经常性维护、保养和定期检测的违法行为…………… 160

第一百八十六条　煤矿关闭、破坏直接关系生产安全的监控、报警、防护、救生设备、设施的违法行为…………… 161

第一百八十七条　煤矿逾期未改正关闭、破坏直接关系生产安全的监控、报警、防护、救生设备、设施的违法行为…… 162

第一百八十八条　煤矿篡改、隐瞒、销毁直接关系生产安全的监控、报警、防护、救生设备、设施相关数据、信息的违法行为…………… 164

第一百八十九条　煤矿逾期未改正篡改、隐瞒、销毁直接关系生产安全的监控、报警、防护、救生设备、设施相关数据、信息的违法行为…………… 165

第一百九十条　煤矿井下特种设备未经具有专业资质的机构检测、检验合格，取得安全使用证或者安全标志，投入使用的违法行为　…………… 166

第一百九十一条　煤矿逾期未改正井下特种设备未经具有专业资质的机构检测、检验合格，取得安全使用证或者安全标志，投入使用的违法行为…………… 167

第一百九十二条　煤矿使用应当淘汰的危及生产安全的工艺、设备的违法行为…………… 168

第一百九十三条　煤矿逾期未改正使用应当淘汰的危及生产安全的工艺、设备的违法行为…………… 168

第一百九十四条　煤矿未为从业人员提供符合国家标准或者行业标准的劳动防护用品的违法行为…………… 169

第一百九十五条　煤矿逾期未改正未为从业人员提供符合国家标准或者行业标准的劳动防护用品的违法行为…… 170

第一百九十六条　煤矿对重大危险源未登记建档，未进行定期检

11

测、评估、监控，未制定应急预案，或者未告知应急措施的违法行为 …………………………………… 170

第一百九十七条　煤矿逾期未改正对重大危险源未登记建档，未进行定期检测、评估、监控，未制定应急预案，或者未告知应急措施的违法行为………………… 171

第一百九十八条　煤矿的危险作业未安排专门人员进行现场安全管理的违法行为………………………………………… 173

第一百九十九条　煤矿逾期未改正危险作业未安排专门人员进行现场安全管理的违法行为……………………………… 174

第二百条　煤矿将生产经营项目、场所、设备发包或者出租给不具备安全生产条件或者相应资质的单位或者个人的违法行为 ……………………………………………………… 175

第二百零一条　煤矿未与承包单位、承租单位签订专门的安全生产管理协议或者未在承包合同、租赁合同中明确各自的安全生产管理职责的违法行为……………………… 176

第二百零二条　煤矿未对承包单位、承租单位的安全生产统一协调、管理的违法行为 ………………………………… 176

第二百零三条　煤矿逾期未改正未与承包单位、承租单位签订专门的安全生产管理协议或者未在承包合同、租赁合同中明确各自的安全生产管理职责，或者未对承包单位、承租单位的安全生产统一协调、管理的违法行为 ……………………………………………………… 177

第二百零四条　煤矿建设项目的施工单位未按照规定对施工项目进行安全管理的违法行为……………………………… 177

第二百零五条　煤矿建设项目的施工单位逾期未改正未按照规定对施工项目进行安全管理的违法行为 …………… 179

第二百零六条　两个以上生产经营单位在同一作业区域内进行可能危及对方安全生产的生产经营活动，未签订安全生产管理协议的违法行为 …………………………… 179

第二百零七条　两个以上生产经营单位在同一作业区域内进行可能危及对方安全生产的生产经营活动未指定专职安全生产管理人员进行安全检查与协调的违法行为………… 180

第二百零八条　逾期未改正两个以上生产经营单位在同一作业区域内进行可能危及对方安全生产的生产经营活动，未签

目　　录

	订安全生产管理协议或者未指定专职安全生产管理人员进行安全检查与协调的违法行为……………………	181
第二百零九条	与从业人员订立协议，免除或者减轻其对从业人员因生产安全事故伤亡依法应承担的责任的违法行为……	181
第二百一十条	拒不改正拒绝、阻碍负有安全生产监督管理职责的部门依法实施监督检查的违法行为…………………	182
第二百一十一条	煤矿有关人员提供虚假情况，或者隐瞒存在的事故隐患以及其他安全问题的违法行为…………………	183
第二百一十二条	煤矿企业对机电设备及其防护装置、安全检测仪器未尽管理职责的违法行为…………………………	184
第二百一十三条	煤矿未依法对有毒有害物质进行检测的违法行为…	184
第二百一十四条	煤矿未按规定管理顶帮或者支护的违法行为……	185
第二百一十五条	露天煤矿未按规定控制采剥工作面的阶段高度、宽度、边坡角和最终边坡角的违法行为………………	186
第二百一十六条	煤矿未严格执行瓦斯检查制度，携带烟草和点火用具下井的违法行为………………………………	186
第二百一十七条	煤矿未依法编制专门设计文件，并报管理矿山企业的主管部门批准的违法行为…………………………	187
第二百一十八条	有自然发火可能性的煤矿未采取有关措施的违法行为…………………………………………………	188
第二百一十九条	煤矿井下采掘作业违反应当探水前进规定的违法行为…………………………………………………	188
第二百二十条	煤矿井下风量、风质、风速和作业环境的气候不符合规定的违法行为………………………………	189
第二百二十一条	煤矿企业对地面、井下产生粉尘的作业未采取综合防尘措施，控制粉尘危害的违法行为………………	190
第二百二十二条	煤矿未按照国家规定投保安全生产责任保险的违法行为…………………………………………………	191
第二百二十三条	煤矿逾期未改正未按照国家规定投保安全生产责任保险的违法行为………………………………………	191
第二百二十四条	矿井未使用专用防爆电器设备、专用放炮器、专用升降容器和使用明火明电照明的违法行为…………	192
第二百二十五条	煤矿采用危及相邻煤矿生产安全危险方法进行采矿作业的违法行为………………………………………	193

第二百二十六条	构成提请关闭煤矿的违法行为………………………	194
第二百二十七条	煤矿逾期未改正未将生产安全事故应急救援预案报送备案、未建立应急值班制度或者配备应急值班人员的违法行为………………………	195
第二百二十八条	煤矿使用不符合国家安全标准或者行业安全标准的设备、器材、仪器、仪表被责令限期改正或者责令立即停止使用，逾期不改正或者不立即停止使用的违法行为…………………………………	196
第二百二十九条	煤矿作业场所的粉尘或者其他有毒有害气体浓度超标，拒不停止作业的违法行为………………	197
第二百三十条	煤矿对一般事故负有责任的事故罚款…………	198
第二百三十一条	煤矿对较大事故负有责任的事故罚款…………	199
第二百三十二条	煤矿对重大事故负有责任的事故罚款…………	200
第二百三十三条	煤矿对特别重大事故负有责任的事故罚款……	202
第二百三十四条	煤矿主要负责人在事故发生后不立即组织抢救或者在事故调查处理期间擅离职守或者逃匿的违法行为………………………………………	203
第二百三十五条	煤矿主要负责人在事故发生后隐瞒不报、谎报或者迟报的违法行为………………………………	204
第二百三十六条	煤矿有关人员谎报或者瞒报事故的违法行为……	206
第二百三十七条	事故煤矿及有关人员伪造或者故意破坏事故现场的违法行为………………………………………	207
第二百三十八条	事故煤矿及有关人员转移、隐匿资金、财产，或者销毁有关证据、资料的违法行为………………	208
第二百三十九条	事故煤矿及有关人员拒绝接受调查或者拒绝提供有关情况和资料的违法行为………………………	209
第二百四十条	事故煤矿及有关人员在事故调查中作伪证或者指使他人作伪证的违法行为………………………	210
第二百四十一条	事故煤矿有关人员在事故发生后逃匿的违法行为……	211
第二百四十二条	煤矿对较大涉险事故迟报、漏报、谎报或者瞒报的违法行为………………………………………	212
第二百四十三条	承担煤矿安全评价、认证、检测、检验职责的机构出具失实报告的违法行为……………………	213
第二百四十四条	承担煤矿安全评价、认证、检测、检验职责的机	

目　　录

	构租借资质、挂靠、出具虚假报告的违法行为………	214
第二百四十五条	未取得资质的机构及其有关人员擅自从事煤矿安全评价、检测检验服务的违法行为………………	216
第二百四十六条	煤矿安全评价检测检验机构未依法与委托方签订技术服务合同的违法行为…………………	217
第二百四十七条	煤矿安全评价检测检验机构违反法规标准规定更改或者简化安全评价、检测检验程序和相关内容的违法行为………………………	217
第二百四十八条	煤矿安全评价检测检验机构未按规定公开安全评价报告、安全生产检测检验报告相关信息及现场勘验图像影像资料的违法行为……………	218
第二百四十九条	煤矿安全评价检测检验机构未在开展现场技术服务前七个工作日内，书面告知项目实施地资质认可机关的违法行为…………………	219
第二百五十条	煤矿安全评价检测检验机构名称、注册地址、实验室条件、法定代表人、专职技术负责人、授权签字人发生变化之日起三十日内未向原资质认可机关提出变更申请的违法行为………………	219
第二百五十一条	煤矿安全评价检测检验机构未按照有关法规标准的强制性规定从事安全评价、检测检验活动的违法行为………………………	220
第二百五十二条	煤矿安全评价检测检验机构安全评价项目组组长及负责勘验人员不到现场实际地点开展勘验等有关工作的违法行为………………	221
第二百五十三条	煤矿安全评价检测检验机构承担现场检测检验的人员不到现场实际地点开展设备检测检验等有关工作的违法行为………………	221
第二百五十四条	煤矿安全评价检测检验机构逾期未改正有关违法行为的违法行为…………………	222

第一编 总　　则

第一条　制定目的和依据

为规范煤矿安全监管监察部门在行政处罚过程中的自由裁量权，建立统一的煤矿安全监管监察行政处罚标准，促进依法行政，实现行政处罚的合法性和合理性，保护煤矿企业的合法权益，根据《安全生产法》《矿山安全法》《行政处罚法》《煤矿安全监察条例》《国务院关于预防煤矿生产安全事故的特别规定》《生产安全事故报告和调查处理条例》《安全生产许可证条例》《矿山安全法实施条例》《安全生产违法行为行政处罚办法》，以及中共中央、国务院《法治政府建设实施纲要（2021—2025年）》，《国务院办公厅关于进一步规范行政裁量权基准制定和管理工作的意见》等法律、法规、规章和政策的规定，制定本《基准》。

第二条　概念界定

本《基准》所称行政处罚自由裁量权是指在煤矿企业违法事实确定的情况下，在法律、法规或规章规定的行政处罚的种类和幅度的范围内，依据立法目的和合法、合理原则，煤矿安全监管监察部门及其执法人员对煤矿及其有关人员的违法行为是否给予行政处罚、给予何种行政处罚及确定处罚幅度时选择适用的权限。

第三条　《基准》的适用范围

煤矿安全监管监察部门对煤矿安全生产违法行为实施行政处罚时进行自由裁量的，应当适用本《基准》。法律、法规、规章对行政处罚自由裁量权已有规定的，从其规定。

本《基准》施行后，法律、法规、规章作出新的规定的，从其规定。

国家矿山安全监察局各省级局和地方煤矿安全监管部门可以结合本地实际，统筹考虑经济、社会发展的差异，在本《基准》规定的幅度内，对本《基准》进一步细化、量化。

第四条　裁量的原则

煤矿安全监管监察部门行使行政处罚自由裁量权，应当遵循以下原则：

（一）合法原则。煤矿安全监管监察行政处罚应当符合法律、行政法规和部门规章规定的处罚行为、条件、种类和幅度，并严格遵守法定程序。

煤矿安全监管部门还应当依据地方性法规、地方政府规章对煤矿安全生产违法行为进行处罚。

（二）主动公开原则。煤矿安全监管监察部门应当依法主动公开裁量基准，向社会公开裁量所基于的事实、理由、依据等内容。

（三）合理原则。煤矿安全监管监察部门及其工作人员应当根据本《基准》中确定的阶次实施行政处罚，在阶次范围内，再根据煤矿企业违法行为的事实、性质、情节、违法事实的数量，当事人对违法行为的态度，社会危害程度，地域差异，煤矿企业的实际情况，整改情况等因素，合理确定行政处罚的数额。行政处罚决定应当与违法行为的事实、性质、情节、社会危害程度、当事人主观过错等因素相当。

（四）依法维护当事人合法权益原则。实施行政处罚应当充分听取当事人的意见，依法保障当事人的合法权益。

（五）处罚与教育相结合原则。在实施行政处罚时，教育当事人自觉遵守法律，维护法律尊严。对情节轻微的违法行为以教育为主、处罚为辅。

第五条　法律冲突的解决

法律、行政法规、部门规章对同一违法行为的行政处罚作出不同规定时，应当按照下列原则选择适用法律规范：

（一）优先选择效力层次高的；

（二）效力层次相同的，后颁布实施的优先于先颁布实施的；

（三）效力层次相同的，特别规定优先于一般规定；

（四）对当事人的同一个违法行为，不得给予两次以上罚款的行政处罚。同一个违法行为违反同一位阶的不同法律规范，应当给予罚款处罚的，按照罚款数额高的规定处罚。如果不同法律规范中，有的法律规范的罚款为某一具体数额或者某一具体数额以下，或者某一具体数额以上另一具体数额以下，有的法律规范的罚款为百分比，则应当根据个案确定法律适用。

同一违法行为是指当事人的行为违反了同一个法律规范。当事人存在多个违法事实但违反了同一个法律规范的，仍属于同一违法行为。同一法律条款不等于同一法律规范，同一法律条款中可能包含数个法律规范。

对违法行为作出行政处罚后，对涉及暂扣或者吊销证照的，按照职责分工作出处理。不属于本部门权限的，移送有关部门处理。

第六条　裁量考虑的因素

煤矿安全监管监察部门行使行政处罚自由裁量权,应当综合考虑以下因素:

(一) 违法行为人主观过错程度;

(二) 违法行为持续时间的长短;

(三) 违法行为涉及的区域和范围;

(四) 违法行为的次数和频率;

(五) 违法所得的多少;

(六) 违法行为手段的恶劣程度;

(七) 违法行为的危害后果和社会影响程度;

(八) 改正违法行为的措施和效果;

(九) 其他依法应予考虑的因素。

第七条　违法行为的认定依据和处罚依据

认定违法行为的依据应当使用法律、法规、规章的准确名称,引用法律、法规、规章内容应当具体到条、款、项、目。

作出处罚决定的依据应当使用法律、法规、规章的准确名称,引用法律、法规、规章内容应当具体到条、款、项、目。

第八条　处罚幅度量化

法律、法规、规章设定的处罚幅度,根据违法行为情节和危害结果的轻重等,可以分为不予处罚、一般处罚、从轻或减轻处罚和从重处罚。

当事人既有从轻或者减轻处罚情节,又有从重处罚情节的,应当按照过罚相当的原则决定行政处罚的幅度。

第九条　罚款的一般、减轻、从轻和从重的判断

本《基准》所称的一般处罚,是指在《基准》确定的幅度范围内从轻处罚的上限和从重处罚的下限之间确定处罚数额。

本《基准》所称的减轻处罚,是指在《基准》确定罚款幅度以下进行的处罚。

本《基准》所称的从轻处罚,是指罚款数额为在《基准》阶次确定的幅度范围内最低罚款数额加幅度内最高罚款数额与最低罚款数额之差的百分之三十所得数额之和,但不得低于《基准》阶次确定的处罚幅度所设定的下限。

本《基准》所称的从重处罚,是指最低罚款数额为《基准》阶次确定的最低罚款数额加《基准》阶次确定的最高罚款数额与最低罚款数额之差的百分之七十所得数额之和，但最高罚款数额不能超过《基准》阶次确定的最高数额。

例如，依据《基准》，煤矿存在1条重大事故隐患继续生产的，第一阶次处50万元以上100万元以下罚款。若存在从轻处罚的，幅度为50万元以上至65万元以下；若存在从重处罚的，幅度为85万元以上100万元以下；一般处罚的幅度为65万元以上至85万元以下。

有从重、从轻、减轻或不予处罚情节的，应当在调查取证时全面、客观、公正地收集相关证据材料，并在案件处理呈报书或调查报告中载明从重、从轻、减轻或不予处罚的事实、理由和依据，提出自由裁量处罚幅度的初步意见。

第十条　不予处罚的情形

当事人有下列情形之一的，不予行政处罚：

（一）违法行为轻微并及时改正，没有造成危害后果的。

（二）除法律、行政法规另有规定外，当事人有证据足以证明没有主观过错的。

（三）违法行为在二年内未被发现的，不再给予行政处罚；涉及公民生命健康安全且有危害后果的，上述期限延长至五年。法律另有规定的除外。上述期限，从违法行为发生之日起计算；违法行为有连续或者继续状态的，从行为终了之日起计算。

（四）其他依法不予行政处罚的。

对当事人的违法行为依法不予行政处罚的，应当对当事人进行教育。

第十一条　从轻或减轻处罚的情形

当事人有下列情形之一的，应当依法从轻或者减轻行政处罚：

（一）主动消除或者减轻违法行为危害后果的；

（二）受他人胁迫或者诱骗实施违法行为的；

（三）配合行政机关查处违法行为有立功表现的；

（四）已满十四周岁不满十八周岁的未成年人有违法行为的；

（五）违法行为发生后，违法行为人主动投案，如实供述自己的违法行为，并提供相关线索、材料且经查证属实的；

（六）其他依法从轻或者减轻行政处罚的。

本条第一款第三项所称的立功表现，是指当事人有揭发他人安全生产违法行为，并经查证属实；或者提供查处其他安全生产违法行为的重要线索，并经查证属实；或者阻止他人实施安全生产违法行为；或者协助司法机关抓捕其他违法犯罪嫌疑人的行为。

第十二条　从重处罚的情形

当事人有下列情形之一的，应当从重处罚：

（一）存在两个或两个以上违反同一法律规范的违法事实的；

（二）违法行为性质恶劣、社会影响较大的；

（三）违法行为违法案值大或者违法所得数额较大的；

（四）恶意隐瞒违法行为，藏匿证据或提供虚假事实材料的；

（五）以暴力或者其他手段阻碍执法检查或调查的；

（六）明知有违法行为而放任，导致产生重大事故隐患的；

（七）违法行为危害公共安全的；

（八）违法行为严重破坏公共利益或社会秩序的；

（九）被列入失信人员名单又实施违法行为的；

（十）打击报复举报人、证人的；

（十一）其他依法从重处罚的情形的。

第十三条　作出决定

调查终结，行政机关负责人应当对调查结果进行审查，根据不同情况，分别作出如下决定：

（一）确有应受行政处罚的违法行为的，根据情节轻重及具体情况，作出行政处罚决定；

（二）违法行为轻微，依法可以不予行政处罚的，不予行政处罚；

（三）违法事实不能成立的，不予行政处罚；

（四）违法行为涉嫌犯罪的，移送司法机关。

对情节复杂或者重大违法行为给予行政处罚，行政机关负责人应当集体讨论决定。

情节复杂是指违法行为存在不予处罚、减轻处罚、从轻处罚或从重处罚等情节。

重大违法行为是指对严重安全生产违法行为给予责令停产停业整顿、责令停产停业、责令停止建设、责令停止施工、吊销有关许可证、撤销有关执业资格或者岗位证书、5万元以上罚款、没收违法所得、没收非法开采的煤炭产品或者采掘设备价值5万元以上的行政处罚。地方政府规章对上述行为另有认定的，地方煤矿安全监管部门从其规定。

第十四条　集体讨论决定

有下列情形之一的，应当经单位负责人集体讨论决定：

（一）拟作出降低资质等级、吊销许可证件、责令停产停业、责令关闭、限制从业、较大数额罚款、没收较大数额违法所得、没收较大价值非法财物等重大行政处罚的；

（二）认定事实和证据争议较大的，或者适用的法律、法规和规章以及裁量基准运用有较大异议的，或者违法行为较恶劣或者危害较大的，或者情节复杂的，或者复杂、疑难案件的执法管辖区域不明确或有争议的；

（三）除本《基准》第十条、第十一条、第十二条规定的情形外，对违法行为拟作出不予处罚、从轻或者减轻处罚、从重处罚的；

（四）需要集体讨论决定的其他情形。

第十五条 法制审核

有下列情形之一，在行政机关负责人作出行政处罚的决定之前，应当由从事行政处罚决定法制审核的人员进行法制审核；未经法制审核或者审核未通过的，不得作出决定：

（一）涉及重大公共利益的；

（二）直接关系当事人或者第三人重大权益，经过听证程序的；

（三）案件情况疑难复杂、涉及多个法律关系的；

（四）法律、法规、规章以及其他规范性文件规定应当进行法制审核的其他情形。

第十六条 分别裁量、合并处罚

生产经营单位及其有关人员触犯不同的法律规定，有两个以上应当给予行政处罚的安全生产违法行为的，安全监管监察部门应当适用不同的法律规定，分别裁量、合并处罚，将各违法行为分别裁量的数额相加。

第十七条 违法行为的技术性判断

煤矿企业违反《煤矿安全规程》《煤矿防治水细则》《防治煤与瓦斯突出细则》《煤矿防灭火细则》《防治煤矿冲击地压细则》等关于煤矿开采的部门规章、规程、标准和技术性规范中的强制性规定，依据《安全生产事故隐患排查治理暂行规定》第三条第一款，属于事故隐患的，按照《安全生产法》第六十五条和第一百零二条之规定进行现场处理和行政处罚。但法律、法规、规章另有规定的除外。

第十八条 以上、以下、以内、不满、超过

规范年龄、期限、尺度、重量、金额等数量关系，涉及以上、以下、以内、不满、超过的规定时，如对应的法律、法规和规章中未明确是否包含本数的，"以上、以下、以内"均含本数，"不满、超过"均不含本数。

第十九条　违法所得的计算

本《基准》中所称的违法所得，按照下列规定计算：

（一）生产、加工产品的，以生产、加工产品的销售收入作为违法所得；

（二）销售商品的，以销售收入作为违法所得；

（三）提供安全生产中介、租赁等服务的，以服务收入或者报酬作为违法所得；

（四）销售收入无法计算的，按当地同类同等规模的生产经营单位的平均销售收入计算；

（五）服务收入、报酬无法计算的，按照当地同行业同种服务的平均收入或者报酬计算。

第二编 细 则

第二十条 煤矿未取得安全生产许可证擅自从事生产的违法行为

1. 认定违法行为的依据：

《安全生产许可证条例》第二条第二款 企业未取得安全生产许可证的，不得从事生产活动。

《国务院关于预防煤矿生产安全事故的特别规定》第五条第一款 煤矿未依法取得采矿许可证、安全生产许可证、营业执照和矿长未依法取得矿长资格证、矿长安全资格证的，煤矿不得从事生产。擅自从事生产的，属非法煤矿。

2. 作出处罚决定的依据：

《国务院关于预防煤矿生产安全事故的特别规定》第五条第二款 负责颁发前款规定证照的部门，一经发现煤矿无证照或者证照不全从事生产的，应当责令该煤矿立即停止生产，没收违法所得和开采出的煤炭以及采掘设备，并处违法所得1倍以上5倍以下的罚款；构成犯罪的，依法追究刑事责任；同时于2日内提请当地县级以上地方人民政府予以关闭，并可以向上一级地方人民政府报告。

《安全生产许可证条例》第十九条 违反本条例规定，未取得安全生产许可证擅自进行生产的，责令停止生产，没收违法所得，并处10万元以上50万元以下的罚款；造成重大事故或者其他严重后果，构成犯罪的，依法追究刑事责任。

3. 实施主体：

煤矿安全监管部门。

4. 裁量阶次、适用条件和具体标准：

（1）第一阶次

适用条件：违法所得100万元以下的。

具体标准：没收违法所得和开采出的煤炭以及采掘设备，并处违法所得1倍以上2倍以下的罚款（或者依据《安全生产许可证条例》第十九条处以10万元以上50万元以下的罚款）；同时于2日内提请当地县级以上地方人民政府予以关闭，并可以向上一级地方人民政府报告。

（2）第二阶次

适用条件：违法所得100万元以上500万元以下的。

具体标准：没收违法所得和开采出的煤炭以及采掘设备，并处违法所得2倍以上 4 倍以下的罚款；同时于 2 日内提请当地县级以上地方人民政府予以关闭，并可以向上一级地方人民政府报告。

(3) 第三阶次

适用条件：违法所得 500 万元以上的。

具体标准：没收违法所得和开采出的煤炭以及采掘设备，并处违法所得 4 倍以上 5 倍以下的罚款；同时于 2 日内提请当地县级以上地方人民政府予以关闭，并可以向上一级地方人民政府报告。

5. 适用说明：

（1）煤矿未取得采矿许可证、安全生产许可证和营业执照擅自生产的，煤矿安全监管部门应当依据煤矿未取得安全生产许可证擅自生产的规定进行处罚，同时将未取得采矿许可证、营业执照等违法行为移送有关部门处理。

（2）《行政处罚法》第二十九条规定："对当事人的同一个违法行为，不得给予两次以上罚款的行政处罚。同一个违法行为违反多个法律规范应当给予罚款处罚的，按照罚款数额高的规定处罚。"煤矿未取得安全生产许可证擅自生产的，应当依据《国务院关于预防煤矿生产安全事故的特别规定》第五条第二款的规定没收违法所得和开采出的煤炭以及采掘设备，不适用《安全生产许可证条例》第二十条的规定处罚。但是，对煤矿进行罚款时，应当选择罚款数额高的规定进行处罚。

第二十一条 煤矿安全生产许可证有效期满未办理延期手续，继续进行生产的违法行为

1. 认定违法行为的依据：

《安全生产许可证条例》第九条 安全生产许可证的有效期为 3 年。安全生产许可证有效期满需要延期的，企业应当于期满前 3 个月向原安全生产许可证颁发管理机关办理延期手续。

企业在安全生产许可证有效期内，严格遵守有关安全生产的法律、法规，未发生死亡事故的，安全生产许可证有效期届满时，经原安全生产许可证颁发管理机关同意，不再审查，安全生产许可证有效期延期 3 年。

2. 作出处罚决定的依据：

《安全生产许可证条例》第二十条 违反本条例规定，安全生产许可证有效期满未办理延期手续，继续进行生产的，责令停止生产，限期补办延期手续，没收违法所得，并处 5 万元以上 10 万元以下的罚款；逾期仍不办理延期手续，继续进行生产的，依照本条例第十九条的规定处罚。

3. 实施主体：

煤矿安全监管部门。

4. 裁量阶次、适用条件和具体标准：

（1）第一阶次

适用条件：违法所得不足100万元的。

具体标准：没收违法所得，并处5万元以上7万元以下的罚款。

（2）第二阶次

适用条件：违法所得100万元以上500万元以下的。

具体标准：没收违法所得，并处7万元以上9万元以下的罚款。

（3）第三阶次

适用条件：违法所得500万元以上的。

具体标准：没收违法所得，并处9万元以上10万元以下的罚款。

5. 适用说明：

逾期仍不办理延期手续，继续进行生产的，根据《安全生产许可证条例》第十九条的规定进行处罚。

第二十二条 逾期仍不办理煤矿安全生产许可证延期手续，继续进行生产的违法行为

1. 认定违法行为的依据：

《安全生产许可证条例》第二十条 违反本条例规定，安全生产许可证有效期满未办理延期手续，继续进行生产的，责令停止生产，限期补办延期手续，没收违法所得，并处5万元以上10万元以下的罚款；逾期仍不办理延期手续，继续进行生产的，依照本条例第十九条的规定处罚。

2. 作出处罚决定的依据：

《安全生产许可证条例》第十九条 违反本条例规定，未取得安全生产许可证擅自进行生产的，责令停止生产，没收违法所得，并处10万元以上50万元以下的罚款；造成重大事故或者其他严重后果，构成犯罪的，依法追究刑事责任。

3. 实施主体：

煤矿安全监管部门。

4. 裁量阶次、适用条件和具体标准：

（1）第一阶次

适用条件：违法所得不足100万元的。

具体标准：处10万元以上22万元以下的罚款。

（2）第二阶次

适用条件：违法所得100万元以上500万元以下的。

具体标准：处 22 万元以上 38 万元以下的罚款。
（3）第三阶次
适用条件：违法所得 500 万元以上的。
具体标准：处 38 万元以上 50 万元以下的罚款。

第二十三条　煤矿企业未依法办理安全生产许可证变更手续的违法行为
1. 认定违法行为的依据：
《煤矿企业安全生产许可证实施办法》第二十条　煤矿企业在安全生产许可证有效期内有下列情形之一的，应当向原安全生产许可证颁发管理机关申请变更安全生产许可证：
（一）变更主要负责人的；
（二）变更隶属关系的；
（三）变更经济类型的；
（四）变更煤矿企业名称的；
（五）煤矿改建、扩建工程经验收合格的。
变更本条第一款第一、二、三、四项的，自工商营业执照变更之日起 10 个工作日内提出申请；变更本条第一款第五项的，应当在改建、扩建工程验收合格后 10 个工作日内提出申请。
申请变更本条第一款第一项的，应提供变更后的工商营业执照副本和主要负责人任命文件（或者聘书）；申请变更本条第一款第二、三、四项的，应提供变更后的工商营业执照副本；申请变更本条第一款第五项的，应提供改建、扩建工程安全设施及条件竣工验收合格的证明材料。

2. 作出处罚决定的依据：
《煤矿企业安全生产许可证实施办法》第四十二条　在安全生产许可证有效期内，主要负责人、隶属关系、经济类型、煤矿企业名称发生变化，未按本实施办法申请办理变更手续的，责令限期补办变更手续，并处 1 万元以上 3 万元以下罚款。
改建、扩建工程已经验收合格，未按本实施办法规定申请办理变更手续擅自投入生产的，责令停止生产，限期补办变更手续，并处 1 万元以上 3 万元以下罚款；逾期仍不办理变更手续，继续进行生产的，依照本实施办法第四十条的规定处罚。

3. 实施主体：
煤矿安全监管部门。
4. 具体标准：

处1万元以上3万元以下罚款。

5. 适用说明：

依规定应当办理安全生产许可证申请的情形很多，但无论违反了哪种情形，都属于未依法办理安全生产许可证变更手续的违法行为，变更情形多寡是自由裁量考虑的因素。

第二十四条 煤矿改建、扩建工程已经验收合格，逾期仍不办理安全生产许可证变更手续，继续进行生产的违法行为

1. 认定违法行为的依据：

《煤矿企业安全生产许可证实施办法》第四十二条 在安全生产许可证有效期内，主要负责人、隶属关系、经济类型、煤矿企业名称发生变化，未按本实施办法申请办理变更手续的，责令限期补办变更手续，并处1万元以上3万元以下罚款。

改建、扩建工程已经验收合格，未按本实施办法规定申请办理变更手续擅自投入生产的，责令停止生产，限期补办变更手续，并处1万元以上3万元以下罚款；逾期仍不办理变更手续，继续进行生产的，依照本实施办法第四十条的规定处罚。

2. 作出处罚决定的依据：

《安全生产许可证条例》第十九条 违反本条例规定，未取得安全生产许可证擅自进行生产的，责令停止生产，没收违法所得，并处10万元以上50万元以下的罚款；造成重大事故或者其他严重后果，构成犯罪的，依法追究刑事责任。

《煤矿企业安全生产许可证实施办法》第四十条 发现煤矿企业有下列行为之一的，责令停止生产，没收违法所得，并处10万元以上50万元以下的罚款；构成犯罪的，依法追究刑事责任：

（一）未取得安全生产许可证，擅自进行生产的；

（二）接受转让的安全生产许可证的；

（三）冒用安全生产许可证的；

（四）使用伪造安全生产许可证的。

3. 实施主体：

煤矿安全监管部门。

4. 裁量阶次、适用条件和具体标准：

（1）第一阶次

适用条件：违法所得不足100万元的。

具体标准：处10万元以上22万元以下的罚款。

（2）第二阶次

适用条件：违法所得 100 万元以上 500 万元以下的。

具体标准：处 22 万元以上 38 万元以下的罚款。

（3）第三阶次

适用条件：违法所得 500 万元以上的。

具体标准：处 38 万元以上 50 万元以下的罚款。

第二十五条　煤矿及有关人员通过不正当手段取得煤矿安全生产许可证及其他批准文件的违法行为

1. 认定违法行为的依据：

《安全生产违法行为行政处罚办法》第五十一条第一款　生产经营单位及其有关人员弄虚作假，骗取或者勾结、串通行政审批工作人员取得安全生产许可证书及其他批准文件的，撤销许可及批准文件，并按照下列规定处以罚款：

（一）生产经营单位有违法所得的，没收违法所得，并处违法所得 1 倍以上 3 倍以下的罚款，但是最高不得超过 3 万元；没有违法所得的，并处 5000 元以上 1 万元以下的罚款；

（二）对有关人员处 1000 元以上 1 万元以下的罚款。

《安全生产违法行为行政处罚办法》第五十一条第二款　有前款规定违法行为的生产经营单位及其有关人员在 3 年内不得再次申请该行政许可。

2. 作出处罚决定的依据：

《安全生产违法行为行政处罚办法》第五十一条第一款　生产经营单位及其有关人员弄虚作假，骗取或者勾结、串通行政审批工作人员取得安全生产许可证书及其他批准文件的，撤销许可及批准文件，并按照下列规定处以罚款：

（一）生产经营单位有违法所得的，没收违法所得，并处违法所得 1 倍以上 3 倍以下的罚款，但是最高不得超过 3 万元；没有违法所得的，并处 5000 元以上 1 万元以下的罚款；

（二）对有关人员处 1000 元以上 1 万元以下的罚款。

《安全生产违法行为行政处罚办法》第五十一条第二款　有前款规定违法行为的生产经营单位及其有关人员在 3 年内不得再次申请该行政许可。

3. 实施主体：

煤矿安全监管监察部门。

4. 裁量阶次、适用条件和具体标准：

（1）第一阶次

适用条件：有违法所得的。

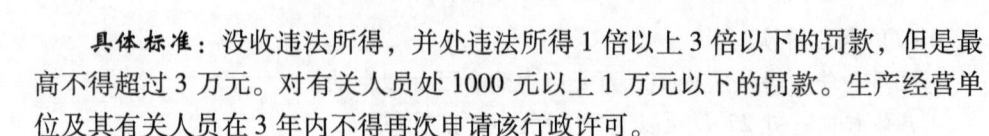

具体标准：没收违法所得，并处违法所得 1 倍以上 3 倍以下的罚款，但是最高不得超过 3 万元。对有关人员处 1000 元以上 1 万元以下的罚款。生产经营单位及其有关人员在 3 年内不得再次申请该行政许可。

(2) 第二阶次

适用条件：没有违法所得的。

具体标准：处 5000 元以上 1 万元以下的罚款。对有关人员处 1000 元以上 1 万元以下的罚款。生产经营单位及其有关人员在 3 年内不得再次申请该行政许可。

5. 适用说明：

（1）本条包括两种违法行为：①生产经营单位及其有关人员弄虚作假，骗取安全生产许可证书及其他批准文件；②勾结、串通行政审批工作人员取得安全生产许可证书及其他批准文件。例如，生产经营单位及其有关人员弄虚作假，骗取安全生产许可证书的与勾结、串通行政审批工作人员取得安全生产许可证书是两种不同的违法行为，应当分别裁量、合并处罚。

（2）其他批准文件种类很多，弄虚作假，骗取或者勾结、串通行政审批工作人员取得不同的批准文件，属于不同违法行为。例如，弄虚作假，骗取安全生产许可证书与弄虚作假，骗取某一批准文件是两种不同的违法行为，应当分别裁量、合并处罚。

第二十六条 煤矿转让安全生产许可证的违法行为

1. 认定违法行为的依据：

《安全生产许可证条例》第十三条 企业不得转让、冒用安全生产许可证或者使用伪造的安全生产许可证。

2. 作出处罚决定的依据：

《安全生产许可证条例》第二十一条 违反本条例规定，转让安全生产许可证的，没收违法所得，处 10 万元以上 50 万元以下的罚款，并吊销其安全生产许可证；构成犯罪的，依法追究刑事责任；接受转让的，依照本条例第十九条的规定处罚。

《煤矿企业安全生产许可证实施办法》第三十九条 取得安全生产许可证的煤矿企业，倒卖、出租、出借或者以其他形式非法转让安全生产许可证的，没收违法所得，处 10 万元以上 50 万元以下的罚款，吊销其安全生产许可证；构成犯罪的，依法追究刑事责任。

《安全生产违法行为行政处罚办法》第四十九条 生产经营单位转让安全生产许可证的，没收违法所得，吊销安全生产许可证，并按照下列规定处以罚款：

（一）接受转让的单位和个人未发生生产安全事故的，处 10 万元以上 30 万元以下的罚款；

（二）接受转让的单位和个人发生生产安全事故但没有造成人员死亡的，处 30 万元以上 40 万元以下的罚款；

（三）接受转让的单位和个人发生人员死亡生产安全事故的，处 40 万元以上 50 万元以下的罚款。

3. 实施主体：

煤矿安全监管部门。

4. 裁量阶次、适用条件和具体标准：

（1）第一阶次

适用条件：接受转让的单位和个人未发生生产安全事故的。

具体标准：没收违法所得，吊销安全生产许可证，处 10 万元以上 22 万元以下的罚款。

（2）第二阶次

适用条件：接受转让的单位和个人发生生产安全事故但没有造成人员死亡的。

具体标准：没收违法所得，吊销安全生产许可证，处 22 万元以上 38 万元以下的罚款。

（3）第三阶次

适用条件：接受转让的单位和个人发生人员死亡生产安全事故的。

具体标准：没收违法所得，吊销安全生产许可证，处 38 万元以上 50 万元以下的罚款。

5. 适用说明：

"转让"的方式包括煤矿倒卖、出租、出借或者以其他形式非法转让。

第二十七条　煤矿不再具备安全生产许可证取证条件的违法行为

1. 认定违法行为的依据：

《安全生产许可证条例》第十四条　企业取得安全生产许可证后，不得降低安全生产条件，并应当加强日常安全生产管理，接受安全生产许可证颁发管理机关的监督检查。

安全生产许可证颁发管理机关应当加强对取得安全生产许可证的企业的监督检查，发现其不再具备本条例规定的安全生产条件的，应当暂扣或者吊销安全生产许可证。

《安全生产许可证条例》第六条　企业取得安全生产许可证，应当具备下列安全生产条件：

（一）建立、健全安全生产责任制，制定完备的安全生产规章制度和操作规程；

（二）安全投入符合安全生产要求；

（三）设置安全生产管理机构，配备专职安全生产管理人员；

（四）主要负责人和安全生产管理人员经考核合格；

（五）特种作业人员经有关业务主管部门考核合格，取得特种作业操作资格证书；

（六）从业人员经安全生产教育和培训合格；

（七）依法参加工伤保险，为从业人员缴纳保险费；

（八）厂房、作业场所和安全设施、设备、工艺符合有关安全生产法律、法规、标准和规程的要求；

（九）有职业危害防治措施，并为从业人员配备符合国家标准或者行业标准的劳动防护用品；

（十）依法进行安全评价；

（十一）有重大危险源检测、评估、监控措施和应急预案；

（十二）有生产安全事故应急救援预案、应急救援组织或者应急救援人员，配备必要的应急救援器材、设备；

（十三）法律、法规规定的其他条件。

《煤矿企业安全生产许可证实施办法》第六条　煤矿企业取得安全生产许可证，应当具备下列安全生产条件：

（一）建立、健全主要负责人、分管负责人、安全生产管理人员、职能部门、岗位安全生产责任制；制定安全目标管理、安全奖惩、安全技术审批、事故隐患排查治理、安全检查、安全办公会议、地质灾害普查、井下劳动组织定员、矿领导带班下井、井工煤矿入井检身与出入井人员清点等安全生产规章制度和各工种操作规程；

（二）安全投入满足安全生产要求，并按照有关规定足额提取和使用安全生产费用；

（三）设置安全生产管理机构，配备专职安全生产管理人员；煤与瓦斯突出矿井、水文地质类型复杂矿井还应设置专门的防治煤与瓦斯突出管理机构和防治水管理机构；

（四）主要负责人和安全生产管理人员的安全生产知识和管理能力经考核合格；

（五）参加工伤保险，为从业人员缴纳工伤保险费；

（六）制定重大危险源检测、评估和监控措施；

（七）制定应急救援预案，并按照规定设立矿山救护队，配备救护装备；不具备单独设立矿山救护队条件的煤矿企业，所属煤矿应当设立兼职救护队，并与邻近的救护队签订救护协议；

（八）制定特种作业人员培训计划、从业人员培训计划、职业危害防治计划；

（九）法律、行政法规规定的其他条件。

《煤矿企业安全生产许可证实施办法》第七条　煤矿除符合本实施办法第六条规定的条件外，还必须符合下列条件：

（一）特种作业人员经有关业务主管部门考核合格，取得特种作业操作资格证书；

（二）从业人员进行安全生产教育培训，并经考试合格；

（三）制定职业危害防治措施、综合防尘措施，建立粉尘检测制度，为从业人员配备符合国家标准或者行业标准的劳动防护用品；

（四）依法进行安全评价；

（五）制定矿井灾害预防和处理计划；

（六）依法取得采矿许可证，并在有效期内。

《煤矿企业安全生产许可证实施办法》第八条　井工煤矿除符合本实施办法第六条、第七条规定的条件外，其安全设施、设备、工艺还必须符合下列条件：

（一）矿井至少有2个能行人的通达地面的安全出口，各个出口之间的距离不得小于30米；井下每一个水平到上一个水平和各个采（盘）区至少有两个便于行人的安全出口，并与通达地面的安全出口相连接；采煤工作面有两个畅通的安全出口，一个通到进风巷道，另一个通到回风巷道。在用巷道净断面满足行人、运输、通风和安全设施及设备安装、检修、施工的需要；

（二）按规定进行瓦斯等级、煤层自燃倾向性和煤尘爆炸危险性鉴定；

（三）矿井有完善的独立通风系统。矿井、采区和采掘工作面的供风能力满足安全生产要求，矿井使用安装在地面的矿用主要通风机进行通风，并有同等能力的备用主要通风机，主要通风机按规定进行性能检测；生产水平和采区实行分区通风；高瓦斯和煤与瓦斯突出矿井、开采容易自燃煤层的矿井、煤层群联合布置矿井的每个采区设置专用回风巷，掘进工作面使用专用局部通风机进行通风，矿井有反风设施；

（四）矿井有安全监控系统，传感器的设置、报警和断电符合规定，有瓦斯检查制度和矿长、技术负责人瓦斯日报审查签字制度，配备足够的专职瓦斯检查员和瓦斯检测仪器；按规定建立瓦斯抽采系统，开采煤与瓦斯突出危险煤层的有预测预报、防治措施、效果检验和安全防护的综合防突措施；

（五）有防尘供水系统，有地面和井下排水系统；有水害威胁的矿井还应有专用探放水设备；

（六）制定井上、井下防火措施；有地面消防水池和井下消防管路系统，井上、井下有消防材料库；开采容易自燃和自燃煤层的矿井还应有防灭火专项设计和综合预防煤层自然发火的措施；

（七）矿井有两回路电源线路；严禁井下配电变压器中性点直接接地；井下电气设备的选型符合防爆要求，有短路、过负荷、接地、漏电等保护，掘进工作面的局部通风机按规定采用专用变压器、专用电缆、专用开关，实现风电、瓦斯电闭锁；

（八）运送人员的装置应当符合有关规定。使用检测合格的钢丝绳；带式输送机采用非金属聚合物制造的输送带的阻燃性能和抗静电性能符合规定，设置安全保护装置；

（九）有通信联络系统，按规定建立人员位置监测系统；

（十）按矿井瓦斯等级选用相应的煤矿许用炸药和电雷管，爆破工作由专职爆破工担任；

（十一）不得使用国家有关危及生产安全淘汰目录规定的设备及生产工艺；使用的矿用产品应有安全标志；

（十二）配备足够数量的自救器，自救器的选用型号应与矿井灾害类型相适应，按规定建立安全避险系统；

（十三）有反映实际情况的图纸：矿井地质图和水文地质图，井上下对照图，巷道布置图，采掘工程平面图，通风系统图，井下运输系统图，安全监控系统布置图和断电控制图，人员位置监测系统图，压风、排水、防尘、防火注浆、抽采瓦斯等管路系统图，井下通信系统图，井上、下配电系统图和井下电气设备布置图，井下避灾路线图。采掘工作面有符合实际情况的作业规程。

2. 作出处罚决定的依据：

《安全生产许可证条例》第十四条第二款　安全生产许可证颁发管理机关应当加强对取得安全生产许可证的企业的监督检查，发现其不再具备本条例规定的安全生产条件的，应当暂扣或者吊销安全生产许可证。

《煤矿企业安全生产许可证实施办法》第三十八条　安全生产许可证颁发管理机关应当加强对取得安全生产许可证的煤矿企业的监督检查，发现其不再具备本实施办法规定的安全生产条件的，应当责令限期整改，依法暂扣安全生产许可证；经整改仍不具备本实施办法规定的安全生产条件的，依法吊销安全生产许可证。

3. 实施主体：
煤矿安全监管部门。
4. 具体标准：
暂扣安全生产许可证。

第二十八条　煤矿经整改仍不具备安全生产许可证取证条件的违法行为

1. 认定违法行为的依据：
《煤矿企业安全生产许可证实施办法》第三十八条　安全生产许可证颁发管理机关应当加强对取得安全生产许可证的煤矿企业的监督检查，发现其不再具备本实施办法规定的安全生产条件的，应当责令限期整改，依法暂扣安全生产许可证；经整改仍不具备本实施办法规定的安全生产条件的，依法吊销安全生产许可证。

2. 作出处罚决定的依据：
《煤矿企业安全生产许可证实施办法》第三十八条　安全生产许可证颁发管理机关应当加强对取得安全生产许可证的煤矿企业的监督检查，发现其不再具备本实施办法规定的安全生产条件的，应当责令限期整改，依法暂扣安全生产许可证；经整改仍不具备本实施办法规定的安全生产条件的，依法吊销安全生产许可证。

3. 实施主体：
煤矿安全监管部门。
4. 具体标准：
吊销安全生产许可证。

第二十九条　煤矿安全设施和条件被责令限期达到要求，逾期仍达不到要求的违法行为

1. 认定违法行为的依据：
《安全生产法》第二十条　生产经营单位应当具备本法和有关法律、行政法规和国家标准或者行业标准规定的安全生产条件；不具备安全生产条件的，不得从事生产经营活动。

《煤矿安全监察条例》第二十四条　煤矿安全监察机构发现煤矿矿井通风、防火、防水、防瓦斯、防毒、防尘等安全设施和条件不符合国家安全标准、行业安全标准、煤矿安全规程和行业技术规范要求的，应当责令立即停止作业或者责令限期达到要求。

2. 作出处罚决定的依据：

《煤矿安全监察条例》第三十七条　煤矿矿井通风、防火、防水、防瓦斯、防毒、防尘等安全设施和条件不符合国家安全标准、行业安全标准、煤矿安全规程和行业技术规范的要求，经煤矿安全监察机构责令限期达到要求，逾期仍达不到要求的，由煤矿安全监察机构责令停产整顿；经停产整顿仍不具备安全生产条件的，由煤矿安全监察机构决定吊销安全生产许可证，并移送地质矿产主管部门依法吊销采矿许可证。

3. 实施主体：

矿山安全监察机构。

4. 具体标准：

责令停产整顿。

5. 适用说明：

经停产整顿仍不具备安全生产条件的，依据《安全生产法》的规定予以关闭。

第三十条　被责令停产整顿的煤矿擅自从事生产的违法行为

1. 认定违法行为的依据：

《国务院关于预防煤矿生产安全事故的特别规定》第十一条第一款　对被责令停产整顿的煤矿，颁发证照的部门应当暂扣采矿许可证、安全生产许可证、营业执照和矿长资格证、矿长安全资格证。

《国务院关于预防煤矿生产安全事故的特别规定》第十一条第二款　被责令停产整顿的煤矿应当制定整改方案，落实整改措施和安全技术规定；整改结束后要求恢复生产的，应当由县级以上地方人民政府负责煤矿安全生产监督管理的部门自收到恢复生产申请之日起60日内组织验收完毕；验收合格的，经组织验收的地方人民政府负责煤矿安全生产监督管理的部门的主要负责人签字，并经有关煤矿安全监察机构审核同意，报请有关地方人民政府主要负责人签字批准，颁发证照的部门发还证照，煤矿方可恢复生产；验收不合格的，由有关地方人民政府予以关闭。

2. 作出处罚决定的依据：

《国务院关于预防煤矿生产安全事故的特别规定》第十一条第三款　被责令停产整顿的煤矿擅自从事生产的，县级以上地方人民政府负责煤矿安全生产监督管理的部门、煤矿安全监察机构应当提请有关地方人民政府予以关闭，没收违法所得，并处违法所得1倍以上5倍以下的罚款；构成犯罪的，依法追究刑事责任。

3. 实施主体：

煤矿安全监管监察部门。

4. 裁量阶次、适用条件和具体标准：

（1）第一阶次

适用条件： 违法所得100万元以下的。

具体标准： 提请有关地方人民政府予以关闭，没收违法所得，并处违法所得1倍以上2倍以下的罚款。

（2）第二阶次

适用条件： 违法所得100万元以上500万元以下的。

具体标准： 提请有关地方人民政府予以关闭，没收违法所得，并处违法所得2倍以上4倍以下的罚款。

（3）第三阶次

适用条件： 违法所得500万元以上的。

具体标准： 提请有关地方人民政府予以关闭，没收违法所得，并处违法所得4倍以上5倍以下的罚款。

第三十一条　关闭的煤矿擅自恢复生产的违法行为

1. 认定违法行为的依据：

《国务院关于预防煤矿生产安全事故的特别规定》第十三条第五款　关闭的煤矿擅自恢复生产的，依照本规定第五条第二款规定予以处罚；构成犯罪的，依法追究刑事责任。

2. 作出处罚决定的依据：

《国务院关于预防煤矿生产安全事故的特别规定》第五条第二款　负责颁发前款规定证照的部门，一经发现煤矿无证照或者证照不全从事生产的，应当责令该煤矿立即停止生产，没收违法所得和开采出的煤炭以及采掘设备，并处违法所得1倍以上5倍以下的罚款；构成犯罪的，依法追究刑事责任；同时于2日内提请当地县级以上地方人民政府予以关闭，并可以向上一级地方人民政府报告。

3. 实施主体：

煤矿安全监管部门。

4. 裁量阶次、适用条件和具体标准：

（1）第一阶次

适用条件： 违法所得100万元以下的。

具体标准： 没收违法所得和开采出的煤炭以及采掘设备，并处违法所得1倍以上2倍以下的罚款；同时于2日内提请当地县级以上地方人民政府予以关闭，并可以向上一级地方人民政府报告。

(2) 第二阶次

适用条件：违法所得 100 万元以上 500 万元以下的。

具体标准：没收违法所得和开采出的煤炭以及采掘设备，并处违法所得 2 倍以上 4 倍以下的罚款；同时于 2 日内提请当地县级以上地方人民政府予以关闭，并可以向上一级地方人民政府报告。

(3) 第三阶次

适用条件：违法所得 500 万元以上的。

具体标准：没收违法所得和开采出的煤炭以及采掘设备，并处违法所得 4 倍以上 5 倍以下的罚款；同时于 2 日内提请当地县级以上地方人民政府予以关闭，并可以向上一级地方人民政府报告。

第三十二条 煤矿主要负责人未履行《安全生产法》规定的职责的违法行为

1. 认定违法行为的依据：

《安全生产法》第二十一条 生产经营单位的主要负责人对本单位安全生产工作负有下列职责：

（一）建立健全并落实本单位全员安全生产责任制，加强安全生产标准化建设；

（二）组织制定并实施本单位安全生产规章制度和操作规程；

（三）组织制定并实施本单位安全生产教育和培训计划；

（四）保证本单位安全生产投入的有效实施；

（五）组织建立并落实安全风险分级管控和隐患排查治理双重预防工作机制，督促、检查本单位的安全生产工作，及时消除生产安全事故隐患；

（六）组织制定并实施本单位的生产安全事故应急救援预案；

（七）及时、如实报告生产安全事故。

2. 作出处罚决定的依据：

《安全生产法》第九十四条第一款 生产经营单位的主要负责人未履行本法规定的安全生产管理职责的，责令限期改正，处二万元以上五万元以下的罚款；逾期未改正的，处五万元以上十万元以下的罚款，责令生产经营单位停产停业整顿。

3. 实施主体：

煤矿安全监管监察部门。

4. 具体标准：

处二万元以上五万元以下的罚款。

5. 适用说明：

根据《安全生产法》第二十一条，主要负责人的职责主要有七项，但每一项中分别有不同的职责。例如，第一项包括两个职责：一是建立健全并落实本单位全员安全生产责任制；二是加强安全生产标准化建设。如果主要负责人对这两个职责都未履行，属于两个违法行为，应当分别裁量、合并处罚。因此，应当根据具体情况，确定主要负责人未履行职责的违法行为的个数。

第三十三条　煤矿主要负责人逾期未改正没有履行《安全生产法》规定的职责的违法行为

1. 认定违法行为的依据：

《安全生产法》第九十四条第一款　生产经营单位的主要负责人未履行本法规定的安全生产管理职责的，责令限期改正，处二万元以上五万元以下的罚款；逾期未改正的，处五万元以上十万元以下的罚款，责令生产经营单位停产停业整顿。

2. 作出处罚决定的依据：

《安全生产法》第九十四条第一款　生产经营单位的主要负责人未履行本法规定的安全生产管理职责的，责令限期改正，处二万元以上五万元以下的罚款；逾期未改正的，处五万元以上十万元以下的罚款，责令生产经营单位停产停业整顿。

3. 实施主体：

煤矿安全监管监察部门。

4. 具体标准：

处五万元以上十万元以下的罚款，责令生产经营单位停产停业整顿。

5. 适用说明：

逾期未改正其中一个违法行为的，按照逾期未改正一个违法行为进行处罚；逾期未改正两个以上违法行为的，按照逾期未改正的违法行为的个数确定违法行为的数量。

第三十四条　煤矿主要负责人未履行《安全生产法》规定的职责，导致事故发生的违法行为（资格罚）

1. 认定违法行为的依据：

《安全生产法》第九十四条第二款　生产经营单位的主要负责人有前款违法行为，导致发生生产安全事故的，给予撤职处分；构成犯罪的，依照刑法有关规定追究刑事责任。

《安全生产法》第九十四条第三款　生产经营单位的主要负责人依照前款规定受刑事处罚或者撤职处分的,自刑罚执行完毕或者受处分之日起,五年内不得担任任何生产经营单位的主要负责人;对重大、特别重大生产安全事故负有责任的,终身不得担任本行业生产经营单位的主要负责人。

2. 作出处罚决定的依据:

《安全生产法》第九十四条第二款　生产经营单位的主要负责人有前款违法行为,导致发生生产安全事故的,给予撤职处分;构成犯罪的,依照刑法有关规定追究刑事责任。

《安全生产法》第九十四条第三款　生产经营单位的主要负责人依照前款规定受刑事处罚或者撤职处分的,自刑罚执行完毕或者受处分之日起,五年内不得担任任何生产经营单位的主要负责人;对重大、特别重大生产安全事故负有责任的,终身不得担任本行业生产经营单位的主要负责人。

3. 实施主体:

煤矿安全监管监察部门。

4. 具体标准:

受刑事处罚或者撤职处分的,自刑罚执行完毕或者受处分之日起,五年内不得担任任何生产经营单位的主要负责人;对重大、特别重大生产安全事故负有责任的,终身不得担任本行业生产经营单位的主要负责人。

5. 适用说明:

依据本条的规定进行处罚时,不影响煤矿安全监管监察部门依据《安全生产法》第九十四条的规定进行处罚。

第三十五条　煤矿主要负责人未履行职责导致事故发生的违法行为(罚款)

1. 认定违法行为的依据:

《安全生产法》第二十一条　生产经营单位的主要负责人对本单位安全生产工作负有下列职责:

(一)建立健全并落实本单位全员安全生产责任制,加强安全生产标准化建设;

(二)组织制定并实施本单位安全生产规章制度和操作规程;

(三)组织制定并实施本单位安全生产教育和培训计划;

(四)保证本单位安全生产投入的有效实施;

(五)组织建立并落实安全风险分级管控和隐患排查治理双重预防工作机制,督促、检查本单位的安全生产工作,及时消除生产安全事故隐患;

(六)组织制定并实施本单位的生产安全事故应急救援预案;

（七）及时、如实报告生产安全事故。

2. 作出处罚决定的依据：

《安全生产法》第九十五条　生产经营单位的主要负责人未履行本法规定的安全生产管理职责，导致发生生产安全事故的，由应急管理部门依照下列规定处以罚款：

（一）发生一般事故的，处上一年年收入百分之四十的罚款；

（二）发生较大事故的，处上一年年收入百分之六十的罚款；

（三）发生重大事故的，处上一年年收入百分之八十的罚款；

（四）发生特别重大事故的，处上一年年收入百分之一百的罚款。

3. 实施主体：

煤矿安全监管监察部门。

4. 裁量阶次、适用条件和具体标准：

（1）第一阶次

适用条件：发生一般事故的。

具体标准：处上一年年收入百分之四十的罚款。

（2）第二阶次

适用条件：发生较大事故的。

具体标准：处上一年年收入百分之六十的罚款。

（3）第三阶次

适用条件：发生重大事故的。

具体标准：处上一年年收入百分之八十的罚款。

（4）第四阶次：

适用条件：发生特别重大事故的。

具体标准：处上一年年收入百分之一百的罚款。

5. 适用说明：

《生产安全事故罚款处罚规定（试行）》第四条规定，本规定所称事故发生单位主要负责人、直接负责的主管人员和其他直接责任人员的上一年年收入，属于国有生产经营单位的，是指该单位上级主管部门所确定的上一年年收入总额；属于非国有生产经营单位的，是指经财务、税务部门核定的上一年年收入总额。生产经营单位提供虚假资料或者由于财务、税务部门无法核定等原因致使有关人员的上一年年收入难以确定的，按照下列办法确定：主要负责人的上一年年收入，按照本省、自治区、直辖市上一年度职工平均工资的 5 倍以上 10 倍以下计算。

第三十六条　煤矿其他负责人未履行职责的违法行为

1. 认定违法行为的依据:

《安全生产法》第五条　生产经营单位的主要负责人是本单位安全生产第一责任人，对本单位的安全生产工作全面负责。其他负责人对职责范围内的安全生产工作负责。

《安全生产法》第二十二条　生产经营单位的全员安全生产责任制应当明确各岗位的责任人员、责任范围和考核标准等内容。

生产经营单位应当建立相应的机制，加强对全员安全生产责任制落实情况的监督考核，保证全员安全生产责任制的落实。

2. 作出处罚决定的依据:

《安全生产法》第九十六条　生产经营单位的其他负责人和安全生产管理人员未履行本法规定的安全生产管理职责的，责令限期改正，处一万元以上三万元以下的罚款；导致发生生产安全事故的，暂停或者吊销其与安全生产有关的资格，并处上一年年收入百分之二十以上百分之五十以下的罚款；构成犯罪的，依照刑法有关规定追究刑事责任。

3. 实施主体:

煤矿安全监管监察部门。

4. 具体标准:

处一万元以上三万元以下的罚款。

5. 适用说明:

《安全生产法》规定生产经营单位应当制定全员安全生产责任制，生产经营单位其他负责人的安全生产职责根据生产经营单位制定的全员安全生产责任制确定。

第三十七条　煤矿其他负责人未履行职责，导致事故发生的违法行为

1. 认定违法行为的依据:

《安全生产法》第五条　生产经营单位的主要负责人是本单位安全生产第一责任人，对本单位的安全生产工作全面负责。其他负责人对职责范围内的安全生产工作负责。

2. 作出处罚决定的依据:

《安全生产法》第九十六条　生产经营单位的其他负责人和安全生产管理人员未履行本法规定的安全生产管理职责的，责令限期改正，处一万元以上三万元以下的罚款；导致发生生产安全事故的，暂停或者吊销其与安全生产有关的资格，并处上一年年收入百分之二十以上百分之五十以下的罚款；构成犯罪的，依

照刑法有关规定追究刑事责任。

3. 实施主体：

煤矿安全监管监察部门。

4. 裁量阶次、适用条件和具体标准：

（1）第一阶次

适用条件：发生一般生产安全事故的。

具体标准：暂停其与安全生产有关的资格，并处上一年年收入百分之二十以上百分之三十以下的罚款。

（2）第二阶次

适用条件：发生较大生产安全事故的。

具体标准：吊销其与安全生产有关的资格，并处上一年年收入百分之三十以上百分之四十以下的罚款。

（3）第三阶次

适用条件：发生重大生产安全事故的。

具体标准：吊销其与安全生产有关的资格，并处上一年年收入百分之四十以上百分之五十以下的罚款。

（4）第四阶次

适用条件：发生特别重大生产安全事故的。

具体标准：吊销其与安全生产有关的资格，并处上一年年收入百分之五十的罚款。

5. 适用说明：

《生产安全事故罚款处罚规定（试行）》第四条规定，本规定所称事故发生单位主要负责人、直接负责的主管人员和其他直接责任人员的上一年年收入，属于国有生产经营单位的，是指该单位上级主管部门所确定的上一年年收入总额；属于非国有生产经营单位的，是指经财务、税务部门核定的上一年年收入总额。生产经营单位提供虚假资料或者由于财务、税务部门无法核定等原因致使有关人员的上一年年收入难以确定的，按照下列办法确定：直接负责的主管人员和其他直接责任人员的上一年年收入，按照本省、自治区、直辖市上一年度职工平均工资的 1 倍以上 5 倍以下计算。

第三十八条　煤矿安全生产管理人员未履行职责的违法行为

1. 认定违法行为的依据：

《安全生产法》第二十五条　生产经营单位的安全生产管理机构以及安全生产管理人员履行下列职责：

（一）组织或者参与拟订本单位安全生产规章制度、操作规程和生产安全事故应急救援预案；

（二）组织或者参与本单位安全生产教育和培训，如实记录安全生产教育和培训情况；

（三）组织开展危险源辨识和评估，督促落实本单位重大危险源的安全管理措施；

（四）组织或者参与本单位应急救援演练；

（五）检查本单位的安全生产状况，及时排查生产安全事故隐患，提出改进安全生产管理的建议；

（六）制止和纠正违章指挥、强令冒险作业、违反操作规程的行为；

（七）督促落实本单位安全生产整改措施。

2. 作出处罚决定的依据：

《安全生产法》第九十六条　生产经营单位的其他负责人和安全生产管理人员未履行本法规定的安全生产管理职责的，责令限期改正，处一万元以上三万元以下的罚款；导致发生生产安全事故的，暂停或者吊销其与安全生产有关的资格，并处上一年年收入百分之二十以上百分之五十以下的罚款；构成犯罪的，依照刑法有关规定追究刑事责任。

3. 实施主体：

煤矿安全监管监察部门。

4. 具体标准：

处一万元以上三万元以下的罚款。

5. 适用说明：

可参照本《基准》关于"煤矿主要负责人未履行《安全生产法》规定的职责的违法行为"中适用说明部分的内容。

第三十九条　煤矿安全管理人员未履行职责，导致事故发生的违法行为

1. 认定违法行为的依据：

《安全生产法》第九十六条　生产经营单位的其他负责人和安全生产管理人员未履行本法规定的安全生产管理职责的，责令限期改正，处一万元以上三万元以下的罚款；导致发生生产安全事故的，暂停或者吊销其与安全生产有关的资格，并处上一年年收入百分之二十以上百分之五十以下的罚款；构成犯罪的，依照刑法有关规定追究刑事责任。

2. 作出处罚决定的依据：

《安全生产法》第九十六条　生产经营单位的其他负责人和安全生产管理人

员未履行本法规定的安全生产管理职责的,责令限期改正,处一万元以上三万元以下的罚款;导致发生生产安全事故的,暂停或者吊销其与安全生产有关的资格,并处上一年年收入百分之二十以上百分之五十以下的罚款;构成犯罪的,依照刑法有关规定追究刑事责任。

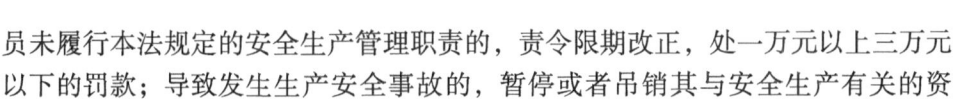

3. 实施主体:

煤矿安全监管监察部门。

4. 裁量阶次、适用条件和具体标准:

(1) 第一阶次

适用条件:发生一般生产安全事故的。

具体标准:暂停其与安全生产有关的资格,并处上一年年收入百分之二十以上百分之三十以下的罚款。

(2) 第二阶次

适用条件:发生较大生产安全事故的。

具体标准:吊销其与安全生产有关的资格,并处上一年年收入百分之三十以上百分之四十以下的罚款。

(3) 第三阶次

适用条件:发生重大生产安全事故的。

具体标准:吊销其与安全生产有关的资格,并处上一年年收入百分之四十以上百分之五十以下的罚款。

5. 适用说明:

《生产安全事故罚款处罚规定(试行)》第四条规定,本规定所称事故发生单位主要负责人、直接负责的主管人员和其他直接责任人员的上一年年收入,属于国有生产经营单位的,是指该单位上级主管部门所确定的上一年年收入总额;属于非国有生产经营单位的,是指经财务、税务部门核定的上一年年收入总额。生产经营单位提供虚假资料或者由于财务、税务部门无法核定等原因致使有关人员的上一年年收入难以确定的,按照下列办法确定:直接负责的主管人员和其他直接责任人员的上一年年收入,按照本省、自治区、直辖市上一年度职工平均工资的1倍以上5倍以下计算。

第四十条 煤矿决策机构、主要负责人或者个人经营的投资人未按规定保证安全生产所必需资金投入的违法行为

1. 认定违法行为的依据:

《安全生产法》第二十三条第一款 生产经营单位应当具备的安全生产条件所必需的资金投入,由生产经营单位的决策机构、主要负责人或者个人经营的投资人予以保证，并对由于安全生产所必需的资金投入不足导致的后果承担责任。

2. 作出处罚决定的依据：

《安全生产法》第九十三条　生产经营单位的决策机构、主要负责人或者个人经营的投资人不依照本法规定保证安全生产所必需的资金投入，致使生产经营单位不具备安全生产条件的，责令限期改正，提供必需的资金；逾期未改正的，责令生产经营单位停产停业整顿。

有前款违法行为，导致发生生产安全事故的，对生产经营单位的主要负责人给予撤职处分，对个人经营的投资人处二万元以上二十万元以下的罚款；构成犯罪的，依照刑法有关规定追究刑事责任。

《安全生产违法行为行政处罚办法》第四十三条　生产经营单位的决策机构、主要负责人、个人经营的投资人（包括实际控制人，下同）未依法保证下列安全生产所必需的资金投入之一，致使生产经营单位不具备安全生产条件的，责令限期改正，提供必需的资金，可以对生产经营单位处1万元以上3万元以下罚款，对生产经营单位的主要负责人、个人经营的投资人处5000元以上1万元以下罚款；逾期未改正的，责令生产经营单位停产停业整顿：

（一）提取或者使用安全生产费用；

（二）用于配备劳动防护用品的经费；

（三）用于安全生产教育和培训的经费；

（四）国家规定的其他安全生产所必需的资金投入。

3. 实施主体：

煤矿安全监管监察部门。

4. 具体标准：

可以对生产经营单位处1万元以上3万元以下罚款，对生产经营单位的主要负责人、个人经营的投资人处5000元以上1万元以下罚款。

5. 适用说明：

生产经营单位主要负责人、个人经营的投资人未尽到资金投入保障义务，导致发生生产安全事故的，依照《安全生产法》《生产安全事故罚款处罚规定（试行）》的规定给予处罚。

第四十一条　煤矿决策机构、主要负责人或者个人经营的投资人未按规定保证安全生产所必需资金投入，逾期未改正的违法行为

1. 认定违法行为的依据：

《安全生产法》第二十三条第一款　生产经营单位应当具备的安全生产条件所必需的资金投入，由生产经营单位的决策机构、主要负责人或者个人经营的投资人予以保证,并对由于安全生产所必需的资金投入不足导致的后果承担责任。

2. 作出处罚决定的依据:

《安全生产法》第九十三条第一款 生产经营单位的决策机构、主要负责人或者个人经营的投资人不依照本法规定保证安全生产所必需的资金投入,致使生产经营单位不具备安全生产条件的,责令限期改正,提供必需的资金;逾期未改正的,责令生产经营单位停产停业整顿。

3. 实施主体:

煤矿安全监管监察部门。

4. 具体标准:

责令生产经营单位停产停业整顿。

5. 适用说明:

生产经营单位主要负责人、个人经营的投资人未按规定保证安全生产所必需的资金投入,导致发生生产安全事故的,依照《安全生产法》《生产安全事故罚款处罚规定(试行)》的规定给予处罚。

第四十二条 个人经营的投资人未按规定保证安全生产所必需的资金投入导致事故发生的违法行为

1. 认定违法行为的依据:

《安全生产法》第二十三条第一款 生产经营单位应当具备的安全生产条件所必需的资金投入,由生产经营单位的决策机构、主要负责人或者个人经营的投资人予以保证,并对由于安全生产所必需的资金投入不足导致的后果承担责任。

2. 作出处罚决定的依据:

《安全生产法》第九十三条 生产经营单位的决策机构、主要负责人或者个人经营的投资人不依照本法规定保证安全生产所必需的资金投入,致使生产经营单位不具备安全生产条件的,责令限期改正,提供必需的资金;逾期未改正的,责令生产经营单位停产停业整顿。

有前款违法行为,导致发生生产安全事故的,对生产经营单位的主要负责人给予撤职处分,对个人经营的投资人处二万元以上二十万元以下的罚款;构成犯罪的,依照刑法有关规定追究刑事责任。

3. 实施主体:

煤矿安全监管监察部门。

4. 裁量阶次、适用条件和具体标准:

(1) 第一阶次

适用条件:发生一般事故的。

具体标准：处二万元以上五万元以下的罚款。

（2）第二阶次

适用条件：发生较大事故的。

具体标准：处五万元以上十万元以下的罚款。

（3）第三阶次

适用条件：发生重大事故的。

具体标准：处十万元以上十五万元以下的罚款。

（4）第四阶次

适用条件：发生特别重大事故的。

具体标准：处十五万元以上二十万元以下的罚款。

5. 适用说明：

个人经营的投资人同时是生产经营单位主要负责人的，是按照本条的规定处罚还是按照《安全生产法》第九十五条的规定处罚，应当根据具体情况按照罚款数额高的规定进行处罚。

个人经营的投资人不是生产经营单位主要负责人的，对投资人依据本条的规定进行处罚，主要负责人对事故发生负有责任的，依据《安全生产法》第九十五条的规定处罚。

第四十三条 煤矿未按照规定设置安全生产管理机构或者配备安全生产管理人员的违法行为

1. 认定违法行为的依据：

《安全生产法》第二十四条 矿山、金属冶炼、建筑施工、运输单位和危险物品的生产、经营、储存、装卸单位，应当设置安全生产管理机构或者配备专职安全生产管理人员。

前款规定以外的其他生产经营单位，从业人员超过一百人的，应当设置安全生产管理机构或者配备专职安全生产管理人员；从业人员在一百人以下的，应当配备专职或者兼职的安全生产管理人员。

2. 作出处罚决定的依据：

《安全生产法》第九十七条 生产经营单位有下列行为之一的，责令限期改正，处十万元以下的罚款；逾期未改正的，责令停产停业整顿，并处十万元以上二十万元以下的罚款，对其直接负责的主管人员和其他直接责任人员处二万元以上五万元以下的罚款：

（一）未按照规定设置安全生产管理机构或者配备安全生产管理人员、注册安全工程师的。

3. 实施主体：

煤矿安全监管监察部门。

4. 裁量阶次、适用条件和具体标准：

（1）第一阶次

适用条件：虽设置安全生产管理机构，但配备安全生产管理人员人数或能力等不符合要求，比法定要求少1人的。

具体标准：处三万元以下的罚款。

（2）第二阶次

适用条件：虽设置安全生产管理机构，但配备安全生产管理人员人数或能力等不符合要求，比法定要求少2人的。

具体标准：处三万元以上七万元以下的罚款。

（3）第三阶次

适用条件：未设置安全生产管理机构，或未配备安全生产管理人员，或者虽设置安全生产管理机构但配备安全生产管理人员人数或能力等不符合要求，比法定要求少3人以上的。

具体标准：处七万元以上十万元以下的罚款。

5. 适用说明：

未设置安全生产管理机构或未配备安全生产管理人员属于一个违法行为。

第四十四条 煤矿逾期未改正未按照规定设置安全生产管理机构或者配备安全生产管理人员的违法行为

1. 认定违法行为的依据：

《安全生产法》第九十七条 生产经营单位有下列行为之一的，责令限期改正，处十万元以下的罚款；逾期未改正的，责令停产停业整顿，并处十万元以上二十万元以下的罚款，对其直接负责的主管人员和其他直接责任人员处二万元以上五万元以下的罚款：

（一）未按照规定设置安全生产管理机构或者配备安全生产管理人员、注册安全工程师的。

2. 作出处罚决定的依据：

《安全生产法》第九十七条 生产经营单位有下列行为之一的，责令限期改正，处十万元以下的罚款；逾期未改正的，责令停产停业整顿，并处十万元以上二十万元以下的罚款，对其直接负责的主管人员和其他直接责任人员处二万元以上五万元以下的罚款：

（一）未按照规定设置安全生产管理机构或者配备安全生产管理人员、注册安全工程师的。

3. 实施主体：

煤矿安全监管监察部门。

4. 裁量阶次、适用条件和具体标准：

责令停产停业整顿，同时按照下列基准对煤矿、其直接负责的主管人员和其他直接责任人员进行处罚：

（1）第一阶次

适用条件： 逾期未改正虽设置安全生产管理机构，但配备安全生产管理人员人数或能力等不符合要求，比法定要求少1人的。

具体标准： 对煤矿处十万元以上十三万元以下的罚款，对直接负责的主管人员和其他直接责任人员处二万元以上三万元以下的罚款。

（2）第二阶次

适用条件： 逾期未改正虽设置安全生产管理机构，但配备安全生产管理人员人数或能力等不符合要求，比法定要求少2人的。

具体标准： 对煤矿处十三万元以上十七万元以下的罚款，对直接负责的主管人员和其他直接责任人员处三万元以上四万元以下的罚款。

（3）第三阶次

适用条件： 逾期未改正未设置安全生产管理机构，或未配备安全生产管理人员，或者虽设置安全生产管理机构但配备安全生产管理人员人数或能力等不符合要求，比法定要求少3人以上的。

具体标准： 对煤矿处十七万元以上二十万元以下的罚款，对直接负责的主管人员和其他直接责任人员处四万元以上五万元以下的罚款。

第四十五条 煤矿未按照规定配备注册安全工程师的违法行为

1. 认定违法行为的依据：

《安全生产法》第二十七条第三款 危险物品的生产、储存、装卸单位以及矿山、金属冶炼单位应当有注册安全工程师从事安全生产管理工作。鼓励其他生产经营单位聘用注册安全工程师从事安全生产管理工作。注册安全工程师按专业分类管理，具体办法由国务院人力资源和社会保障部门、国务院应急管理部门会同国务院有关部门制定。

2. 作出处罚决定的依据：

《安全生产法》第九十七条 生产经营单位有下列行为之一的，责令限期改正，处十万元以下的罚款；逾期未改正的，责令停产停业整顿，并处十万元以上二十万元以下的罚款，对其直接负责的主管人员和其他直接责任人员处二万元以上五万元以下的罚款：

（一）未按照规定设置安全生产管理机构或者配备安全生产管理人员、注册安全工程师的。

3. 实施主体：

煤矿安全监管监察部门。

4. 裁量阶次、适用条件和具体标准：

（1）第一阶次

适用条件：虽配备注册安全工程师但人数比法定要求少 1 人的。

具体标准：处三万元以下的罚款。

（2）第二阶次

适用条件：虽配备注册安全工程师但人数比法定要求少 2 人的。

具体标准：处三万元以上七万元以下的罚款。

（3）第三阶次

适用条件：未配备注册安全工程师或者配备注册安全工程师但人数比法定要求少 3 人以上的。

具体标准：处七万元以上十万元以下的罚款。

第四十六条　煤矿逾期未改正未按照规定配备注册安全工程师的违法行为

1. 认定违法行为的依据：

《安全生产法》第二十七条第三款　危险物品的生产、储存、装卸单位以及矿山、金属冶炼单位应当有注册安全工程师从事安全生产管理工作。鼓励其他生产经营单位聘用注册安全工程师从事安全生产管理工作。注册安全工程师按专业分类管理，具体办法由国务院人力资源和社会保障部门、国务院应急管理部门会同国务院有关部门制定。

2. 作出处罚决定的依据：

《安全生产法》第九十七条　生产经营单位有下列行为之一的，责令限期改正，处十万元以下的罚款；逾期未改正的，责令停产停业整顿，并处十万元以上二十万元以下的罚款，对其直接负责的主管人员和其他直接责任人员处二万元以上五万元以下的罚款：

（一）未按照规定设置安全生产管理机构或者配备安全生产管理人员、注册安全工程师的。

3. 实施主体：

煤矿安全监管监察部门。

4. 裁量阶次、适用条件和具体标准：

责令停产停业整顿，同时按照下列基准对煤矿、其直接负责的主管人员和其他直接责任人员进行处罚：

（1）第一阶次

适用条件：逾期未改正虽配备注册安全工程师但人数比法定要求少1人的。

具体标准：对煤矿处十万元以上十三万元以下的罚款，对直接负责的主管人员和其他直接责任人员处二万元以上三万元以下的罚款。

（2）第二阶次

适用条件：逾期未改正虽配备注册安全工程师但人数比法定要求少2人的。

具体标准：对煤矿处十三万元以上十七万元以下的罚款，对直接负责的主管人员和其他直接责任人员处三万元以上四万元以下的罚款。

（3）第三阶次

适用条件：逾期未改正未配备注册安全工程师或者配备注册安全工程师但人数比法定要求少3人以上的。

具体标准：对煤矿处十七万元以上二十万元以下的罚款，对直接负责的主管人员和其他直接责任人员处四万元以上五万元以下的罚款。

第四十七条　未经注册擅自以注册安全工程师名义执业的违法行为

1. 认定违法行为的依据：

《注册安全工程师管理规定》第七条　取得资格证书的人员，经注册取得执业证和执业印章后方可以注册安全工程师的名义执业。

2. 作出处罚决定的依据：

《注册安全工程师管理规定》第三十条　未经注册擅自以注册安全工程师名义执业的，由县级以上安全生产监督管理部门、有关主管部门或者煤矿安全监察机构责令其停止违法活动，没收违法所得，并处三万元以下的罚款；造成损失的，依法承担赔偿责任。

3. 实施主体：

煤矿安全监管监察部门。

4. 具体标准：

没收违法所得，并处三万元以下的罚款。

第四十八条　注册安全工程师以欺骗、贿赂等不正当手段取得执业证的违法行为

1. 认定违法行为的依据：

《注册安全工程师管理规定》第十二条　申请人有下列情形之一的，不予注册：

（一）不具有完全民事行为能力的；
（二）在申请注册过程中有弄虚作假行为的；
（三）同时在两个或者两个以上聘用单位申请注册的；
（四）安全监管总局规定的不予注册的其他情形。

2. 作出处罚决定的依据：

《注册安全工程师管理规定》第三十一条　注册安全工程师以欺骗、贿赂等不正当手段取得执业证的，由县级以上安全生产监督管理部门、有关主管部门或者煤矿安全监察机构处三万元以下的罚款；由执业证颁发机关撤销其注册，当事人三年内不得再次申请注册。

3. 实施主体：

煤矿安全监管监察部门。

4. 具体标准：

处三万元以下的罚款；由执业证颁发机关撤销其注册，当事人三年内不得再次申请注册。

第四十九条　注册安全工程师准许他人以本人名义执业的违法行为

1. 认定违法行为的依据：

《注册安全工程师管理规定》第二十二条　注册安全工程师应当履行下列义务：

（六）不得出租、出借、涂改、变造执业证和执业印章。

2. 作出处罚决定的依据：

《注册安全工程师管理规定》第三十二条　注册安全工程师有下列行为之一的，由县级以上安全生产监督管理部门、有关主管部门或者煤矿安全监察机构处三万元以下的罚款；由执业证颁发机关吊销其执业证，当事人五年内不得再次申请注册；造成损失的，依法承担赔偿责任；构成犯罪的，依法追究刑事责任：

（一）准许他人以本人名义执业的。

3. 实施主体：

煤矿安全监管监察部门。

4. 具体标准：

处三万元以下的罚款；由执业证颁发机关吊销其执业证，当事人五年内不得再次申请注册。

第五十条　注册安全工程师以个人名义承接业务、收取费用的违法行为

1. 认定违法行为的依据：

《注册安全工程师管理规定》第十八条　注册安全工程师应当由聘用单位委派，并按照注册类别在规定的执业范围内执业，同时在出具的各种文件、报告上签字和加盖执业印章。

2. 作出处罚决定的依据：

《注册安全工程师管理规定》第三十二条　注册安全工程师有下列行为之一的，由县级以上安全生产监督管理部门、有关主管部门或者煤矿安全监察机构处三万元以下的罚款；由执业证颁发机关吊销其执业证，当事人五年内不得再次申请注册；造成损失的，依法承担赔偿责任；构成犯罪的，依法追究刑事责任：

（二）以个人名义承接业务、收取费用的。

3. 实施主体：

煤矿安全监管监察部门。

4. 具体标准：

处三万元以下的罚款；由执业证颁发机关吊销其执业证，当事人五年内不得再次申请注册。

第五十一条　注册安全工程师出租、出借、涂改、变造执业证和执业印章的违法行为

1. 认定违法行为的依据：

《注册安全工程师管理规定》第二十二条　注册安全工程师应当履行下列义务：

（六）不得出租、出借、涂改、变造执业证和执业印章。

2. 作出处罚决定的依据：

《注册安全工程师管理规定》第三十二条　注册安全工程师有下列行为之一的，由县级以上安全生产监督管理部门、有关主管部门或者煤矿安全监察机构处三万元以下的罚款；由执业证颁发机关吊销其执业证，当事人五年内不得再次申请注册；造成损失的，依法承担赔偿责任；构成犯罪的，依法追究刑事责任：

（三）出租、出借、涂改、变造执业证和执业印章的。

3. 实施主体：

煤矿安全监管监察部门。

4. 具体标准：

处三万元以下的罚款；由执业证颁发机关吊销其执业证，当事人五年内不得再次申请注册。

5. 适用说明：

"注册安全工程师出租、出借、涂改、变造执业证和执业印章的违法行为"

包括四种违法行为：①出租执业证和执业印章；②出借执业症和执业印章；③涂改执业证和执业印章；④变造执业证和执业印章。

第五十二条 注册安全工程师泄漏执业过程中应当保守的秘密并造成严重后果的违法行为

1. 认定违法行为的依据：

《注册安全工程师管理规定》第二十二条　注册安全工程师应当履行下列义务：

（五）保守执业活动中的秘密。

2. 作出处罚决定的依据：

《注册安全工程师管理规定》第三十二条　注册安全工程师有下列行为之一的，由县级以上安全生产监督管理部门、有关主管部门或者煤矿安全监察机构处三万元以下的罚款；由执业证颁发机关吊销其执业证，当事人五年内不得再次申请注册；造成损失的，依法承担赔偿责任；构成犯罪的，依法追究刑事责任：

（四）泄漏执业过程中应当保守的秘密并造成严重后果的。

3. 实施主体：

煤矿安全监管监察部门。

4. 具体标准：

处三万元以下的罚款；由执业证颁发机关吊销其执业证，当事人五年内不得再次申请注册。

第五十三条 注册安全工程师利用执业之便，贪污、索贿、受贿或者谋取不正当利益的违法行为

1. 认定违法行为的依据：

《注册安全工程师管理规定》第二十二条　注册安全工程师应当履行下列义务：

（四）维护国家、公众的利益和受聘单位的合法权益；

（八）法律、法规规定的其他义务。

2. 作出处罚决定的依据：

《注册安全工程师管理规定》第三十二条　注册安全工程师有下列行为之一的，由县级以上安全生产监督管理部门、有关主管部门或者煤矿安全监察机构处三万元以下的罚款；由执业证颁发机关吊销其执业证，当事人五年内不得再次申请注册；造成损失的，依法承担赔偿责任；构成犯罪的，依法追究刑事责任：

（五）利用执业之便，贪污、索贿、受贿或者谋取不正当利益的。

3. 实施主体：

煤矿安全监管监察部门。

4. 具体标准：

处三万元以下的罚款；由执业证颁发机关吊销其执业证，当事人五年内不得再次申请注册。

5. 适用说明：

"利用执业之便，贪污、索贿、受贿或者谋取不正当利益的违法行为"包括四种违法行为：①利用执业之便贪污；②利用执业之便索贿；③利用执业之便受贿；④利用执业之便谋取不正当利益。

第五十四条 注册安全工程师提供虚假执业活动成果的违法行为

1. 认定违法行为的依据：

《注册安全工程师管理规定》第二十二条 注册安全工程师应当履行下列义务：

（一）保证执业活动的质量，承担相应的责任。

2. 作出处罚决定的依据：

《注册安全工程师管理规定》第三十二条 注册安全工程师有下列行为之一的，由县级以上安全生产监督管理部门、有关主管部门或者煤矿安全监察机构处三万元以下的罚款；由执业证颁发机关吊销其执业证，当事人五年内不得再次申请注册；造成损失的，依法承担赔偿责任；构成犯罪的，依法追究刑事责任：

（六）提供虚假执业活动成果的。

3. 实施主体：

煤矿安全监管监察部门。

4. 具体标准：

处三万元以下的罚款；由执业证颁发机关吊销其执业证，当事人五年内不得再次申请注册。

第五十五条 注册安全工程师超出执业范围或者聘用单位业务范围从事执业活动的违法行为

1. 认定违法行为的依据：

《注册安全工程师管理规定》第二十一条 注册安全工程师享有下列权利：

（二）从事规定范围内的执业活动。

2. 作出处罚决定的依据：

《注册安全工程师管理规定》第三十二条 注册安全工程师有下列行为之一

的，由县级以上安全生产监督管理部门、有关主管部门或者煤矿安全监察机构处三万元以下的罚款；由执业证颁发机关吊销其执业证，当事人五年内不得再次申请注册；造成损失的，依法承担赔偿责任；构成犯罪的，依法追究刑事责任：

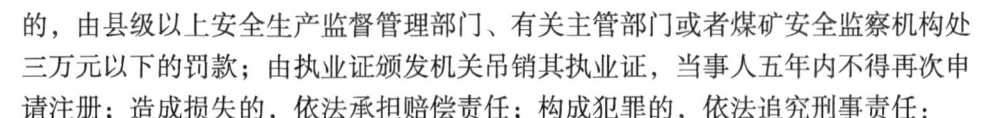

（七）超出执业范围或者聘用单位业务范围从事执业活动的。

3. 实施主体：

煤矿安全监管监察部门。

4. 具体标准：

处三万元以下的罚款；由执业证颁发机关吊销其执业证，当事人五年内不得再次申请注册。

第五十六条 煤矿及其主要负责人或者其他人员违反操作规程或者安全管理规定作业的违法行为

1. 认定违法行为的依据：

《安全生产法》第五十七条 从业人员在作业过程中，应当严格落实岗位安全责任，遵守本单位的安全生产规章制度和操作规程，服从管理，正确佩戴和使用劳动防护用品。

2. 作出处罚决定的依据：

《安全生产违法行为行政处罚办法》第四十五条 生产经营单位及其主要负责人或者其他人员有下列行为之一的，给予警告，并可以对生产经营单位处1万元以上3万元以下罚款，对其主要负责人、其他有关人员处1000元以上1万元以下的罚款：

（一）违反操作规程或者安全管理规定作业的。

3. 实施主体：

煤矿安全监管监察部门。

4. 具体标准：

给予警告，并可以对生产经营单位处1万元以上3万元以下罚款，对其主要负责人、其他有关人员处1000元以上1万元以下的罚款。

5. 适用说明：

"煤矿及其主要负责人或者其他人员违反操作规程或者安全管理规定作业的违法行为"，既涉及多个违法主体，也涉及违反操作规程或者违反安全管理规定作业等多种违法行为。因此，该违法行为包括了多个违法行为。

第五十七条 煤矿及其主要负责人或者其他负责人违章指挥从业人员的违法行为

1. 认定违法行为的依据：

《安全生产法》第五十七条　从业人员在作业过程中，应当严格落实岗位安全责任，遵守本单位的安全生产规章制度和操作规程，服从管理，正确佩戴和使用劳动防护用品。

2. 作出处罚决定的依据：

《安全生产违法行为行政处罚办法》第四十五条　生产经营单位及其主要负责人或者其他人员有下列行为之一的，给予警告，并可以对生产经营单位处1万元以上3万元以下罚款，对其主要负责人、其他有关人员处1000元以上1万元以下的罚款：

（二）违章指挥从业人员或者强令从业人员违章、冒险作业的。

3. 实施主体：

煤矿安全监管监察部门。

4. 具体标准：

给予警告，并可以对生产经营单位处1万元以上3万元以下罚款，对其主要负责人、其他有关人员处1000元以上1万元以下的罚款。

5. 适用说明：

"煤矿及其主要负责人或者其他负责人违章指挥从业人员的违法行为"，涉及多个主体违章指挥，包含了多个不同的违法行为。

第五十八条　煤矿及其主要负责人或者其他负责人强令从业人员违章、冒险作业的违法行为

1. 认定违法行为的依据：

《安全生产法》第五十七条　从业人员在作业过程中，应当严格落实岗位安全责任，遵守本单位的安全生产规章制度和操作规程，服从管理，正确佩戴和使用劳动防护用品。

2. 作出处罚决定的依据：

《安全生产违法行为行政处罚办法》第四十五条　生产经营单位及其主要负责人或者其他人员有下列行为之一的，给予警告，并可以对生产经营单位处1万元以上3万元以下罚款，对其主要负责人、其他有关人员处1000元以上1万元以下的罚款：

（二）违章指挥从业人员或者强令从业人员违章、冒险作业的。

3. 实施主体：

煤矿安全监管监察部门。

4. 具体标准：

给予警告，并可以对生产经营单位处 1 万元以上 3 万元以下罚款，对其主要负责人、其他有关人员处 1000 元以上 1 万元以下的罚款。

第五十九条 煤矿及其主要负责人、其他负责人、安全管理人员发现从业人员违章作业不加制止的违法行为

1. 认定违法行为的依据：

《安全生产法》第二十一条 生产经营单位的主要负责人对本单位安全生产工作负有下列职责：

（五）组织建立并落实安全风险分级管控和隐患排查治理双重预防工作机制，督促、检查本单位的安全生产工作，及时消除生产安全事故隐患。

《安全生产法》第二十五条 生产经营单位的安全生产管理机构以及安全生产管理人员履行下列职责：

（六）制止和纠正违章指挥、强令冒险作业、违反操作规程的行为。

《安全生产法》第五十七条 从业人员在作业过程中，应当严格落实岗位安全责任，遵守本单位的安全生产规章制度和操作规程，服从管理，正确佩戴和使用劳动防护用品。

2. 作出处罚决定的依据：

《安全生产违法行为行政处罚办法》第四十五条 生产经营单位及其主要负责人或者其他人员有下列行为之一的，给予警告，并可以对生产经营单位处 1 万元以上 3 万元以下罚款，对其主要负责人、其他有关人员处 1000 元以上 1 万元以下的罚款：

（三）发现从业人员违章作业不加制止的。

3. 实施主体：

煤矿安全监管监察部门。

4. 具体标准：

给予警告，并可以对生产经营单位处 1 万元以上 3 万元以下罚款，对其主要负责人、其他有关人员处 1000 元以上 1 万元以下的罚款。

第六十条 煤矿及其主要负责人或者其他人员对被查封或者扣押的设施、设备、器材、危险物品和作业场所，擅自启封或者使用的违法行为

1. 认定违法行为的依据：

《安全生产法》第四条 生产经营单位必须遵守本法和其他有关安全生产的法律、法规，加强安全生产管理，建立健全全员安全生产责任制和安全生产规章制度，加大对安全生产资金、物资、技术、人员的投入保障力度，改善安全生产

条件，加强安全生产标准化、信息化建设，构建安全风险分级管控和隐患排查治理双重预防机制，健全风险防范化解机制，提高安全生产水平，确保安全生产。

《安全生产违法行为行政处罚办法》第四十五条　生产经营单位及其主要负责人或者其他人员有下列行为之一的，给予警告，并可以对生产经营单位处1万元以上3万元以下罚款，对其主要负责人、其他有关人员处1000元以上1万元以下的罚款：

（五）对被查封或者扣押的设施、设备、器材、危险物品和作业场所，擅自启封或者使用的。

2. 作出处罚决定的依据：

《安全生产违法行为行政处罚办法》第四十五条　生产经营单位及其主要负责人或者其他人员有下列行为之一的，给予警告，并可以对生产经营单位处1万元以上3万元以下罚款，对其主要负责人、其他有关人员处1000元以上1万元以下的罚款：

（五）对被查封或者扣押的设施、设备、器材、危险物品和作业场所，擅自启封或者使用的。

3. 实施主体：

煤矿安全监管监察部门。

4. 具体标准：

给予警告，并可以对生产经营单位处1万元以上3万元以下罚款，对其主要负责人、其他有关人员处1000元以上1万元以下的罚款。

第六十一条　煤矿及其主要负责人或者其他人员故意提供虚假情况或者隐瞒存在的事故隐患以及其他安全问题的违法行为

1. 认定违法行为的依据：

《安全生产法》第六十六条　生产经营单位对负有安全生产监督管理职责的部门的监督检查人员依法履行监督检查职责，应当予以配合，不得拒绝、阻挠。

2. 作出处罚决定的依据：

《安全生产违法行为行政处罚办法》第四十五条　生产经营单位及其主要负责人或者其他人员有下列行为之一的，给予警告，并可以对生产经营单位处1万元以上3万元以下罚款，对其主要负责人、其他有关人员处1000元以上1万元以下的罚款：

（六）故意提供虚假情况或者隐瞒存在的事故隐患以及其他安全问题的。

3. 实施主体：

煤矿安全监管部门。

4. 具体标准：

给予警告，并可以对生产经营单位处 1 万元以上 3 万元以下罚款，对其主要负责人、其他有关人员处 1000 元以上 1 万元以下的罚款。

5. 适用说明：

"故意提供虚假情况或者隐瞒存在的事故隐患以及其他安全问题的违法行为"包括三种违法行为：①故意提供虚假情况；②隐瞒存在的事故隐患；③隐瞒其他安全问题，其他安全问题，每隐瞒一项就是一个违法行为。上述违法行为，应当分别裁量、合并处罚。

第六十二条　煤矿及其主要负责人或者其他人员拒不执行安全监管监察部门依法下达的安全监管监察指令的违法行为

1. 认定违法行为的依据：

《安全生产法》第六十六条　生产经营单位对负有安全生产监督管理职责的部门的监督检查人员依法履行监督检查职责，应当予以配合，不得拒绝、阻挠。

2. 作出处罚决定的依据：

《安全生产违法行为行政处罚办法》第四十五条　生产经营单位及其主要负责人或者其他人员有下列行为之一的，给予警告，并可以对生产经营单位处 1 万元以上 3 万元以下罚款，对其主要负责人、其他有关人员处 1000 元以上 1 万元以下的罚款：

（七）拒不执行安全监管监察部门依法下达的安全监管监察指令的。

3. 实施主体：

煤矿安全监管监察部门。

4. 具体标准：

给予警告，并可以对生产经营单位处 1 万元以上 3 万元以下罚款，对其主要负责人、其他有关人员处 1000 元以上 1 万元以下的罚款。

第六十三条　煤矿主要负责人和安全生产管理人员未按照规定经考核合格的违法行为

1. 认定违法行为的依据：

《安全生产法》第二十七条第二款　危险物品的生产、经营、储存、装卸单位以及矿山、金属冶炼、建筑施工、运输单位的主要负责人和安全生产管理人员，应当由主管的负有安全生产监督管理职责的部门对其安全生产知识和管理能力考核合格。考核不得收费。

《煤矿安全培训规定》第十七条　煤矿企业主要负责人和安全生产管理人员

应当自任职之日起六个月内通过考核部门组织的安全生产知识和管理能力考核，并持续保持相应水平和能力。

煤矿企业主要负责人和安全生产管理人员应当自任职之日起三十日内，按照本规定第十六条的规定向考核部门提出考核申请，并提交其任职文件、学历、工作经历等相关材料。

考核部门接到煤矿企业主要负责人和安全生产管理人员申请及其材料后，经审核符合条件的，应当及时组织相应的考试；发现申请人不符合本规定第十一条规定的，不得对申请人进行安全生产知识和管理能力考试，并书面告知申请人及其所在煤矿企业或其任免机关调整其工作岗位。

2. 作出处罚决定的依据：

《安全生产法》第九十七条　生产经营单位有下列行为之一的，责令限期改正，处十万元以下的罚款；逾期未改正的，责令停产停业整顿，并处十万元以上二十万元以下的罚款，对其直接负责的主管人员和其他直接责任人员处二万元以上五万元以下的罚款：

（二）危险物品的生产、经营、储存、装卸单位以及矿山、金属冶炼、建筑施工、运输单位的主要负责人和安全生产管理人员未按照规定经考核合格的。

3. 实施主体：

煤矿安全监管监察部门。

4. 裁量阶次、适用条件和具体标准：

（1）第一阶次

适用条件：1名安全管理人员未按照规定经考核合格的。

具体标准：处三万元以下的罚款。

（2）第二阶次

适用条件：2名安全管理人员未按照规定经考核合格的。

具体标准：处三万元以上七万元以下的罚款。

（3）第三阶次

适用条件：主要负责人或者3名及以上安全管理人员未按照规定经考核合格的。

具体标准：处七万元以上十万元以下的罚款。

5. 适用说明：

"主要负责人和安全生产管理人员未按照规定经考核合格的违法行为"，包括两种不同的违法行为，应当分别裁量、合并处罚。

第六十四条　煤矿逾期未改正主要负责人和安全生产管理人员未按照规定经

考核合格的违法行为

1. 认定违法行为的依据：

《安全生产法》第九十七条　生产经营单位有下列行为之一的，责令限期改正，处十万元以下的罚款；逾期未改正的，责令停产停业整顿，并处十万元以上二十万元以下的罚款，对其直接负责的主管人员和其他直接责任人员处二万元以上五万元以下的罚款：

（二）危险物品的生产、经营、储存、装卸单位以及矿山、金属冶炼、建筑施工、运输单位的主要负责人和安全生产管理人员未按照规定经考核合格的。

2. 作出处罚决定的依据：

《安全生产法》第九十七条　生产经营单位有下列行为之一的，责令限期改正，处十万元以下的罚款；逾期未改正的，责令停产停业整顿，并处十万元以上二十万元以下的罚款，对其直接负责的主管人员和其他直接责任人员处二万元以上五万元以下的罚款：

（二）危险物品的生产、经营、储存、装卸单位以及矿山、金属冶炼、建筑施工、运输单位的主要负责人和安全生产管理人员未按照规定经考核合格的。

3. 实施主体：

煤矿安全监管监察部门。

4. 裁量阶次、适用条件和具体标准：

责令停产停业整顿，同时按照下列基准对煤矿、其直接负责的主管人员和其他直接责任人员进行处罚：

（1）第一阶次

适用条件：逾期未改正1名安全管理人员未按照规定经考核合格的。

具体标准：对煤矿处十万元以上十三万元以下的罚款，对直接负责的主管人员和其他直接责任人员处二万元以上三万元以下的罚款。

（2）第二阶次

适用条件：逾期未改正2名安全管理人员未按照规定经考核合格的。

具体标准：对煤矿处十三万元以上十七万元以下的罚款，对直接负责的主管人员和其他直接责任人员处三万元以上四万元以下的罚款。

（3）第三阶次

适用条件：逾期未改正主要负责人或者3名及以上安全管理人员未按照规定经考核合格的。

具体标准：对煤矿处十七万元以上二十万元以下的罚款，对直接负责的主管人员和其他直接责任人员处四万元以上五万元以下的罚款。

5. 适用说明：

逾期未改正其中一个违法行为的，按照逾期未改正一个违法行为进行处罚；逾期未改正两个以上违法行为的，按照逾期未改正的违法行为的个数确定违法行为的数量。

第六十五条 煤矿的决策机构、主要负责人、个人经营的投资人（包括实际控制人）未依法保证用于配备劳动防护用品的经费的违法行为

1. 认定违法行为的依据：

《安全生产法》第四十七条 生产经营单位应当安排用于配备劳动防护用品、进行安全生产培训的经费。

2. 作出处罚决定的依据：

《安全生产违法行为行政处罚办法》第四十三条 生产经营单位的决策机构、主要负责人、个人经营的投资人（包括实际控制人，下同）未依法保证下列安全生产所必需的资金投入之一，致使生产经营单位不具备安全生产条件的，责令限期改正，提供必需的资金，可以对生产经营单位处1万元以上3万元以下罚款，对生产经营单位的主要负责人、个人经营的投资人处5000元以上1万元以下罚款；逾期未改正的，责令生产经营单位停产停业整顿：

（二）用于配备劳动防护用品的经费。

3. 实施主体：

煤矿安全监管监察部门。

4. 具体标准：

可以对生产经营单位处1万元以上3万元以下罚款，对生产经营单位的主要负责人、个人经营的投资人处5000元以上1万元以下罚款。

第六十六条 煤矿企业生产经营管理人员没有按照国家规定带班下井的违法行为

1. 认定违法行为的依据：

《国务院关于预防煤矿生产安全事故的特别规定》第二十一条第一款 煤矿企业负责人和生产经营管理人员应当按照国家规定轮流带班下井，并建立下井登记档案。

2. 作出处罚决定的依据：

《国务院关于预防煤矿生产安全事故的特别规定》第二十一条第二款 县级以上地方人民政府负责煤矿安全生产监督管理的部门或者煤矿安全监察机构发现煤矿企业在生产过程中，1周内其负责人或者生产经营管理人员没有按照国家规定带班下井，或者下井登记档案虚假的，责令改正，并对该煤矿企业处3万元以

上 15 万元以下的罚款。

3. 实施主体：

煤矿安全监管监察部门。

4. 裁量阶次、适用条件和具体标准：

（1）第一阶次

适用条件：1 周内煤矿企业负责人或者生产经营管理人员没有按照国家规定带班下井 2 次以下的。

具体标准：对煤矿企业处 3 万元以上 5 万元以下的罚款。

（2）第二阶次

适用条件：1 周内煤矿企业负责人或者生产经营管理人员没有按照国家规定带班下井 2 次以上 4 次以下的。

具体标准：对煤矿企业处 5 万元以上 10 万元以下的罚款。

（3）第三阶次

适用条件：1 周内煤矿企业负责人或者生产经营管理人员没有按照国家规定带班下井 4 次以上的。

具体标准：对煤矿企业处 10 万元以上 15 万元以下的罚款。

5. 适用说明：

本条的违法行为计算周期为 1 周。如果两周内都存在上述违法行为，属于不同的违法行为。

第六十七条　煤矿领导未带班下井的违法行为

1. 认定违法行为的依据：

《国务院关于预防煤矿生产安全事故的特别规定》第二十一条第一款　煤矿企业负责人和生产经营管理人员应当按照国家规定轮流带班下井，并建立下井登记档案。

《煤矿领导带班下井及安全监督检查规定》第七条第二款　煤矿的主要负责人每月带班下井不得少于 5 个。

2. 作出处罚决定的依据：

《国务院关于预防煤矿生产安全事故的特别规定》第二十一条第二款　县级以上地方人民政府负责煤矿安全生产监督管理的部门或者煤矿安全监察机构发现煤矿企业在生产过程中，1 周内其负责人或者生产经营管理人员没有按照国家规定带班下井，或者下井登记档案虚假的，责令改正，并对该煤矿企业处 3 万元以上 15 万元以下的罚款。

《煤矿领导带班下井及安全监督检查规定》第十九条　煤矿领导未按规定带

班下井，或者带班下井档案虚假的，责令改正，并对该煤矿处15万元的罚款，对违反规定的煤矿领导按照擅离职守处理，对煤矿主要负责人处1万元的罚款。

3. 实施主体：

煤矿安全监管监察部门。

4. 具体标准：

煤矿处15万元的罚款，对违反规定的煤矿领导按照擅离职守处理，对煤矿主要负责人处1万元的罚款。

5. 适用说明：

主要负责人带班下井次数以1个月为计算周期，其他负责人以1周为计算周期。

第六十八条 煤矿企业负责人和生产经营管理人员下井登记档案虚假的违法行为

1. 认定违法行为的依据：

《国务院关于预防煤矿生产安全事故的特别规定》第二十一条第一款 煤矿企业负责人和生产经营管理人员应当按照国家规定轮流带班下井，并建立下井登记档案。

《煤矿领导带班下井及安全监督检查规定》第十一条 煤矿应当建立领导带班下井档案管理制度。

煤矿领导升井后，应当及时将下井的时间、地点、经过路线、发现的问题及处理情况、意见等有关情况进行登记，并由专人负责整理和存档备查。

煤矿领导带班下井的相关记录和煤矿井下人员定位系统存储信息保存期不少于一年。

2. 作出处罚决定的依据：

《国务院关于预防煤矿生产安全事故的特别规定》第二十一条第二款 县级以上地方人民政府负责煤矿安全生产监督管理的部门或者煤矿安全监察机构发现煤矿企业在生产过程中，1周内其负责人或者生产经营管理人员没有按照国家规定带班下井，或者下井登记档案虚假的，责令改正，并对该煤矿企业处3万元以上15万元以下的罚款。

《煤矿领导带班下井及安全监督检查规定》第十九条 煤矿领导未按规定带班下井，或者带班下井档案虚假的，责令改正，并对该煤矿处15万元的罚款，对违反规定的煤矿领导按照擅离职守处理，对煤矿主要负责人处1万元的罚款。

3. 实施主体：

煤矿安全监管监察部门。

4. 裁量阶次、适用条件和具体标准：

（1）第一阶次

适用条件：登记档案中生产经营管理人员有 1 次下井记录虚假的。

具体标准：对煤矿处 3 万元以上 5 万元以下的罚款。

（2）第二阶次

适用条件：登记档案中生产经营管理人员有 2 次下井记录虚假的。

具体标准：对煤矿处 5 万元以上 10 万元以下的罚款。

（3）第三阶次

适用条件：登记档案中生产经营管理人员有 3 次以上下井记录虚假的。

具体标准：对煤矿处 10 万元以上 15 万元以下的罚款。

（4）第四阶次

适用条件：煤矿领导未按规定带班下井，或者带班下井档案虚假。

具体标准：对该煤矿处 15 万元的罚款，对违反规定的煤矿领导按照擅离职守处理，对煤矿主要负责人处 1 万元的罚款。

5. 适用说明：

本条的违法行为计算周期为 1 周。如果两周内都存在上述违法行为，属于不同的违法行为。上述"煤矿领导"不包括矿长和总工程师。

第六十九条　矿长、总工程师（技术负责人）带班下井档案弄虚作假的违法行为

1. 认定违法行为的依据：

《国务院关于预防煤矿生产安全事故的特别规定》第二十一条第一款　煤矿企业负责人和生产经营管理人员应当按照国家规定轮流带班下井，并建立下井登记档案。

《煤矿重大事故隐患判定标准》第十八条第五项　图纸作假、隐瞒采掘工作面，提供虚假信息、隐瞒下井人数，或者矿长、总工程师（技术负责人）履行安全生产岗位责任制及管理制度时伪造记录，弄虚作假的。

2. 作出处罚决定的依据：

《国务院关于预防煤矿生产安全事故的特别规定》第十条第一款　煤矿有本规定第八条第二款所列情形之一，仍然进行生产的，由县级以上地方人民政府负责煤矿安全生产监督管理的部门或者煤矿安全监察机构责令停产整顿，提出整顿的内容、时间等具体要求，处 50 万元以上 200 万元以下的罚款；对煤矿企业负责人处 3 万元以上 15 万元以下的罚款。

3. 实施主体：

煤矿安全监管监察部门。

4. 裁量阶次、适用条件和具体标准：

（1）第一阶次

适用条件：登记档案中有 1 次下井记录虚假的。

具体标准：责令停产整顿，提出整顿的内容、时间等具体要求，处 50 万元以上 100 万元以下的罚款；对煤矿企业负责人处 3 万元以上 5 万元以下的罚款。

（2）第二阶次

适用条件：登记档案中有 2 次下井记录虚假的。

具体标准：责令停产整顿，提出整顿的内容、时间等具体要求，处 100 万元以上 150 万元以下的罚款；对煤矿企业负责人处 5 万元以上 10 万元以下的罚款。

（3）第三阶次

适用条件：登记档案中有 3 次下井记录虚假的。

具体标准：责令停产整顿，提出整顿的内容、时间等具体要求，处 150 万元以上 200 万元以下的罚款；对煤矿企业负责人处 10 万元以上 15 万元以下的罚款。

5. 适用说明：

主要负责人带班下井次数以 1 个月为计算周期，总工程师（技术负责人）以 1 周为计算周期。矿长、总工程师（技术负责人）因参加培训等，带班次数不足，但实际有其他负责人替岗带班的，不应判定为重大事故隐患。

第七十条 煤矿未建立健全煤矿领导带班下井制度的违法行为

1. 认定违法行为的依据：

《煤矿领导带班下井及安全监督检查规定》第七条 煤矿应当建立健全领导带班下井制度，并严格考核。带班下井制度应当明确带班下井人员、每月带班下井的个数、在井下工作时间、带班下井的任务、职责权限、群众监督和考核奖惩等内容。

2. 作出处罚决定的依据：

《煤矿领导带班下井及安全监督检查规定》第十八条 煤矿有下列情形之一的，给予警告，并处 3 万元罚款；对煤矿主要负责人处 1 万元罚款：

（一）未建立健全煤矿领导带班下井制度的。

3. 实施主体：

煤矿安全监管监察部门。

4. 具体标准：

给予警告，并处 3 万元罚款；对煤矿主要负责人处 1 万元罚款。

第七十一条 煤矿未建立煤矿领导井下交接班制度的违法行为

1. 认定违法行为的依据:

《煤矿领导带班下井及安全监督检查规定》第十条 煤矿领导带班下井实行井下交接班制度。

2. 作出处罚决定的依据:

《煤矿领导带班下井及安全监督检查规定》第十八条 煤矿有下列情形之一的,给予警告,并处3万元罚款;对煤矿主要负责人处1万元罚款:

(二)未建立煤矿领导井下交接班制度的。

3. 实施主体:

煤矿安全监管监察部门。

4. 具体标准:

给予警告,并处3万元罚款;对煤矿主要负责人处1万元罚款。

第七十二条 煤矿未建立煤矿领导带班下井档案管理制度的违法行为

1. 认定违法行为的依据:

《煤矿领导带班下井及安全监督检查规定》第十一条 煤矿应当建立领导带班下井档案管理制度。

2. 作出处罚决定的依据:

《煤矿领导带班下井及安全监督检查规定》第十八条 煤矿有下列情形之一的,给予警告,并处3万元罚款;对煤矿主要负责人处1万元罚款:

(三)未建立煤矿领导带班下井档案管理制度的。

3. 实施主体:

煤矿安全监管监察部门。

4. 具体标准:

给予警告,并处3万元罚款;对煤矿主要负责人处1万元罚款。

第七十三条 煤矿领导每月带班下井情况未按照规定公示的违法行为

1. 认定违法行为的依据:

《煤矿领导带班下井及安全监督检查规定》第十三条第二款 煤矿领导带班下井执行情况应当在当地主要媒体向社会公布,接受社会监督。

2. 作出处罚决定的依据:

《煤矿领导带班下井及安全监督检查规定》第十八条 煤矿有下列情形之一的,给予警告,并处3万元罚款;对煤矿主要负责人处1万元罚款:

(四)煤矿领导每月带班下井情况未按照规定公示的。

3. 实施主体：

煤矿安全监管监察部门。

4. 具体标准：

给予警告，并处 3 万元罚款；对煤矿主要负责人处 1 万元罚款。

第七十四条 煤矿领导未按规定填写煤矿领导下井交接班记录簿、带班下井记录的违法行为

1. 认定违法行为的依据：

《煤矿领导带班下井及安全监督检查规定》第十一条 煤矿应当建立领导带班下井档案管理制度。

煤矿领导升井后，应当及时将下井的时间、地点、经过路线、发现的问题及处理情况、意见等有关情况进行登记，并由专人负责整理和存档备查。

煤矿领导带班下井的相关记录和煤矿井下人员定位系统存储信息保存期不少于一年。

2. 作出处罚决定的依据：

《煤矿领导带班下井及安全监督检查规定》第十八条 煤矿有下列情形之一的，给予警告，并处 3 万元罚款；对煤矿主要负责人处 1 万元罚款：

（五）未按规定填写煤矿领导下井交接班记录簿、带班下井记录或者保存带班下井相关记录档案的。

3. 实施主体：

煤矿安全监管监察部门。

4. 具体标准：

给予警告，并处 3 万元罚款；对煤矿主要负责人处 1 万元罚款。

第七十五条 煤矿未按规定保存带班下井相关记录档案的违法行为

1. 认定违法行为的依据：

《煤矿领导带班下井及安全监督检查规定》第十一条 煤矿应当建立领导带班下井档案管理制度。

煤矿领导升井后，应当及时将下井的时间、地点、经过路线、发现的问题及处理情况、意见等有关情况进行登记，并由专人负责整理和存档备查。

煤矿领导带班下井的相关记录和煤矿井下人员定位系统存储信息保存期不少于一年。

2. 作出处罚决定的依据：

《煤矿领导带班下井及安全监督检查规定》第十八条 煤矿有下列情形之一

的，给予警告，并处3万元罚款；对煤矿主要负责人处1万元罚款：

（五）未按规定填写煤矿领导下井交接班记录簿、带班下井记录或者保存带班下井相关记录档案的。

3. 实施主体：

煤矿安全监管监察部门。

4. 具体标准：

给予警告，并处3万元罚款；对煤矿主要负责人处1万元罚款。

第七十六条　煤矿未建立安全风险分级管控制度的违法行为

1. 认定违法行为的依据：

《安全生产法》第四十一条第一款　生产经营单位应当建立安全风险分级管控制度，按照安全风险分级采取相应的管控措施。

2. 作出处罚决定的依据：

《安全生产法》第一百零一条　生产经营单位有下列行为之一的，责令限期改正，处十万元以下的罚款；逾期未改正的，责令停产停业整顿，并处十万元以上二十万元以下的罚款，对其直接负责的主管人员和其他直接责任人员处二万元以上五万元以下的罚款；构成犯罪的，依照刑法有关规定追究刑事责任：

（四）未建立安全风险分级管控制度或者未按照安全风险分级采取相应管控措施的。

3. 实施主体：

煤矿安全监管监察部门。

4. 裁量阶次、适用条件和具体标准：

（1）第一阶次

适用条件：安全风险管控制度内容有风险辨识、风险评估，但无风险管控的。

具体标准：处三万元以下的罚款。

（2）第二阶次

适用条件：安全风险管控制度内容有风险辨识，但无风险评估、风险管控的。

具体标准：处三万元以上七万元以下的罚款。

（3）第三阶次

适用条件：未建立安全风险管控制度的。

具体标准：处七万元以上十万元以下的罚款。

第七十七条 煤矿逾期未改正未建立安全风险分级管控制度的违法行为

1. 认定违法行为的依据：

《安全生产法》第一百零一条 生产经营单位有下列行为之一的，责令限期改正，处十万元以下的罚款；逾期未改正的，责令停产停业整顿，并处十万元以上二十万元以下的罚款，对其直接负责的主管人员和其他直接责任人员处二万元以上五万元以下的罚款；构成犯罪的，依照刑法有关规定追究刑事责任：

（四）未建立安全风险分级管控制度或者未按照安全风险分级采取相应管控措施的。

2. 作出处罚决定的依据：

《安全生产法》第一百零一条 生产经营单位有下列行为之一的，责令限期改正，处十万元以下的罚款；逾期未改正的，责令停产停业整顿，并处十万元以上二十万元以下的罚款，对其直接负责的主管人员和其他直接责任人员处二万元以上五万元以下的罚款；构成犯罪的，依照刑法有关规定追究刑事责任：

（四）未建立安全风险分级管控制度或者未按照安全风险分级采取相应管控措施的。

3. 实施主体：

煤矿安全监管监察部门。

4. 裁量阶次、适用条件和具体标准：

责令停产停业整顿，并对煤矿、直接负责的主管人员和其他直接责任人员按照下列基准进行罚款：

（1）第一阶次

适用条件：逾期未改正安全风险管控制度内容有风险辨识、风险评估，但无风险管控的。

具体标准：对煤矿处十万元以上十三万元以下的罚款，对其直接负责的主管人员和其他直接责任人员处二万元以上三万元以下的罚款。

（2）第二阶次

适用条件：逾期未改正安全风险管控制度内容有风险辨识，但无风险评估、风险管控的。

具体标准：对煤矿处十三万元以上十七万元以下的罚款，对其直接负责的主管人员和其他直接责任人员处三万元以上四万元以下的罚款。

（3）第三阶次

适用条件：逾期未改正未建立安全风险管控制度的。

具体标准：对煤矿处十七万元以上二十万元以下的罚款，对其直接负责的主管人员和其他直接责任人员处四万元以上五万元以下的罚款。

第七十八条 煤矿未按照安全风险分级采取相应管控措施的违法行为

1. 认定违法行为的依据：

《安全生产法》第四十一条第一款 生产经营单位应当建立安全风险分级管控制度，按照安全风险分级采取相应的管控措施。

2. 作出处罚决定的依据：

《安全生产法》第一百零一条 生产经营单位有下列行为之一的，责令限期改正，处十万元以下的罚款；逾期未改正的，责令停产停业整顿，并处十万元以上二十万元以下的罚款，对其直接负责的主管人员和其他直接责任人员处二万元以上五万元以下的罚款；构成犯罪的，依照刑法有关规定追究刑事责任：

（四）未建立安全风险分级管控制度或者未按照安全风险分级采取相应管控措施的。

3. 实施主体：

煤矿安全监管监察部门。

4. 裁量阶次、适用条件和具体标准：

（1）第一阶次

适用条件：1 处一般风险没有采取相应管控措施的。

具体标准：处三万元以下的罚款。

（2）第二阶次

适用条件：2 处一般风险没有采取相应管控措施的，或者 1 处较大风险没有采取相应管控措施的。

具体标准：处三万元以上七万元以下的罚款。

（3）第三阶次

适用条件：3 处以上一般风险没有采取相应管控措施，或者 2 处以上较大风险没有采取相应管控措施，或者 1 处以上重大风险没有采取相应管控措施的。

具体标准：处七万元以上十万元以下的罚款。

第七十九条 煤矿逾期未改正未按照安全风险分级采取相应管控措施的违法行为

1. 认定违法行为的依据：

《安全生产法》第一百零一条 生产经营单位有下列行为之一的，责令限期改正，处十万元以下的罚款；逾期未改正的，责令停产停业整顿，并处十万元以上二十万元以下的罚款，对其直接负责的主管人员和其他直接责任人员处二万元以上五万元以下的罚款；构成犯罪的，依照刑法有关规定追究刑事责任：

（四）未建立安全风险分级管控制度或者未按照安全风险分级采取相应管控

措施的。

2. 作出处罚决定的依据：

《安全生产法》第一百零一条 生产经营单位有下列行为之一的，责令限期改正，处十万元以下的罚款；逾期未改正的，责令停产停业整顿，并处十万元以上二十万元以下的罚款，对其直接负责的主管人员和其他直接责任人员处二万元以上五万元以下的罚款；构成犯罪的，依照刑法有关规定追究刑事责任：

（四）未建立安全风险分级管控制度或者未按照安全风险分级采取相应管控措施的。

3. 实施主体：

煤矿安全监管监察部门。

4. 裁量阶次、适用条件和具体标准：

责令停产停业整顿，并对煤矿、直接负责的主管人员和其他直接责任人员按照下列基准进行罚款：

（1）第一阶次

适用条件：逾期未改正1处一般风险没有采取相应管控措施的。

具体标准：对煤矿处十万元以上十三万元以下的罚款，对其直接负责的主管人员和其他直接责任人员处二万元以上三万元以下的罚款。

（2）第二阶次

适用条件：逾期未改正2处一般风险没有采取相应管控措施的，或者1处较大风险没有采取相应管控措施的。

具体标准：对煤矿处十三万元以上十七万元以下的罚款，对其直接负责的主管人员和其他直接责任人员处三万元以上四万元以下的罚款。

（3）第三阶次

适用条件：逾期未改正3处以上一般风险没有采取相应管控措施，或者2处以上较大风险没有采取相应管控措施，或者1处以上重大风险没有采取相应管控措施的。

具体标准：对煤矿处十七万元以上二十万元以下的罚款，对其直接负责的主管人员和其他直接责任人员处四万元以上五万元以下的罚款。

第八十条 煤矿未建立事故隐患排查治理制度的违法行为

1. 认定违法行为的依据：

《安全生产法》第四十一条第二款 生产经营单位应当建立健全并落实生产安全事故隐患排查治理制度，采取技术、管理措施，及时发现并消除事故隐患。事故隐患排查治理情况应当如实记录，并通过职工大会或者职工代表大会、信息公示栏等方式向从业人员通报。其中，重大事故隐患排查治理情况应当及时向负有安全生产监督管理职责的部门和职工大会或者职工代表大会报告。

《生产安全事故隐患排查治理暂行规定》第八条第二款　生产经营单位应当建立健全事故隐患排查治理和建档监控等制度，逐级建立并落实从主要负责人到每个从业人员的隐患排查治理和监控责任制。

《生产安全事故隐患排查治理暂行规定》第九条　生产经营单位应当保证事故隐患排查治理所需的资金，建立资金使用专项制度。

《生产安全事故隐患排查治理暂行规定》第十一条　生产经营单位应当建立事故隐患报告和举报奖励制度，鼓励、发动职工发现和排除事故隐患，鼓励社会公众举报。对发现、排除和举报事故隐患的有功人员，应当给予物质奖励和表彰。

2. 作出处罚决定的依据：

《安全生产法》第一百零一条　生产经营单位有下列行为之一的，责令限期改正，处十万元以下的罚款；逾期未改正的，责令停产停业整顿，并处十万元以上二十万元以下的罚款，对其直接负责的主管人员和其他直接责任人员处二万元以上五万元以下的罚款；构成犯罪的，依照刑法有关规定追究刑事责任：

（五）未建立事故隐患排查治理制度，或者重大事故隐患排查治理情况未按照规定报告的。

3. 实施主体：

煤矿安全监管监察部门。

4. 裁量阶次、适用条件和具体标准：

（1）第一阶次

适用条件：事故隐患排查治理制度中缺少 1 项内容或制度的。

具体标准：处三万元以下的罚款。

（2）第二阶次

适用条件：事故隐患排查治理制度中缺少 2 项内容或制度的。

具体标准：处三万元以上七万元以下的罚款。

（3）第三阶次

适用条件：事故隐患排查治理制度中缺少 3 项以上内容或制度的。

具体标准：处七万元以上十万元以下的罚款。

5. 适用说明：

煤矿生产安全事故隐患排查治理制度依据《煤矿生产安全事故隐患排查治理制度建设指南》和《安全生产事故隐患排查治理暂行规定》的规定判断。

《安全生产事故隐患排查治理暂行规定》第二十六条规定，生产经营单位违

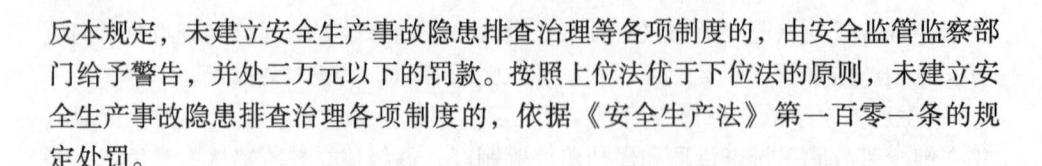

反本规定，未建立安全生产事故隐患排查治理等各项制度的，由安全监管监察部门给予警告，并处三万元以下的罚款。按照上位法优于下位法的原则，未建立安全生产事故隐患排查治理各项制度的，依据《安全生产法》第一百零一条的规定处罚。

第八十一条　煤矿逾期未改正未建立事故隐患排查治理制度的违法行为

1. 认定违法行为的依据：

《安全生产法》第一百零一条　生产经营单位有下列行为之一的，责令限期改正，处十万元以下的罚款；逾期未改正的，责令停产停业整顿，并处十万元以上二十万元以下的罚款，对其直接负责的主管人员和其他直接责任人员处二万元以上五万元以下的罚款；构成犯罪的，依照刑法有关规定追究刑事责任：

（五）未建立事故隐患排查治理制度，或者重大事故隐患排查治理情况未按照规定报告的。

2. 作出处罚决定的依据：

《安全生产法》第一百零一条　生产经营单位有下列行为之一的，责令限期改正，处十万元以下的罚款；逾期未改正的，责令停产停业整顿，并处十万元以上二十万元以下的罚款，对其直接负责的主管人员和其他直接责任人员处二万元以上五万元以下的罚款；构成犯罪的，依照刑法有关规定追究刑事责任：

（五）未建立事故隐患排查治理制度，或者重大事故隐患排查治理情况未按照规定报告的。

3. 实施主体：

煤矿安全监管监察部门。

4. 裁量阶次、适用条件和具体标准：

责令停产停业整顿，并对煤矿、直接负责的主管人员和其他直接责任人员按照下列基准进行罚款：

（1）第一阶次

适用条件：逾期未改正事故隐患排查治理制度中缺少1项内容或制度的。

具体标准：对煤矿处十万元以上十三万元以下的罚款，对其直接负责的主管人员和其他直接责任人员处二万元以上三万元以下的罚款。

（2）第二阶次

适用条件：逾期未改正事故隐患排查治理制度中缺少2项内容或制度的。

具体标准：对煤矿处十三万元以上十七万元以下的罚款，对其直接负责的主管人员和其他直接责任人员处三万元以上四万元以下的罚款。

（3）第三阶次

适用条件：逾期未改正事故隐患排查治理制度中缺少 3 项以上内容或制度的。

具体标准：对煤矿处十七万元以上二十万元以下的罚款，对其直接负责的主管人员和其他直接责任人员处四万元以上五万元以下的罚款。

第八十二条 煤矿重大事故隐患排查治理情况未按照规定报告的违法行为

1. 认定违法行为的依据：

《安全生产法》第四十一条第二款　生产经营单位应当建立健全并落实生产安全事故隐患排查治理制度，采取技术、管理措施，及时发现并消除事故隐患。事故隐患排查治理情况应当如实记录，并通过职工大会或者职工代表大会、信息公示栏等方式向从业人员通报。其中，重大事故隐患排查治理情况应当及时向负有安全生产监督管理职责的部门和职工大会或者职工代表大会报告。

2. 作出处罚决定的依据：

《安全生产法》第一百零一条　生产经营单位有下列行为之一的，责令限期改正，处十万元以下的罚款；逾期未改正的，责令停产停业整顿，并处十万元以上二十万元以下的罚款，对其直接负责的主管人员和其他直接责任人员处二万元以上五万元以下的罚款；构成犯罪的，依照刑法有关规定追究刑事责任：

（五）未建立事故隐患排查治理制度，或者重大事故隐患排查治理情况未按照规定报告的。

3. 实施主体：

煤矿安全监管监察部门。

4. 裁量阶次、适用条件和具体标准：

（1）第一阶次

适用条件：迟报重大事故隐患排查治理情况的。

具体标准：处三万元以下的罚款。

（2）第二阶次

适用条件：漏报重大事故隐患排查治理情况的。

具体标准：处三万元以上七万元以下的罚款。

（3）第三阶次

适用条件：谎报或者不报重大事故隐患排查治理情况的。

具体标准：处七万元以上十万元以下的罚款。

5. 适用说明：

"未按照规定报告的"主要是指报告的内容、时间等不符合法律规定。未及时报告重大事故隐患排查治理情况的，属于其情形之一。

第八十三条 煤矿逾期未改正重大事故隐患排查治理情况未按照规定报告的违法行为

1. 认定违法行为的依据：

《安全生产法》第一百零一条 生产经营单位有下列行为之一的，责令限期改正，处十万元以下的罚款；逾期未改正的，责令停产停业整顿，并处十万元以上二十万元以下的罚款，对其直接负责的主管人员和其他直接责任人员处二万元以上五万元以下的罚款；构成犯罪的，依照刑法有关规定追究刑事责任：

（五）未建立事故隐患排查治理制度，或者重大事故隐患排查治理情况未按照规定报告的。

2. 作出处罚决定的依据：

《安全生产法》第一百零一条 生产经营单位有下列行为之一的，责令限期改正，处十万元以下的罚款；逾期未改正的，责令停产停业整顿，并处十万元以上二十万元以下的罚款，对其直接负责的主管人员和其他直接责任人员处二万元以上五万元以下的罚款；构成犯罪的，依照刑法有关规定追究刑事责任：

（五）未建立事故隐患排查治理制度，或者重大事故隐患排查治理情况未按照规定报告的。

3. 实施主体：

煤矿安全监管监察部门。

4. 裁量阶次、适用条件和具体标准：

责令停产停业整顿，并对煤矿、直接负责的主管人员和其他直接责任人员按照下列基准进行罚款：

（1）第一阶次

适用条件：逾期未改正迟报重大事故隐患排查治理情况的。

具体标准：对煤矿处十万元以上十三万元以下的罚款，对其直接负责的主管人员和其他直接责任人员处二万元以上三万元以下的罚款。

（2）第二阶次

适用条件：逾期未改正漏报重大事故隐患排查治理情况的。

具体标准：对煤矿处十三万元以上十七万元以下的罚款，对其直接负责的主管人员和其他直接责任人员处三万元以上四万元以下的罚款。

（3）第三阶次

适用条件：逾期未改正谎报或者不报重大事故隐患排查治理情况的。

具体标准：对煤矿处十七万元以上二十万元以下的罚款，对其直接负责的主管人员和其他直接责任人员处四万元以上五万元以下的罚款。

第八十四条　煤矿未采取措施消除事故隐患的违法行为

1. 认定违法行为的依据：

《安全生产法》第四十一条第二款　生产经营单位应当建立健全并落实生产安全事故隐患排查治理制度，采取技术、管理措施，及时发现并消除事故隐患。

2. 作出处罚决定的依据：

《安全生产法》第一百零二条　生产经营单位未采取措施消除事故隐患的，责令立即消除或者限期消除，处五万元以下的罚款；生产经营单位拒不执行的，责令停产停业整顿，对其直接负责的主管人员和其他直接责任人员处五万元以上十万元以下的罚款；构成犯罪的，依照刑法有关规定追究刑事责任。

3. 实施主体：

煤矿安全监管监察部门。

4. 具体标准：

处五万元以下的罚款。

5. 适用说明：

事故隐患根据有关法律、法规、规章和标准确定。

第八十五条　煤矿拒不执行立即消除或者限期消除事故隐患的指令的违法行为

1. 认定违法行为的依据：

《安全生产法》第六十五条　应急管理部门和其他负有安全生产监督管理职责的部门依法开展安全生产行政执法工作，对生产经营单位执行有关安全生产的法律、法规和国家标准或者行业标准的情况进行监督检查，行使以下职权：

（三）对检查中发现的事故隐患，应当责令立即排除；重大事故隐患排除前或者排除过程中无法保证安全的，应当责令从危险区域内撤出作业人员，责令暂时停产停业或者停止使用相关设施、设备；重大事故隐患排除后，经审查同意，方可恢复生产经营和使用；

2. 作出处罚决定的依据：

《安全生产法》第一百零二条　生产经营单位未采取措施消除事故隐患的，责令立即消除或者限期消除，处五万元以下的罚款；生产经营单位拒不执行的，责令停产停业整顿，对其直接负责的主管人员和其他直接责任人员处五万元以上十万元以下的罚款；构成犯罪的，依照刑法有关规定追究刑事责任。

《安全生产法》第一百一十二条　生产经营单位违反本法规定，被责令改正且受到罚款处罚，拒不改正的，负有安全生产监督管理职责的部门可以自作出责令改正之日的次日起，按照原处罚数额按日连续处罚。

3. 实施主体：

煤矿安全监管监察部门。

4. 裁量阶次、适用条件和具体标准：

(1) 第一阶次

适用条件：拒不消除1条一般事故隐患。

具体标准：责令煤矿停产停业整顿，同时对煤矿自作出责令改正之日的次日起，按照原处罚数额按日连续处罚；对直接负责的主管人员和其他直接责任人员处五万元以上七万元以下的罚款。

(2) 第二阶次

适用条件：拒不消除2条一般事故隐患。

具体标准：责令煤矿停产停业整顿，同时对煤矿自作出责令改正之日的次日起，按照原处罚数额按日连续处罚；对直接负责的主管人员和其他直接责任人员处七万元以上九万元以下的罚款。

(3) 第三阶次

适用条件：拒不消除3条及以上一般事故隐患。

具体标准：责令煤矿停产停业整顿，同时对煤矿自作出责令改正之日的次日起，按照原处罚数额按日连续处罚；对直接负责的主管人员和其他直接责任人员处九万元以上十万元以下的罚款。

5. 适用说明：

《安全生产法》关于煤矿事故隐患对煤矿或者直接负责的主管人员和其他直接责任人员罚款数额另有规定的，按照《行政处罚法》第二十九条的规定，根据罚款数额高的规定处罚。

第八十六条 煤矿拒不执行立即改正或者限期改正违法行为的指令的违法行为

1. 认定违法行为的依据：

《安全生产法》第四十一条第二款 生产经营单位应当建立健全并落实生产安全事故隐患排查治理制度，采取技术、管理措施，及时发现并消除事故隐患。事故隐患排查治理情况应当如实记录，并通过职工大会或者职工代表大会、信息公示栏等方式向从业人员通报。其中，重大事故隐患排查治理情况应当及时向负有安全生产监督管理职责的部门和职工大会或者职工代表大会报告。

2. 作出处罚决定的依据：

《安全生产法》第一百零二条 生产经营单位未采取措施消除事故隐患的，责令立即消除或者限期消除，处五万元以下的罚款；生产经营单位拒不执行的，责令停产停业整顿,对其直接负责的主管人员和其他直接责任人员处五万元以上十万元以下的罚款;构成犯罪的,依照刑法有关规定追究刑事责任。

《安全生产法》第一百一十二条 生产经营单位违反本法规定,被责令改正且受到罚款处罚,拒不改正的,负有安全生产监督管理职责的部门可以自作出责令改正之日的次日起,按照原处罚数额按日连续处罚。

3. 实施主体:

煤矿安全监管监察部门。

4. 裁量阶次、适用条件和具体标准:

(1) 第一阶次

适用条件:拒不改正 1 条违法行为的。

具体标准:责令煤矿停产停业整顿,同时对煤矿自作出责令改正之日的次日起,按照原处罚数额按日连续处罚;对直接负责的主管人员和其他直接责任人员处五万元以上七万元以下的罚款。

(2) 第二阶次

适用条件:拒不改正 2 条违法行为的。

具体标准:责令煤矿停产停业整顿,同时对煤矿自作出责令改正之日的次日起,按照原处罚数额按日连续处罚;对直接负责的主管人员和其他直接责任人员处七万元以上九万元以下的罚款。

(3) 第三阶次

适用条件:拒不改正 3 条及以上违法行为的。

具体标准:责令煤矿停产停业整顿,同时对煤矿自作出责令改正之日的次日起,按照原处罚数额按日连续处罚;对直接负责的主管人员和其他直接责任人员处九万元以上十万元以下的罚款。

5. 适用说明:

《安全生产法》关于违法行为对煤矿或者直接负责的主管人员和其他直接责任人员罚款数额另有规定的,根据《行政处罚法》第二十九条的规定,按照罚款数额高的规定处罚。

第八十七条 煤矿超能力组织生产的违法行为

1. 认定违法行为的依据:

《国务院关于预防煤矿生产安全事故的特别规定》第八条第二款 煤矿有下列重大安全生产隐患和行为的,应当立即停止生产,排除隐患:

(一)超能力、超强度或者超定员组织生产的。

《煤矿重大事故隐患判定标准》第四条 "超能力、超强度或者超定员组织生产"重大事故隐患，是指有下列情形之一的：

（一）煤矿全年原煤产量超过核定（设计）生产能力幅度在10%以上，或者月原煤产量大于核定（设计）生产能力的10%的；

（二）煤矿或其上级公司超过煤矿核定（设计）生产能力下达生产计划或者经营指标的；

（三）煤矿开拓、准备、回采煤量可采期小于国家规定的最短时间，未主动采取限产或者停产措施，仍然组织生产的（衰老煤矿和地方人民政府计划停产关闭煤矿除外）；

（四）煤矿井下同时生产的水平超过2个，或者一个采（盘）区内同时作业的采煤、煤（半煤岩）巷掘进工作面个数超过《煤矿安全规程》规定的；

（五）瓦斯抽采不达标组织生产的；

（六）煤矿未制定或者未严格执行井下劳动定员制度，或者采掘作业地点单班作业人数超过国家有关限员规定20%以上的。

2. 作出处罚决定的依据：

《国务院关于预防煤矿生产安全事故的特别规定》第十条第一款 煤矿有本规定第八条第二款所列情形之一，仍然进行生产的，由县级以上地方人民政府负责煤矿安全生产监督管理的部门或者煤矿安全监察机构责令停产整顿，提出整顿的内容、时间等具体要求，处50万元以上200万元以下的罚款；对煤矿企业负责人处3万元以上15万元以下的罚款。

3. 实施主体：

煤矿安全监管监察部门。

4. 裁量阶次、适用条件和具体标准：

（1）第一阶次

适用条件：超过煤矿全年或者月核定能力10%以上15%以下；煤矿或其上级公司超过煤矿核定（设计）生产能力下达生产计划或者经营指标，但超过核定能力10%以下的。

具体标准：由县级以上地方人民政府负责煤矿安全生产监督管理的部门或者矿山安全监察机构责令停产整顿，提出整顿的内容、时间等具体要求，处50万元以上100万元以下的罚款；对煤矿企业负责人处3万元以上5万元以下的罚款。

（2）第二阶次

适用条件：超过煤矿全年或者月核定能力15%以上20%以下；煤矿或其上级公司超过煤矿核定（设计）生产能力下达生产计划或者经营指标，但超过核定能力10%以上15%以下的。

具体标准：由县级以上地方人民政府负责煤矿安全生产监督管理的部门或者矿山安全监察机构责令停产整顿，提出整顿的内容、时间等具体要求，处 100 万元以上 150 万元以下的罚款；对煤矿企业负责人处 5 万元以上 10 万元以下的罚款。

（3）第三阶次

适用条件：超过煤矿全年或者月核定能力 20% 以上；煤矿或其上级公司超过煤矿核定（设计）生产能力下达生产计划或者经营指标，但超过核定能力 15% 以上的。

具体标准：由县级以上地方人民政府负责煤矿安全生产监督管理的部门或者矿山安全监察机构责令停产整顿，提出整顿的内容、时间等具体要求，处 150 万元以上 200 万元以下的罚款；对煤矿企业负责人处 10 万元以上 15 万元以下的罚款。

第八十八条 煤矿超强度组织生产的违法行为

1. 认定违法行为的依据：

《国务院关于预防煤矿生产安全事故的特别规定》第八条第二款 煤矿有下列重大安全生产隐患和行为的，应当立即停止生产，排除隐患：

（一）超能力、超强度或者超定员组织生产的。

《煤矿重大事故隐患判定标准》第四条 "超能力、超强度或者超定员组织生产"重大事故隐患，是指有下列情形之一的：

（一）煤矿全年原煤产量超过核定（设计）生产能力幅度在 10% 以上，或者月原煤产量大于核定（设计）生产能力的 10% 的；

（二）煤矿或其上级公司超过煤矿核定（设计）生产能力下达生产计划或者经营指标的；

（三）煤矿开拓、准备、回采煤量可采期小于国家规定的最短时间，未主动采取限产或者停产措施，仍然组织生产的（衰老煤矿和地方人民政府计划停产关闭煤矿除外）；

（四）煤矿井下同时生产的水平超过 2 个，或者一个采（盘）区内同时作业的采煤、煤（半煤岩）巷掘进工作面个数超过《煤矿安全规程》规定的；

（五）瓦斯抽采不达标组织生产的；

（六）煤矿未制定或者未严格执行井下劳动定员制度，或者采掘作业地点单班作业人数超过国家有关限员规定 20% 以上的。

2. 作出处罚决定的依据：

《国务院关于预防煤矿生产安全事故的特别规定》第十条第一款 煤矿有本

规定第八条第二款所列情形之一，仍然进行生产的，由县级以上地方人民政府负责煤矿安全生产监督管理的部门或者煤矿安全监察机构责令停产整顿，提出整顿的内容、时间等具体要求，处50万元以上200万元以下的罚款；对煤矿企业负责人处3万元以上15万元以下的罚款。

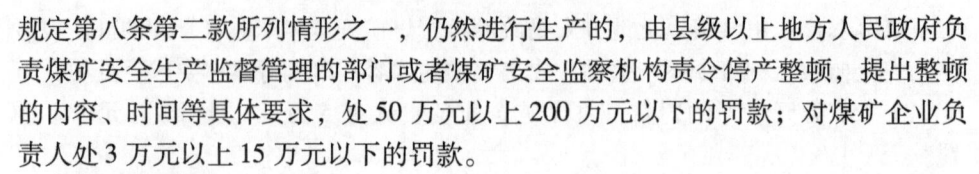

3. 实施主体：

煤矿安全监管监察部门。

4. 裁量阶次、适用条件和具体标准：

（1）第一阶次

适用条件：煤矿开拓煤量可采期小于国家规定的最短时间1年以内、准备煤量可采期小于国家规定的最短时间3个月以内、回采煤量可采期小于国家规定的最短时间1个月以内，未主动采取限产或者停产措施，仍然组织生产的（衰老煤矿和地方人民政府计划停产关闭煤矿除外）。

具体标准：责令停产整顿，提出整顿的内容、时间等具体要求，处50万元以上100万元以下的罚款；对煤矿企业负责人处3万元以上5万元以下的罚款。

（2）第二阶次

适用条件：①煤矿开拓煤量可采期小于国家规定的最短时间超过1年不满2年、准备煤量可采期小于国家规定的最短时间超过3个月不满6个月、回采煤量可采期小于国家规定的最短时间超过1个月不满3个月，未主动采取限产或者停产措施，仍然组织生产的（衰老煤矿和地方人民政府计划停产关闭煤矿除外）；②煤矿井下同时生产的水平有3个，或者一个采（盘）区内同时作业的采煤、煤（半煤岩）巷掘进工作面个数超过《煤矿安全规程》规定的数量1个。

具体标准：责令停产整顿，提出整顿的内容、时间等具体要求，处100万元以上150万元以下的罚款；对煤矿企业负责人处5万元以上10万元以下的罚款。

（3）第三阶次

适用条件：①煤矿开拓煤量可采期小于国家规定的最短时间超过2年、准备煤量可采期小于国家规定的最短时间超过6个月、回采煤量可采期小于国家规定的最短时间超过3个月，未主动采取限产或者停产措施，仍然组织生产的（衰老煤矿和地方人民政府计划停产关闭煤矿除外）；②煤矿井下同时生产的水平有3个以上，或者一个采（盘）区内同时作业的采煤、煤（半煤岩）巷掘进工作面个数超过《煤矿安全规程》规定的数量2个以上；③瓦斯抽采不达标组织生产的。

具体标准：责令停产整顿，提出整顿的内容、时间等具体要求，处150万元以上200万元以下的罚款；对煤矿企业负责人处10万元以上15万元以下的罚款。

第八十九条　煤矿超定员组织生产的违法行为

1. 认定违法行为的依据：

《国务院关于预防煤矿生产安全事故的特别规定》第八条第二款　煤矿有下列重大安全生产隐患和行为的，应当立即停止生产，排除隐患：

（一）超能力、超强度或者超定员组织生产的。

《煤矿重大事故隐患判定标准》第四条　"超能力、超强度或者超定员组织生产"重大事故隐患，是指有下列情形之一的：

（一）煤矿全年原煤产量超过核定（设计）生产能力幅度在10%以上，或者月原煤产量大于核定（设计）生产能力的10%的；

（二）煤矿或其上级公司超过煤矿核定（设计）生产能力下达生产计划或者经营指标的；

（三）煤矿开拓、准备、回采煤量可采期小于国家规定的最短时间，未主动采取限产或者停产措施，仍然组织生产的（衰老煤矿和地方人民政府计划停产关闭煤矿除外）；

（四）煤矿井下同时生产的水平超过2个，或者一个采（盘）区内同时作业的采煤、煤（半煤岩）巷掘进工作面个数超过《煤矿安全规程》规定的；

（五）瓦斯抽采不达标组织生产的；

（六）煤矿未制定或者未严格执行井下劳动定员制度，或者采掘作业地点单班作业人数超过国家有关限员规定20%以上的。

2. 作出处罚决定的依据：

《国务院关于预防煤矿生产安全事故的特别规定》第十条第一款　煤矿有本规定第八条第二款所列情形之一，仍然进行生产的，由县级以上地方人民政府负责煤矿安全生产监督管理的部门或者煤矿安全监察机构责令停产整顿，提出整顿的内容、时间等具体要求，处50万元以上200万元以下的罚款；对煤矿企业负责人处3万元以上15万元以下的罚款。

3. 实施主体：

煤矿安全监管监察部门。

4. 裁量阶次、适用条件和具体标准：

（1）第一阶次

适用条件： 煤矿未制定劳动定员制度，或者采掘作业地点单班作业人数超过国家有关限员规定20%以上25%以下的。

具体标准： 责令停产整顿，提出整顿的内容、时间等具体要求，处50万元以上100万元以下的罚款；对煤矿企业负责人处3万元以上5万元以下的罚款。

（2）第二阶次

适用条件：煤矿未严格执行井下劳动定员制度，或者采掘作业地点单班作业人数超过国家有关限员规定25%以上30%以下的。

具体标准：责令停产整顿，提出整顿的内容、时间等具体要求，处100万元以上150万元以下的罚款；对煤矿企业负责人处5万元以上10万元以下的罚款。

（3）第三阶次

适用条件：煤矿未执行井下劳动定员制度，或者采掘作业地点单班作业人数超过国家有关限员规定30%以上的。

具体标准：责令停产整顿，提出整顿的内容、时间等具体要求，处150万元以上200万元以下的罚款；对煤矿企业负责人处10万元以上15万元以下的罚款。

第九十条 煤矿瓦斯超限作业的违法行为

1. 认定违法行为的依据：

《国务院关于预防煤矿生产安全事故的特别规定》第八条第二款 煤矿有下列重大安全生产隐患和行为的，应当立即停止生产，排除隐患：

（二）瓦斯超限作业的。

《煤矿重大事故隐患判定标准》第五条 "瓦斯超限作业"重大事故隐患，是指有下列情形之一的：

（一）瓦斯检查存在漏检、假检情况且进行作业的；

（二）井下瓦斯超限后继续作业或者未按照国家规定处置继续进行作业的；

（三）井下排放积聚瓦斯未按照国家规定制定并实施安全技术措施进行作业的。

2. 作出处罚决定的依据：

《国务院关于预防煤矿生产安全事故的特别规定》第十条第一款 煤矿有本规定第八条第二款所列情形之一，仍然进行生产的，由县级以上地方人民政府负责煤矿安全生产监督管理的部门或者煤矿安全监察机构责令停产整顿，提出整顿的内容、时间等具体要求，处50万元以上200万元以下的罚款；对煤矿企业负责人处3万元以上15万元以下的罚款。

3. 实施主体：

煤矿安全监管监察部门。

4. 裁量阶次、适用条件和具体标准：

（1）第一阶次

适用条件：瓦斯检查存在漏检情况且进行作业的。

具体标准：责令停产整顿，提出整顿的内容、时间等具体要求，处50万元以上100万元以下的罚款；对煤矿企业负责人处3万元以上5万元以下的罚款。

（2）第二阶次

适用条件：瓦斯检查存在假检情况且进行作业的。

具体标准：责令停产整顿，提出整顿的内容、时间等具体要求，处100万元以上150万元以下的罚款；对煤矿企业负责人处5万元以上10万元以下的罚款。

（3）第三阶次

适用条件：井下瓦斯超限后继续作业或者未按照国家规定处置继续进行作业的，或者井下排放积聚瓦斯未按照国家规定制定并实施安全技术措施进行作业的。

具体标准：责令停产整顿，提出整顿的内容、时间等具体要求，处150万元以上200万元以下的罚款；对煤矿企业负责人处10万元以上15万元以下的罚款。

第九十一条　煤与瓦斯突出矿井，未依照规定实施防突出措施的违法行为

1. 认定违法行为的依据：

《国务院关于预防煤矿生产安全事故的特别规定》第八条第二款　煤矿有下列重大安全生产隐患和行为的，应当立即停止生产，排除隐患：

（三）煤与瓦斯突出矿井，未依照规定实施防突出措施的。

《煤矿重大事故隐患判定标准》第六条　"煤与瓦斯突出矿井，未依照规定实施防突出措施"重大事故隐患，是指有下列情形之一的：

（一）未设立防突机构并配备相应专业人员的；

（二）未建立地面永久瓦斯抽采系统或者系统不能正常运行的；

（三）未按照国家规定进行区域或者工作面突出危险性预测的（直接认定为突出危险区域或者突出危险工作面的除外）；

（四）未按照国家规定采取防治突出措施的；

（五）未按照国家规定进行防突措施效果检验和验证，或者防突措施效果检验和验证不达标仍然组织生产建设，或者防突措施效果检验和验证数据造假的；

（六）未按照国家规定采取安全防护措施的；

（七）使用架线式电机车的。

2. 作出处罚决定的依据：

《国务院关于预防煤矿生产安全事故的特别规定》第十条第一款　煤矿有本规定第八条第二款所列情形之一，仍然进行生产的，由县级以上地方人民政府负责煤矿安全生产监督管理的部门或者煤矿安全监察机构责令停产整顿，提出整顿的内容、时间等具体要求，处50万元以上200万元以下的罚款；对煤矿企业负

责人处 3 万元以上 15 万元以下的罚款。

3. 实施主体：

煤矿安全监管监察部门。

4. 裁量阶次、适用条件和具体标准：

（1）第一阶次

适用条件：未设立防突机构并配备相应专业人员的。

具体标准：责令停产整顿，提出整顿的内容、时间等具体要求，处 50 万元以上 100 万元以下的罚款；对煤矿企业负责人处 3 万元以上 5 万元以下的罚款。

（2）第二阶次

适用条件：未按照国家规定进行区域或者工作面突出危险性预测的（直接认定为突出危险区域或者突出危险工作面的除外）。

具体标准：责令停产整顿，提出整顿的内容、时间等具体要求，处 100 万元以上 150 万元以下的罚款；对煤矿企业负责人处 5 万元以上 10 万元以下的罚款。

（3）第三阶次

适用条件：①未建立地面永久瓦斯抽采系统或者系统不能正常运行的；②未按照国家规定采取防治突出措施的；③未按照国家规定进行防突措施效果检验和验证，或者防突措施效果检验和验证不达标仍然组织生产建设，或者防突措施效果检验和验证数据造假的；④未按照国家规定采取安全防护措施的；⑤使用架线式电机车的。

具体标准：责令停产整顿，提出整顿的内容、时间等具体要求，处 150 万元以上 200 万元以下的罚款；对煤矿企业负责人处 10 万元以上 15 万元以下的罚款。

5. 适用说明：

《煤矿重大事故隐患判定标准》第六条对"煤与瓦斯突出矿井，未依照规定实施防突出措施"重大事故隐患的具体情形进行了明确，它们都属于认定"煤与瓦斯突出矿井，未依照规定实施防突出措施"的标准，并非独立的违法行为，应当按照一个违法行为进行处罚，情形多寡是自由裁量考虑的因素。

第九十二条 高瓦斯矿井未建立瓦斯抽放系统和监控系统，或者瓦斯监控系统不能正常运行的违法行为

1. 认定违法行为的依据：

《国务院关于预防煤矿生产安全事故的特别规定》第八条第二款 煤矿有下列重大安全生产隐患和行为的，应当立即停止生产，排除隐患：

（四）高瓦斯矿井未建立瓦斯抽放系统和监控系统，或者瓦斯监控系统不能正常运行的。

《煤矿重大事故隐患判定标准》第七条 "高瓦斯矿井未建立瓦斯抽采系统和监控系统，或者系统不能正常运行"重大事故隐患，是指有下列情形之一的：

（一）按照《煤矿安全规程》规定应当建立而未建立瓦斯抽采系统或者系统不正常使用的；

（二）未按照国家规定安设、调校甲烷传感器，人为造成甲烷传感器失效，或者瓦斯超限后不能报警、断电或者断电范围不符合国家规定的。

2. 作出处罚决定的依据：

《国务院关于预防煤矿生产安全事故的特别规定》第十条第一款 煤矿有本规定第八条第二款所列情形之一，仍然进行生产的，由县级以上地方人民政府负责煤矿安全生产监督管理的部门或者煤矿安全监察机构责令停产整顿，提出整顿的内容、时间等具体要求，处50万元以上200万元以下的罚款；对煤矿企业负责人处3万元以上15万元以下的罚款。

3. 实施主体：

煤矿安全监管监察部门。

4. 裁量阶次、适用条件和具体标准：

（1）第一阶次

适用条件： 未按照国家规定调校甲烷传感器。

具体标准： 责令停产整顿，提出整顿的内容、时间等具体要求，处50万元以上100万元以下的罚款；对煤矿企业负责人处3万元以上5万元以下的罚款。

（2）第二阶次

适用条件： 未按照国家规定安设甲烷传感器。

具体标准： 责令停产整顿，提出整顿的内容、时间等具体要求，处100万元以上150万元以下的罚款；对煤矿企业负责人处5万元以上10万元以下的罚款。

（3）第三阶次

适用条件： 按照《煤矿安全规程》规定应当建立而未建立瓦斯抽采系统或者系统不正常使用的，未安设甲烷传感器或者人为造成甲烷传感器失效，或者瓦斯超限后不能报警、断电或者断电范围不符合国家规定的。

具体标准： 责令停产整顿，提出整顿的内容、时间等具体要求，处150万元以上200万元以下的罚款；对煤矿企业负责人处10万元以上15万元以下的罚款。

5. 适用说明：

（1）"高瓦斯矿井未完全建立瓦斯抽放系统和监控系统，或者瓦斯监控系统不能正常运行的违法行为"包括三种违法行为：①高瓦斯矿井未完全建立瓦斯抽放系统；②高瓦斯矿井未完全建立监控系统；③高瓦斯矿井瓦斯监控系统不能正常运行。例如，某高瓦斯矿井存在多处监控系统不能正常运行的情形，仍属于同一违法行为。

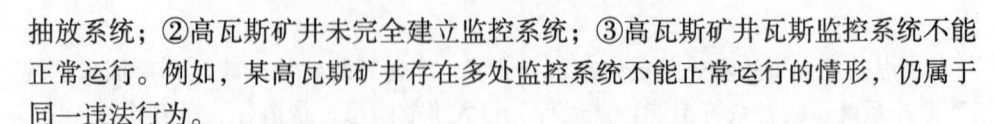

（2）甲烷传感器属于安全设备，已经安设甲烷传感器，但其安设和调校不符合国家标准或行业标准的，按照上位法优于下位法的原则，应当依据《安全生产法》第九十九条的规定处罚。

第九十三条 煤矿通风系统不完善、不可靠继续生产的违法行为

1. 认定违法行为的依据：

《国务院关于预防煤矿生产安全事故的特别规定》第八条第二款 煤矿有下列重大安全生产隐患和行为的，应当立即停止生产，排除隐患：

（五）通风系统不完善、不可靠的。

《煤矿重大事故隐患判定标准》第八条 "通风系统不完善、不可靠"重大事故隐患，是指有下列情形之一的：

（一）矿井总风量不足或者采掘工作面等主要用风地点风量不足的；

（二）没有备用主要通风机，或者两台主要通风机不具有同等能力的；

（三）违反《煤矿安全规程》规定采用串联通风的；

（四）未按照设计形成通风系统，或者生产水平和采（盘）区未实现分区通风的；

（五）高瓦斯、煤与瓦斯突出矿井的任一采（盘）区，开采容易自燃煤层、低瓦斯矿井开采煤层群和分层开采采用联合布置的采（盘）区，未设置专用回风巷，或者突出煤层工作面没有独立的回风系统的；

（六）进、回风井之间和主要进、回风巷之间联络巷中的风墙、风门不符合《煤矿安全规程》规定，造成风流短路的；

（七）采区进、回风巷未贯穿整个采区，或者虽贯穿整个采区但一段进风、一段回风，或者采用倾斜长壁布置，大巷未超前至少2个区段构成通风系统即开掘其他巷道的；

（八）煤巷、半煤岩巷和有瓦斯涌出的岩巷掘进未按照国家规定装备甲烷电、风电闭锁装置或者有关装置不能正常使用的；

（九）高瓦斯、煤（岩）与瓦斯（二氧化碳）突出矿井的煤巷、半煤岩巷和有瓦斯涌出的岩巷掘进工作面采用局部通风时，不能实现双风机、双电源且自动切换的；

（十）高瓦斯、煤（岩）与瓦斯（二氧化碳）突出建设矿井进入二期工程前，其他建设矿井进入三期工程前，没有形成地面主要通风机供风的全风压通风

系统的。

2. 作出处罚决定的依据：

《国务院关于预防煤矿生产安全事故的特别规定》第十条第一款　煤矿有本规定第八条第二款所列情形之一，仍然进行生产的，由县级以上地方人民政府负责煤矿安全生产监督管理的部门或者煤矿安全监察机构责令停产整顿，提出整顿的内容、时间等具体要求，处50万元以上200万元以下的罚款；对煤矿企业负责人处3万元以上15万元以下的罚款。

3. 实施主体：

煤矿安全监管监察部门。

4. 裁量阶次、适用条件和具体标准：

（1）第一阶次

适用条件：没有备用主要通风机，或者两台主要通风机不具有同等能力的。

具体标准：责令停产整顿，提出整顿的内容、时间等具体要求，处50万元以上100万元以下的罚款；对煤矿企业负责人处3万元以上5万元以下的罚款。

（2）第二阶次

适用条件：①未按照设计形成通风系统，或者生产水平和采（盘）区未实现分区通风的；②高瓦斯、煤（岩）与瓦斯（二氧化碳）突出矿井的煤巷、半煤岩巷和有瓦斯涌出的岩巷掘进工作面采用局部通风时，不能实现双风机、双电源且自动切换的。

具体标准：责令停产整顿，提出整顿的内容、时间等具体要求，处100万元以上150万元以下的罚款；对煤矿企业负责人处5万元以上10万元以下的罚款。

（3）第三阶次

适用条件：①矿井总风量不足或者采掘工作面等主要用风地点风量不足的；②违反《煤矿安全规程》规定采用串联通风的；③高瓦斯、煤与瓦斯突出矿井的任一采（盘）区，开采容易自燃煤层、低瓦斯矿井开采煤层群和分层开采采用联合布置的采（盘）区，未设置专用回风巷，或者突出煤层工作面没有独立的回风系统的；④进、回风井之间和主要进、回风巷之间联络巷中的风墙、风门不符合《煤矿安全规程》规定，造成风流短路的；⑤采区进、回风巷未贯穿整个采区，或者虽贯穿整个采区但一段进风、一段回风，或者采用倾斜长壁布置，大巷未超前至少2个区段构成通风系统即开掘其他巷道的；⑥煤巷、半煤岩巷和有瓦斯涌出的岩巷掘进未按照国家规定装备甲烷电、风电闭锁装置或者有关装置不能正常使用的；⑦高瓦斯、煤（岩）与瓦斯（二氧化碳）突出建设矿井进入二期工程前，其他建设矿井进入三期工程前，没有形成地面主要通风机供风的全风压通风系统的。

具体标准：责令停产整顿，提出整顿的内容、时间等具体要求，处150万元以上200万元以下的罚款；对煤矿企业负责人处10万元以上15万元以下的罚款。

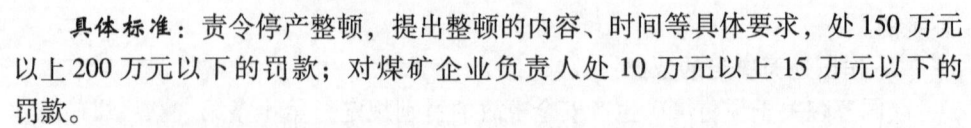

5. 适用说明：

通风系统不完善必然导致不可靠，它能够被不可靠吸收，属于一种违法行为。《煤矿重大事故隐患判定标准》第八条对"通风系统不完善、不可靠"的具体情形进行了明确，它们都属于认定"通风系统不完善、不可靠的"的标准，并非独立的违法行为，应当按照一个违法行为进行处罚，情形多寡是自由裁量考虑的因素。

第九十四条 煤矿有严重水患，未采取有效措施继续生产的违法行为

1. 认定违法行为的依据：

《国务院关于预防煤矿生产安全事故的特别规定》第八条第二款 煤矿有下列重大安全生产隐患和行为的，应当立即停止生产，排除隐患：

（六）有严重水患，未采取有效措施的。

《煤矿重大事故隐患判定标准》第九条 "有严重水患，未采取有效措施"重大事故隐患，是指有下列情形之一的：

（一）未查明矿井水文地质条件和井田范围内采空区、废弃老窑积水等情况而组织生产建设的；

（二）水文地质类型复杂、极复杂的矿井未设置专门的防治水机构、未配备专门的探放水作业队伍，或者未配齐专用探放水设备的；

（三）在需要探放水的区域进行采掘作业未按照国家规定进行探放水的；

（四）未按照国家规定留设或者擅自开采（破坏）各种防隔水煤（岩）柱的；

（五）有突（透、溃）水征兆未撤出井下所有受水患威胁地点人员的；

（六）受地表水倒灌威胁的矿井在强降雨天气或其来水上游发生洪水期间未实施停产撤人的；

（七）建设矿井进入三期工程前，未按照设计建成永久排水系统，或者生产矿井延深到设计水平时，未建成防、排水系统而违规开拓掘进的；

（八）矿井主要排水系统水泵排水能力、管路和水仓容量不符合《煤矿安全规程》规定的；

（九）开采地表水体、老空水淹区域或者强含水层下急倾斜煤层，未按照国家规定消除水患威胁的。

2. 作出处罚决定的依据：

《国务院关于预防煤矿生产安全事故的特别规定》第十条第一款　煤矿有本规定第八条第二款所列情形之一，仍然进行生产的，由县级以上地方人民政府负责煤矿安全生产监督管理的部门或者煤矿安全监察机构责令停产整顿，提出整顿的内容、时间等具体要求，处50万元以上200万元以下的罚款；对煤矿企业负责人处3万元以上15万元以下的罚款。

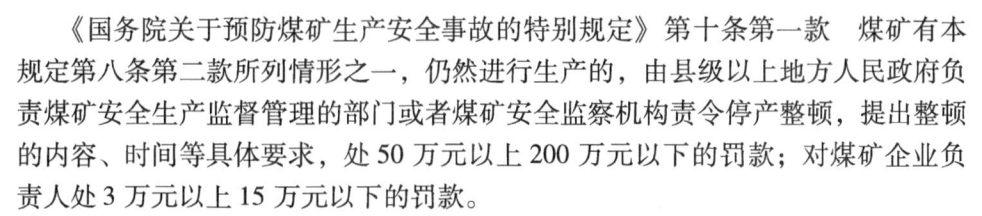

3. 实施主体：

煤矿安全监管监察部门。

4. 裁量阶次、适用条件和具体标准：

（1）第一阶次

适用条件：①水文地质类型复杂的矿井未设置专门的防治水机构、未配备专门的探放水作业队伍，或者未配齐专用探放水设备的；②建设矿井进入三期工程前，未按照设计建成永久排水系统。

具体标准：责令停产整顿，提出整顿的内容、时间等具体要求，处50万元以上100万元以下的罚款；对煤矿企业负责人处3万元以上5万元以下的罚款。

（2）第二阶次

适用条件：①水文地质类型极复杂的矿井未设置专门的防治水机构、未配备专门的探放水作业队伍，或者未配齐专用探放水设备的；②生产矿井延深到设计水平时，未建成防、排水系统而违规开拓掘进的。

具体标准：责令停产整顿，提出整顿的内容、时间等具体要求，处100万元以上150万元以下的罚款；对煤矿企业负责人处5万元以上10万元以下的罚款。

（3）第三阶次

适用条件：①未查明矿井水文地质条件和井田范围内采空区、废弃老窑积水等情况而组织生产建设的；②在需要探放水的区域进行采掘作业未按照国家规定进行探放水的；③未按照国家规定留设或者擅自开采（破坏）各种防隔水煤（岩）柱的；④有突（透、溃）水征兆未撤出井下所有受水患威胁地点人员的；⑤受地表水倒灌威胁的矿井在强降雨天气或其来水上游发生洪水期间未实施停产撤人的；⑥矿井主要排水系统水泵排水能力、管路和水仓容量不符合《煤矿安全规程》规定的；⑦开采地表水体、老空水淹区域或者强含水层下急倾斜煤层，未按照国家规定消除水患威胁的。

具体标准：责令停产整顿，提出整顿的内容、时间等具体要求，处150万元以上200万元以下的罚款；对煤矿企业负责人处10万元以上15万元以下的罚款。

5. 适用说明：

《煤矿重大事故隐患判定标准》第九条对"有严重水患，未采取有效措施"

的具体情形进行了明确,它们都属于认定"有严重水患,未采取有效措施"的标准,并非独立的违法行为,应当按照一个违法行为进行处罚,情形多寡是自由裁量考虑的因素。

第九十五条 煤矿超层越界开采的违法行为

1. 认定违法行为的依据:

《国务院关于预防煤矿生产安全事故的特别规定》第八条第二款 煤矿有下列重大安全生产隐患和行为的,应当立即停止生产,排除隐患:

(七)超层越界开采的。

《煤矿重大事故隐患判定标准》第十条 "超层越界开采"重大事故隐患,是指有下列情形之一的:

(一)超出采矿许可证载明的开采煤层层位或者标高进行开采的;

(二)超出采矿许可证载明的坐标控制范围进行开采的;

(三)擅自开采(破坏)安全煤柱的。

2. 作出处罚决定的依据:

《国务院关于预防煤矿生产安全事故的特别规定》第十条第一款 煤矿有本规定第八条第二款所列情形之一,仍然进行生产的,由县级以上地方人民政府负责煤矿安全生产监督管理的部门或者煤矿安全监察机构责令停产整顿,提出整顿的内容、时间等具体要求,处50万元以上200万元以下的罚款;对煤矿企业负责人处3万元以上15万元以下的罚款。

3. 实施主体:

擅自开采(破坏)安全煤柱的,由煤矿安全监管监察部门处罚;超出采矿许可证开采的,由自然资源部门处罚。

4. 裁量阶次、适用条件和具体标准:

(1) 第一阶次

适用条件:超出采矿许可证载明的开采煤层层位或者标高进行开采的。

具体标准:责令停产整顿,提出整顿的内容、时间等具体要求,处50万元以上100万元以下的罚款;对煤矿企业负责人处3万元以上5万元以下的罚款。

(2) 第二阶次

适用条件:超出采矿许可证载明的坐标控制范围进行开采的。

具体标准:责令停产整顿,提出整顿的内容、时间等具体要求,处100万元以上150万元以下的罚款;对煤矿企业负责人处5万元以上10万元以下的罚款。

(3) 第三阶次

适用条件:擅自开采(破坏)安全煤柱的。

具体标准：责令停产整顿，提出整顿的内容、时间等具体要求，处150万元以上200万元以下的罚款；对煤矿企业负责人处10万元以上15万元以下的罚款。

5. 适用说明：

《煤矿重大事故隐患判定标准》第十条对"超层越界开采"的具体情形进行了明确，它们都属于认定"超层越界开采"的标准，并非独立的违法行为，应当按照一个违法行为进行处罚，情形多寡是自由裁量考虑的因素。

第九十六条　煤矿有冲击地压危险，未采取有效措施继续生产的违法行为

1. 认定违法行为的依据：

《国务院关于预防煤矿生产安全事故的特别规定》第八条第二款　煤矿有下列重大安全生产隐患和行为的，应当立即停止生产，排除隐患：

（八）有冲击地压危险，未采取有效措施的。

《煤矿重大事故隐患判定标准》第十一条　"有冲击地压危险，未采取有效措施"重大事故隐患，是指有下列情形之一的：

（一）未按照国家规定进行煤层（岩层）冲击倾向性鉴定，或者开采有冲击倾向性煤层未进行冲击危险性评价，或者开采冲击地压煤层，未进行采区、采掘工作面冲击危险性评价的；

（二）有冲击地压危险的矿井未设置专门的防冲机构、未配备专业人员或者未编制专门设计的；

（三）未进行冲击地压危险性预测，或者未进行防冲措施效果检验以及防冲措施效果检验不达标仍组织生产建设的；

（四）开采冲击地压煤层时，违规开采孤岛煤柱，采掘工作面位置、间距不符合国家规定，或者开采顺序不合理、采掘速度不符合国家规定、违反国家规定布置巷道或者留设煤（岩）柱造成应力集中的；

（五）未制定或者未严格执行冲击地压危险区域人员准入制度的。

2. 作出处罚决定的依据：

《国务院关于预防煤矿生产安全事故的特别规定》第十条第一款　煤矿有本规定第八条第二款所列情形之一，仍然进行生产的，由县级以上地方人民政府负责煤矿安全生产监督管理的部门或者煤矿安全监察机构责令停产整顿，提出整顿的内容、时间等具体要求，处50万元以上200万元以下的罚款；对煤矿企业负责人处3万元以上15万元以下的罚款。

3. 实施主体：

煤矿安全监管监察部门。

4. 裁量阶次、适用条件和具体标准：
（1）第一阶次
适用条件：①有冲击地压危险的矿井未设置专门的防冲机构、未配备专业人员的；②未进行冲击地压危险性预测的；③未制定冲击地压危险区域人员准入制度的。

具体标准：责令停产整顿，提出整顿的内容、时间等具体要求，处50万元以上100万元以下的罚款；对煤矿企业负责人处3万元以上5万元以下的罚款。

（2）第二阶次
适用条件：①有冲击地压危险的矿井未编制专门设计的；②未严格执行冲击地压危险区域人员准入制度的。

具体标准：责令停产整顿，提出整顿的内容、时间等具体要求，处100万元以上150万元以下的罚款；对煤矿企业负责人处5万元以上10万元以下的罚款。

（3）第三阶次
适用条件：①未按照国家规定进行煤层（岩层）冲击倾向性鉴定，或者开采有冲击倾向性煤层未进行冲击危险性评价，或者开采冲击地压煤层，未进行采区、采掘工作面冲击危险性评价的；②未进行防冲措施效果检验以及防冲措施效果检验不达标仍组织生产建设的；③开采冲击地压煤层时，违规开采孤岛煤柱，采掘工作面位置、间距不符合国家规定；④开采顺序不合理、采掘速度不符合国家规定、违反国家规定布置巷道或者留设煤（岩）柱造成应力集中的。

具体标准：责令停产整顿，提出整顿的内容、时间等具体要求，处150万元以上200万元以下的罚款；对煤矿企业负责人处10万元以上15万元以下的罚款。

5. 适用说明：
《煤矿重大事故隐患判定标准》第十一条对"有冲击地压危险，未采取有效措施"的具体情形进行了明确，它们都属于认定"有冲击地压危险，未采取有效措施"的标准，并非独立的违法行为，应当按照一个违法行为进行处罚，情形多寡是自由裁量考虑的因素。

第九十七条　煤矿自然发火严重，未采取有效措施继续生产的违法行为
1. 认定违法行为的依据：
《国务院关于预防煤矿生产安全事故的特别规定》第八条第二款　煤矿有下列重大安全生产隐患和行为的，应当立即停止生产，排除隐患：
（九）自然发火严重，未采取有效措施的。
《煤矿重大事故隐患判定标准》第十二条"自然发火严重，未采取有效措

施"重大事故隐患,是指有下列情形之一的:

(一) 开采容易自燃和自燃煤层的矿井,未编制防灭火专项设计或者未采取综合防灭火措施的;

(二) 高瓦斯矿井采用放顶煤采煤法不能有效防治煤层自然发火的;

(三) 有自然发火征兆没有采取相应的安全防范措施继续生产建设的;

(四) 违反《煤矿安全规程》规定启封火区的。

2. 作出处罚决定的依据:

《国务院关于预防煤矿生产安全事故的特别规定》第十条第一款 煤矿有本规定第八条第二款所列情形之一,仍然进行生产的,由县级以上地方人民政府负责煤矿安全生产监督管理的部门或者煤矿安全监察机构责令停产整顿,提出整顿的内容、时间等具体要求,处50万元以上200万元以下的罚款;对煤矿企业负责人处3万元以上15万元以下的罚款。

3. 实施主体:

煤矿安全监管监察部门。

4. 裁量阶次、适用条件和具体标准:

(1) 第一阶次

适用条件:开采自燃煤层的矿井,未编制防灭火专项设计或者未采取综合防灭火措施的。

具体标准:责令停产整顿,提出整顿的内容、时间等具体要求,处50万元以上100万元以下的罚款;对煤矿企业负责人处3万元以上5万元以下的罚款。

(2) 第二阶次

适用条件:①开采容易自燃煤层的矿井,未编制防灭火专项设计或者未采取综合防灭火措施的;②高瓦斯矿井采用放顶煤采煤法不能有效防治煤层自然发火的。

具体标准:责令停产整顿,提出整顿的内容、时间等具体要求,处100万元以上150万元以下的罚款;对煤矿企业负责人处5万元以上10万元以下的罚款。

(3) 第三阶次

适用条件:①有自然发火征兆没有采取相应的安全防范措施继续生产建设的;②违反《煤矿安全规程》规定启封火区的。

具体标准:责令停产整顿,提出整顿的内容、时间等具体要求,处150万元以上200万元以下的罚款;对煤矿企业负责人处10万元以上15万元以下的罚款。

5. 适用说明:

《煤矿重大事故隐患判定标准》第十二条对"自然发火严重,未采取有效措施"的具体情形进行了明确,它们都属于认定"自然发火严重,未采取有效措施"的标准,并非独立的违法行为,应当按照一个违法行为进行处罚,情形多寡是自由裁量考虑的因素。

第九十八条 煤矿使用明令禁止使用或者淘汰的设备、工艺的违法行为

1. 认定违法行为的依据:

《国务院关于预防煤矿生产安全事故的特别规定》第八条第二款 煤矿有下列重大安全生产隐患和行为的,应当立即停止生产,排除隐患:

(十)使用明令禁止使用或者淘汰的设备、工艺的。

《煤矿重大事故隐患判定标准》第十三条 "使用明令禁止使用或者淘汰的设备、工艺"重大事故隐患,是指有下列情形之一的:

(一)使用被列入国家禁止井工煤矿使用的设备及工艺目录的产品或者工艺的;

(二)井下电气设备、电缆未取得煤矿矿用产品安全标志的;

(三)井下电气设备选型与矿井瓦斯等级不符,或者采(盘)区内防爆型电气设备存在失爆,或者井下使用非防爆无轨胶轮车的;

(四)未按照矿井瓦斯等级选用相应的煤矿许用炸药和雷管、未使用专用发爆器,或者裸露爆破的;

(五)采煤工作面不能保证2个畅通的安全出口的;

(六)高瓦斯矿井、煤与瓦斯突出矿井、开采容易自燃和自燃煤层(薄煤层除外)矿井,采煤工作面采用前进式采煤方法的。

2. 作出处罚决定的依据:

《国务院关于预防煤矿生产安全事故的特别规定》第十条第一款 煤矿有本规定第八条第二款所列情形之一,仍然进行生产的,由县级以上地方人民政府负责煤矿安全生产监督管理的部门或者煤矿安全监察机构责令停产整顿,提出整顿的内容、时间等具体要求,处50万元以上200万元以下的罚款;对煤矿企业负责人处3万元以上15万元以下的罚款。

3. 实施主体:

煤矿安全监管监察部门。

4. 裁量阶次、适用条件和具体标准:

(1)第一阶次

适用条件: ①采煤工作面不能保证2个畅通的安全出口的;②井下电气设备选型与矿井瓦斯等级不符的;③高瓦斯矿井采煤工作面采用前进式采煤方法的。

具体标准: 责令停产整顿,提出整顿的内容、时间等具体要求,处50万元

以上 100 万元以下的罚款；对煤矿企业负责人处 3 万元以上 5 万元以下的罚款。

（2）第二阶次

适用条件：煤与瓦斯突出矿井、开采容易自燃矿井，采煤工作面采用前进式采煤方法的。

具体标准：责令停产整顿，提出整顿的内容、时间等具体要求，处 100 万元以上 150 万元以下的罚款；对煤矿企业负责人处 5 万元以上 10 万元以下的罚款。

（3）第三阶次

适用条件：①使用被列入国家禁止井工煤矿使用的设备及工艺目录的产品或者工艺的；②采（盘）区内防爆型电气设备存在失爆，或者井下使用非防爆无轨胶轮车的；③未按照矿井瓦斯等级选用相应的煤矿许用炸药和雷管、未使用专用发爆器，或者裸露爆破的；④开采自燃煤层（薄煤层除外）矿井，采煤工作面采用前进式采煤方法的。

具体标准：责令停产整顿，提出整顿的内容、时间等具体要求，处 150 万元以上 200 万元以下的罚款；对煤矿企业负责人处 10 万元以上 15 万元以下的罚款。

5. 适用说明：

（1）《安全生产法》第三十八条规定，国家对严重危及生产安全的工艺、设备实行淘汰制度，具体目录由国务院应急管理部门会同国务院有关部门制定并公布。法律、行政法规对目录的制定另有规定的，适用其规定。省、自治区、直辖市人民政府可以根据本地区实际情况制定并公布具体目录，对前款规定以外的危及生产安全的工艺、设备予以淘汰。按照上位法优于下位法的原则，煤矿使用被列入目录中"应当淘汰的危及生产安全的工艺、设备"，依据《安全生产法》有关规定处罚，其他则按照本条的规定处罚。

（2）《安全生产法》第三十七条规定，生产经营单位使用的危险物品的容器、运输工具，以及涉及人身安全、危险性较大的海洋石油开采特种设备和矿山井下特种设备，必须按国家有关规定，由专业生产单位生产，并经具有专业资质的检测、检验机构检测、检验合格，取得安全使用证或者安全标志，方可投入使用。检测、检验机构对检测、检验结果负责。按照上位法优于下位法的原则，煤矿"井下电气设备、电缆未取得煤矿矿用产品安全标志"，如果这些矿用产品属于矿山井下特种设备，应当依据《安全生产法》第九十九条的规定处罚；如果不属于矿山井下特种设备，应当按照重大事故隐患依据本条的规定处罚。

（3）《煤矿重大事故隐患判定标准》第十三条对"使用明令禁止使用或者淘汰的设备、工艺"的具体情形进行了明确，它们都属于认定"煤矿使用明令禁止使用或者淘汰的设备、工艺"的标准，并非独立的违法行为，情形多寡是自由裁量考虑的因素。

第九十九条　年产 6 万吨以上的煤矿没有双回路供电系统的违法行为
1. 认定违法行为的依据：
《国务院关于预防煤矿生产安全事故的特别规定》第八条第二款　煤矿有下列重大安全生产隐患和行为的，应当立即停止生产，排除隐患：
（十一）年产 6 万吨以上的煤矿没有双回路供电系统的。
《煤矿重大事故隐患判定标准》第十四条　"煤矿没有双回路供电系统"重大事故隐患，是指有下列情形之一的：
（一）单回路供电的；
（二）有两回路电源线路但取自一个区域变电所同一母线段的；
（三）进入二期工程的高瓦斯、煤与瓦斯突出、水文地质类型为复杂和极复杂的建设矿井，以及进入三期工程的其他建设矿井，未形成两回路供电的。
2. 作出处罚决定的依据：
《国务院关于预防煤矿生产安全事故的特别规定》第十条第一款　煤矿有本规定第八条第二款所列情形之一，仍然进行生产的，由县级以上地方人民政府负责煤矿安全生产监督管理的部门或者煤矿安全监察机构责令停产整顿，提出整顿的内容、时间等具体要求，处 50 万元以上 200 万元以下的罚款；对煤矿企业负责人处 3 万元以上 15 万元以下的罚款。
3. 实施主体：
煤矿安全监管监察部门。
4. 裁量阶次、适用条件和具体标准：
（1）第一阶次
适用条件：进入二期工程的水文地质类型为复杂的建设矿井，以及进入三期工程的其他建设矿井，未形成两回路供电的。
具体标准：责令停产整顿，提出整顿的内容、时间等具体要求，处 50 万元以上 100 万元以下的罚款；对煤矿企业负责人处 3 万元以上 5 万元以下的罚款。
（2）第二阶次
适用条件：进入二期工程的高瓦斯、煤与瓦斯突出、水文地质类型为极复杂的建设矿井，未形成两回路供电的。
具体标准：责令停产整顿，提出整顿的内容、时间等具体要求，处 100 万元以上 150 万元以下的罚款；对煤矿企业负责人处 5 万元以上 10 万元以下的罚款。
（3）第三阶次
适用条件：单回路供电的；有两回路电源线路但取自一个区域变电所同一母

线段的。

具体标准：责令停产整顿，提出整顿的内容、时间等具体要求，处150万元以上200万元以下的罚款；对煤矿企业负责人处10万元以上15万元以下的罚款。

5. 适用说明：

《煤矿重大事故隐患判定标准》第十四条对"煤矿没有双回路供电系统"的具体情形进行了明确，它们都属于认定"煤矿没有双回路供电系统"的标准，并非独立的违法行为，应当按照一个违法行为进行处罚，情形多寡是自由裁量考虑的因素。

第一百条　新建煤矿边建设边生产，煤矿改扩建期间，在改扩建的区域生产，或者在其他区域的生产超出安全设计规定的范围和规模的违法行为

1. 认定违法行为的依据：

《国务院关于预防煤矿生产安全事故的特别规定》第八条第二款　煤矿有下列重大安全生产隐患和行为的，应当立即停止生产，排除隐患：

（十二）新建煤矿边建设边生产，煤矿改扩建期间，在改扩建的区域生产，或者在其他区域的生产超出安全设计规定的范围和规模的。

《煤矿重大事故隐患判定标准》第十五条　"新建煤矿边建设边生产，煤矿改扩建期间，在改扩建的区域生产，或者在其他区域的生产超出安全设施设计规定的范围和规模"重大事故隐患，是指有下列情形之一的：

（一）建设项目安全设施设计未经审查批准，或者审查批准后作出重大变更未经再次审查批准擅自组织施工的；

（二）新建煤矿在建设期间组织采煤的（经批准的联合试运转除外）；

（三）改扩建矿井在改扩建区域生产的；

（四）改扩建矿井在非改扩建区域超出设计规定范围和规模生产的。

2. 作出处罚决定的依据：

《国务院关于预防煤矿生产安全事故的特别规定》第十条第一款　煤矿有本规定第八条第二款所列情形之一，仍然进行生产的，由县级以上地方人民政府负责煤矿安全生产监督管理的部门或者煤矿安全监察机构责令停产整顿，提出整顿的内容、时间等具体要求，处50万元以上200万元以下的罚款；对煤矿企业负责人处3万元以上15万元以下的罚款。

3. 实施主体：

煤矿安全监管监察部门。

4. 裁量阶次、适用条件和具体标准：

(1) 第一阶次

适用条件： 违法所得不足 100 万元的。

具体标准： 责令停产整顿，提出整顿的内容、时间等具体要求，处 50 万元以上 100 万元以下的罚款；对煤矿企业负责人处 3 万元以上 5 万元以下的罚款。

(2) 第二阶次

适用条件： 违法所得 100 万元以上 500 万元以下的。

具体标准： 责令停产整顿，提出整顿的内容、时间等具体要求，处 100 万元以上 150 万元以下的罚款；对煤矿企业负责人处 5 万元以上 10 万元以下的罚款。

(3) 第三阶次

适用条件： 违法所得 500 万元以上的。

具体标准： 责令停产整顿，提出整顿的内容、时间等具体要求，处 150 万元以上 200 万元以下的罚款；对煤矿企业负责人处 10 万元以上 15 万元以下的罚款。

5. 适用说明：

（1）"新建煤矿边建设边生产，煤矿改扩建期间，在改扩建的区域生产，或者在其他区域的生产超出安全设计规定的范围和规模的违法行为"包括四种违法行为：①新建煤矿在建设期间组织采煤（经批准的联合试运转除外）；②煤矿改扩建期间，在改扩建的区域生产；③改扩建矿井在非改扩建区域超出设计规定范围生产；④改扩建矿井在非改扩建区域超出规定的规模生产（如果构成超能力生产的，适用超能力继续生产的规定处罚）。上述违法行为，应当分别裁量、合并处罚。

（2）依据《安全生产法》第三十三条和第三十四条，矿山建设项目的安全设施设计应当按照国家有关规定报经有关部门审查，审查部门及其负责审查的人员对审查结果负责。矿山建设项目的施工单位必须按照批准的安全设施设计施工，并对安全设施的工程质量负责。按照上位法优于下位法的原则，建设项目安全设施设计未经审查批准，或者在审查批准后作出重大变更未经再次审查批准擅自组织施工的，应当根据《安全生产法》第九十八条的规定处罚。

（3）新建煤矿边建设边生产的，也属于无安全生产许可证擅自从事生产的违法行为。煤矿安全监管部门应当根据《行政处罚法》第二十九条，在没收违法所得的同时，结合本《基准》第二十条、第一百条，按照罚款数额高的规定处罚。

第一百零一条 煤矿实行整体承包生产经营后，未重新取得安全生产许可证，从事生产的，或者承包方再次转包的，以及煤矿将井下采掘工作面和井巷维

修作业进行劳务承包的违法行为

1. 认定违法行为的依据：

《国务院关于预防煤矿生产安全事故的特别规定》第八条第二款 煤矿有下列重大安全生产隐患和行为的，应当立即停止生产，排除隐患：

（十三）煤矿实行整体承包生产经营后，未重新取得安全生产许可证，从事生产的，或者承包方再次转包的，以及煤矿将井下采掘工作面和井巷维修作业进行劳务承包的。

《煤矿重大事故隐患判定标准》第十六条 "煤矿实行整体承包生产经营后，未重新取得或者及时变更安全生产许可证而从事生产，或者承包方再次转包，以及将井下采掘工作面和井巷维修作业进行劳务承包"重大事故隐患，是指有下列情形之一的：

（一）煤矿未采取整体承包形式进行发包，或者将煤矿整体发包给不具有法人资格或者未取得合法有效营业执照的单位或者个人的；

（二）实行整体承包的煤矿，未签订安全生产管理协议，或者未按照国家规定约定双方安全生产管理职责而进行生产的；

（三）实行整体承包的煤矿，未重新取得或者变更安全生产许可证进行生产的；

（四）实行整体承包的煤矿，承包方再次将煤矿转包给其他单位或者个人的；

（五）井工煤矿将井下采掘作业或者井巷维修作业（井筒及井下新水平延深的井底车场、主运输、主通风、主排水、主要机电硐室开拓工程除外）作为独立工程发包给其他企业或者个人的，以及转包井下新水平延深开拓工程的。

2. 作出处罚决定的依据：

《国务院关于预防煤矿生产安全事故的特别规定》第十条第一款 煤矿有本规定第八条第二款所列情形之一，仍然进行生产的，由县级以上地方人民政府负责煤矿安全生产监督管理的部门或者煤矿安全监察机构责令停产整顿，提出整顿的内容、时间等具体要求，处50万元以上200万元以下的罚款；对煤矿企业负责人处3万元以上15万元以下的罚款。

3. 实施主体：

煤矿安全监管监察部门。

4. 裁量阶次、适用条件和具体标准：

（1）第一阶次

适用条件：①煤矿未采取整体承包形式进行发包，但承包人具有相应资质和能力的；②实行整体承包的煤矿，承包方再次将煤矿转包给其他具有资质的单位

或者个人的。

具体标准：责令停产整顿，提出整顿的内容、时间等具体要求，处50万元以上100万元以下的罚款；对煤矿企业负责人处3万元以上5万元以下的罚款。

(2) 第二阶次

适用条件：井工煤矿将井下采掘作业或者井巷维修作业（井筒及井下新水平延深的井底车场、主运输、主通风、主排水、主要机电硐室开拓工程除外）作为独立工程发包给其他企业或者个人的，以及转包井下新水平延深开拓工程的。

具体标准：责令停产整顿，提出整顿的内容、时间等具体要求，处100万元以上150万元以下的罚款；对煤矿企业负责人处5万元以上10万元以下的罚款。

(3) 第三阶次

适用条件：①实行整体承包的煤矿，承包方再次将煤矿转包给其他不具有资质的单位或者个人的；②将煤矿整体发包给不具有法人资格或者未取得合法有效营业执照的单位或者个人的；③煤矿未采取整体承包形式进行发包，且承包人不具有相应资质和能力的。

具体标准：责令停产整顿，提出整顿的内容、时间等具体要求，处150万元以上200万元以下的罚款；对煤矿企业负责人处10万元以上15万元以下的罚款。

5. 适用说明：

(1) "煤矿实行整体承包生产经营后，未重新取得安全生产许可证，从事生产的，或者承包方再次转包的，以及煤矿将井下采掘工作面和井巷维修作业进行劳务承包的违法行为"包括四种违法行为：①煤矿实行整体承包生产经营后，未重新取得安全生产许可证，从事生产；②煤矿整体承包的承包方再次转包；③煤矿将井下采掘工作面进行劳务承包；④煤矿将井下井巷维修作业进行劳务承包。上述违法行为，应当分别裁量、合并处罚。

(2) 按照上位法优于下位法的原则，"实行整体承包的煤矿，未签订安全生产管理协议，或者未按照国家规定约定双方安全生产管理职责而进行生产的"，依据《安全生产法》关于"生产经营单位未与承包单位、承租单位签订专门的安全生产管理协议或者未在承包合同、租赁合同中明确各自的安全生产管理职责，或者未对承包单位、承租单位的安全生产统一协调、管理"的规定进行处罚。

(3) "实行整体承包的煤矿，未重新取得或者变更安全生产许可证进行生产的"，煤矿安全监管部门应当根据《行政处罚法》第二十九条，在没收违法所得的同时，结合本《基准》第二十条、第一百零一条，按照罚款数额高的规定处罚。

第一百零二条 煤矿改制期间，未明确安全生产责任人和安全生产管理机构的，或者在完成改制后，未重新取得或者变更采矿许可证、安全生产许可证和营业执照的违法行为

1. 认定违法行为的依据：

《国务院关于预防煤矿生产安全事故的特别规定》第八条第二款　煤矿有下列重大安全生产隐患和行为的，应当立即停止生产，排除隐患：

（十四）煤矿改制期间，未明确安全生产责任人和安全管理机构的，或者在完成改制后，未重新取得或者变更采矿许可证、安全生产许可证和营业执照的。

《煤矿重大事故隐患判定标准》第十七条　"煤矿改制期间，未明确安全生产责任人和安全管理机构，或者在完成改制后，未重新取得或者变更采矿许可证、安全生产许可证和营业执照"重大事故隐患，是指有下列情形之一的：

（一）改制期间，未明确安全生产责任人进行生产建设的；

（二）改制期间，未健全安全生产管理机构和配备安全管理人员进行生产建设的；

（三）完成改制后，未重新取得或者变更采矿许可证、安全生产许可证、营业执照而进行生产建设的。

2. 作出处罚决定的依据：

《国务院关于预防煤矿生产安全事故的特别规定》第十条第一款　煤矿有本规定第八条第二款所列情形之一，仍然进行生产的，由县级以上地方人民政府负责煤矿安全生产监督管理的部门或者煤矿安全监察机构责令停产整顿，提出整顿的内容、时间等具体要求，处50万元以上200万元以下的罚款；对煤矿企业负责人处3万元以上15万元以下的罚款。

3. 实施主体：

煤矿安全监管监察部门。

4. 裁量阶次、适用条件和具体标准：

(1) 第一阶次

适用条件：完成改制后，未变更安全生产许可证而进行生产建设，违法所得在5000万元以下的。

具体标准：责令停产整顿，提出整顿的内容、时间等具体要求，处50万元以上100万元以下的罚款；对煤矿企业负责人处3万元以上5万元以下的罚款。

(2) 第二阶次

适用条件：完成改制后，未变更安全生产许可证而进行生产建设，违法所得

在 5000 万元以上 1 亿元以下的。

具体标准：责令停产整顿，提出整顿的内容、时间等具体要求，处 100 万元以上 150 万元以下的罚款；对煤矿企业负责人处 5 万元以上 10 万元以下的罚款。

(3) 第三阶次

适用条件：煤矿改制期间，未明确安全生产责任人，或者完成改制后，未变更安全生产许可证而进行生产建设，违法所得在 1 亿元以上的。

具体标准：责令停产整顿，提出整顿的内容、时间等具体要求，处 150 万元以上 200 万元以下的罚款；对煤矿企业负责人处 10 万元以上 15 万元以下的罚款。

5. 适用说明：

（1）按照上位法优于下位法的原则，"煤矿改制期间，未健全安全生产管理机构和配备安全管理人员进行生产建设的"，依据《安全生产法》关于未建立安全生产管理机构和配备安全管理人员的规定处罚。

（2）"完成改制后，未重新取得安全生产许可证进行生产建设的"，煤矿安全监管部门应当根据《行政处罚法》第二十九条，在没收违法所得的同时，结合本《基准》第二十条、第一百零二条，按照罚款数额高的规定处罚。

第一百零三条　未分别配备专职的矿长、总工程师和分管安全、生产、机电的副矿长，以及负责采煤、掘进、机电运输、通风、地测、防治水工作的专业技术人员的违法行为

1. 认定违法行为的依据：

《国务院关于预防煤矿生产安全事故的特别规定》第八条第二款　煤矿有下列重大安全生产隐患和行为的，应当立即停止生产，排除隐患：

（十五）有其他重大安全生产隐患的。

《煤矿重大事故隐患判定标准》第十八条　"其他重大事故隐患"，是指有下列情形之一的：

（一）未分别配备专职的矿长、总工程师和分管安全、生产、机电的副矿长，以及负责采煤、掘进、机电运输、通风、地测、防治水工作的专业技术人员的。

2. 作出处罚决定的依据：

《国务院关于预防煤矿生产安全事故的特别规定》第十条第一款　煤矿有本规定第八条第二款所列情形之一，仍然进行生产的，由县级以上地方人民政府负责煤矿安全生产监督管理的部门或者煤矿安全监察机构责令停产整顿，提出整顿的内容、时间等具体要求，处 50 万元以上 200 万元以下的罚款；对煤矿企业负责人处 3 万元以上 15 万元以下的罚款。

3. 实施主体：

煤矿安全监管监察部门。

4. 裁量阶次、适用条件和具体标准：

（1）第一阶次

适用条件： 未分别配备专职的负责采煤、掘进、机电运输、通风、地测、防治水工作的专业技术人员的。

具体标准： 责令停产整顿，提出整顿的内容、时间等具体要求，处 50 万元以上 100 万元以下的罚款；对煤矿企业负责人处 3 万元以上 5 万元以下的罚款。

（2）第二阶次

适用条件： 未分别配备专职的分管安全、生产、机电的副矿长的。

具体标准： 责令停产整顿，提出整顿的内容、时间等具体要求，处 100 万元以上 150 万元以下的罚款；对煤矿企业负责人处 5 万元以上 10 万元以下的罚款。

（3）第三阶次

适用条件： 未分别配备专职的矿长、总工程师的。

具体标准： 责令停产整顿，提出整顿的内容、时间等具体要求，处 150 万元以上 200 万元以下的罚款；对煤矿企业负责人处 10 万元以上 15 万元以下的罚款。

5. 适用说明：

"专职的矿长、总工程师和分管安全、生产、机电的副矿长，以及负责采煤、掘进、机电运输、通风、地测、防治水工作的专业技术人员"，这些人员需要分别配备，配备的依据、法定职责等各不相同，如果都没有配备，则存在 11 种不同的重大事故隐患，应当按照存在 11 种重大事故隐患继续生产的违法行为进行处罚。

第一百零四条 未按照国家规定足额提取或者未按照国家规定范围使用安全生产费用的违法行为

1. 认定违法行为的依据：

《国务院关于预防煤矿生产安全事故的特别规定》第八条第二款 煤矿有下列重大安全生产隐患和行为的，应当立即停止生产，排除隐患：

（十五）有其他重大安全生产隐患的。

《煤矿重大事故隐患判定标准》第十八条 "其他重大事故隐患"，是指有下列情形之一的：

（二）未按照国家规定足额提取或者未按照国家规定范围使用安全生产费

用的。

2. 作出处罚决定的依据：

《国务院关于预防煤矿生产安全事故的特别规定》第十条第一款　煤矿有本规定第八条第二款所列情形之一，仍然进行生产的，由县级以上地方人民政府负责煤矿安全生产监督管理的部门或者煤矿安全监察机构责令停产整顿，提出整顿的内容、时间等具体要求，处50万元以上200万元以下的罚款；对煤矿企业负责人处3万元以上15万元以下的罚款。

3. 实施主体：

煤矿安全监管监察部门。

4. 裁量阶次、适用条件和具体标准：

（1）第一阶次

适用条件：未按照国家规定范围使用安全生产费用占应提取安全生产费用的比例达到50%以下的。

具体标准：责令停产整顿，提出整顿的内容、时间等具体要求，处50万元以上100万元以下的罚款；对煤矿企业负责人处3万元以上5万元以下的罚款。

（2）第二阶次

适用条件：未按照国家规定足额提取的或者未按照国家规定范围使用安全生产费用占应提取安全生产费用的比例达到50%以上90%以下的。

具体标准：责令停产整顿，提出整顿的内容、时间等具体要求，处100万元以上150万元以下的罚款；对煤矿企业负责人处5万元以上10万元以下的罚款。

（3）第三阶次

适用条件：未按照国家规定提取安全生产费用的或者未按照国家规定范围使用安全生产费用占应提取安全生产费用的比例达到90%以上的。

具体标准：责令停产整顿，提出整顿的内容、时间等具体要求，处150万元以上200万元以下的罚款；对煤矿企业负责人处10万元以上15万元以下的罚款。

5. 适用说明：

"未按照国家规定足额提取或者未按照国家规定范围使用安全生产费用的违法行为"包括两个违法行为：①未按照国家规定足额提取安全生产费用；②未按照国家规定范围使用安全生产费用。如果没有提取，也就无所谓使用，从自由裁量的角度，"未按照国家规定足额提取的"违法行为行政处罚要比"未按照国家规定范围使用安全生产费用的"重。

第一百零五条　未按照国家规定进行瓦斯等级鉴定，或者瓦斯等级鉴定弄虚

作假的违法行为

1. 认定违法行为的依据：

《国务院关于预防煤矿生产安全事故的特别规定》第八条第二款　煤矿有下列重大安全生产隐患和行为的，应当立即停止生产，排除隐患：

（十五）有其他重大安全生产隐患的。

《煤矿重大事故隐患判定标准》第十八条　"其他重大事故隐患"，是指有下列情形之一的：

（三）未按照国家规定进行瓦斯等级鉴定，或者瓦斯等级鉴定弄虚作假的。

2. 作出处罚决定的依据：

《国务院关于预防煤矿生产安全事故的特别规定》第十条第一款　煤矿有本规定第八条第二款所列情形之一，仍然进行生产的，由县级以上地方人民政府负责煤矿安全生产监督管理的部门或者煤矿安全监察机构责令停产整顿，提出整顿的内容、时间等具体要求，处50万元以上200万元以下的罚款；对煤矿企业负责人处3万元以上15万元以下的罚款。

3. 实施主体：

煤矿安全监管监察部门。

4. 裁量阶次、适用条件和具体标准：

（1）第一阶次

适用条件：虽然进行瓦斯等级鉴定但未按照国家规定进行鉴定。

具体标准：责令停产整顿，提出整顿的内容、时间等具体要求，处100万元以上150万元以下的罚款；对煤矿企业负责人处5万元以上10万元以下的罚款。

（2）第二阶次

适用条件：未进行瓦斯等级鉴定或者瓦斯等级鉴定弄虚作假的。

具体标准：责令停产整顿，提出整顿的内容、时间等具体要求，处150万元以上200万元以下的罚款；对煤矿企业负责人处10万元以上15万元以下的罚款。

5. 适用说明：

"未按照国家规定进行瓦斯等级鉴定，或者瓦斯等级鉴定弄虚作假的违法行为"包括两种违法行为：①未按照国家规定进行瓦斯等级鉴定；②瓦斯等级鉴定弄虚作假。

第一百零六条　出现瓦斯动力现象，或者相邻矿井开采的同一煤层发生了突出事故，或者被鉴定、认定为突出煤层，以及煤层瓦斯压力达到或者超过**0.74 MPa**的非突出矿井，未立即按照突出煤层管理并在国家规定期限内进行突出危险性鉴定的违法行为

1. 认定违法行为的依据：

《国务院关于预防煤矿生产安全事故的特别规定》第八条第二款　煤矿有下列重大安全生产隐患和行为的，应当立即停止生产，排除隐患：

（十五）有其他重大安全生产隐患的。

《煤矿重大事故隐患判定标准》第十八条　"其他重大事故隐患"，是指有下列情形之一的：

（四）出现瓦斯动力现象，或者相邻矿井开采的同一煤层发生了突出事故，或者被鉴定、认定为突出煤层，以及煤层瓦斯压力达到或者超过0.74 MPa的非突出矿井，未立即按照突出煤层管理并在国家规定期限内进行突出危险性鉴定的（直接认定为突出矿井的除外）。

2. 作出处罚决定的依据：

《国务院关于预防煤矿生产安全事故的特别规定》第十条第一款　煤矿有本规定第八条第二款所列情形之一，仍然进行生产的，由县级以上地方人民政府负责煤矿安全生产监督管理的部门或者煤矿安全监察机构责令停产整顿，提出整顿的内容、时间等具体要求，处50万元以上200万元以下的罚款；对煤矿企业负责人处3万元以上15万元以下的罚款。

3. 实施主体：

煤矿安全监管监察部门。

4. 裁量阶次、适用条件和具体标准：

（1）第一阶次

适用条件：出现瓦斯动力现象，或者相邻矿井开采的同一煤层发生了突出事故，或者被鉴定、认定为突出煤层，以及煤层瓦斯压力达到或者超过0.74 MPa的非突出矿井，未在国家规定期限内进行突出危险性鉴定的。

具体标准：责令停产整顿，提出整顿的内容、时间等具体要求，处50万元以上100万元以下的罚款；对煤矿企业负责人处3万元以上5万元以下的罚款。

（2）第二阶次

适用条件：出现瓦斯动力现象，或者相邻矿井开采的同一煤层发生了突出事故，或者被鉴定、认定为突出煤层，以及煤层瓦斯压力达到或者超过0.74 MPa的非突出矿井，未立即按照突出煤层管理的。

具体标准：责令停产整顿，提出整顿的内容、时间等具体要求，处100万元以上150万元以下的罚款；对煤矿企业负责人处5万元以上10万元以下的罚款。

（3）第三阶次

适用条件：出现瓦斯动力现象，或者相邻矿井开采的同一煤层发生了突出事

故,或者被鉴定、认定为突出煤层,以及煤层瓦斯压力达到或者超过0.74 MPa的非突出矿井,未立即按照突出煤层管理,也未在国家规定期限内进行突出危险性鉴定的。

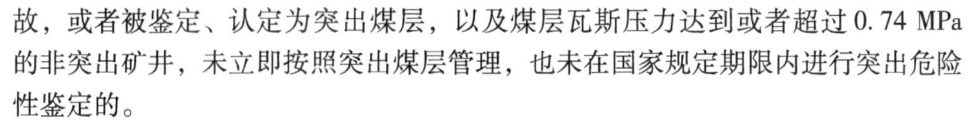

具体标准:责令停产整顿,提出整顿的内容、时间等具体要求,处150万元以上200万元以下的罚款;对煤矿企业负责人处10万元以上15万元以下的罚款。

5. 适用说明:

"出现瓦斯动力现象,或者相邻矿井开采的同一煤层发生了突出事故,或者被鉴定、认定为突出煤层,以及煤层瓦斯压力达到或者超过0.74 MPa的非突出矿井,未立即按照突出煤层管理并在国家规定期限内进行突出危险性鉴定的违法行为"包括四种违法行为:①出现瓦斯动力现象,未立即按照突出煤层管理并在国家规定期限内进行突出危险性鉴定;②相邻矿井开采的同一煤层发生了突出事故,未立即按照突出煤层管理并在国家规定期限内进行突出危险性鉴定;③被鉴定、认定为突出煤层,未立即按照突出煤层管理并在国家规定期限内进行突出危险性鉴定;④煤层瓦斯压力达到或者超过0.74 MPa的非突出矿井,未立即按照突出煤层管理并在国家规定期限内进行突出危险性鉴定。

第一百零七条　图纸作假、隐瞒采掘工作面,提供虚假信息、隐瞒下井人数,或者矿长、总工程师(技术负责人)履行安全生产岗位责任制及管理制度时伪造记录,弄虚作假的违法行为

1. 认定违法行为的依据:

《国务院关于预防煤矿生产安全事故的特别规定》第八条第二款　煤矿有下列重大安全生产隐患和行为的,应当立即停止生产,排除隐患:

(十五)有其他重大安全生产隐患的。

《煤矿重大事故隐患判定标准》第十八条　"其他重大事故隐患",是指有下列情形之一的:

(五)图纸作假、隐瞒采掘工作面,提供虚假信息、隐瞒下井人数,或者矿长、总工程师(技术负责人)履行安全生产岗位责任制及管理制度时伪造记录,弄虚作假的。

2. 作出处罚决定的依据:

《国务院关于预防煤矿生产安全事故的特别规定》第十条第一款　煤矿有本规定第八条第二款所列情形之一,仍然进行生产的,由县级以上地方人民政府负责煤矿安全生产监督管理的部门或者煤矿安全监察机构责令停产整顿,提出整顿的内容、时间等具体要求,处50万元以上200万元以下的罚款;对煤矿企业负责人处 3 万元以上 15 万元以下的罚款。

3. 实施主体：

煤矿安全监管监察部门。

4. 裁量阶次、适用条件和具体标准：

（1）第一阶次

适用条件：①提供虚假信息、隐瞒下井人数，超过国家有关限员规定 20% 以上 25% 以下的；②矿长、总工程师（技术负责人）履行安全生产岗位责任制及管理制度时 1 次伪造记录，弄虚作假的。

具体标准：责令停产整顿，提出整顿的内容、时间等具体要求，处 50 万元以上 100 万元以下的罚款；对煤矿企业负责人处 3 万元以上 5 万元以下的罚款。

（2）第二阶次

适用条件：①提供虚假信息、隐瞒下井人数，超过国家有关限员规定 25% 以上 30% 以下的；②矿长、总工程师（技术负责人）履行安全生产岗位责任制及管理制度时 2 次伪造记录，弄虚作假的。

具体标准：责令停产整顿，提出整顿的内容、时间等具体要求，处 100 万元以上 150 万元以下的罚款；对煤矿企业负责人处 5 万元以上 10 万元以下的罚款。

（3）第三阶次

适用条件：①图纸作假、隐瞒采掘工作面的；②提供虚假信息、隐瞒下井人数，超过国家有关限员规定 30% 以上的；③矿长、总工程师（技术负责人）履行安全生产岗位责任制及管理制度时有 3 次以上伪造记录，弄虚作假的。

具体标准：责令停产整顿，提出整顿的内容、时间等具体要求，处 150 万元以上 200 万元以下的罚款；对煤矿企业负责人处 10 万元以上 15 万元以下的罚款。

5. 适用说明：

"图纸作假、隐瞒采掘工作面，提供虚假信息、隐瞒下井人数，或者矿长、总工程师（技术负责人）履行安全生产岗位责任制及管理制度时伪造记录，弄虚作假的违法行为"包括三种违法行为：①图纸作假、隐瞒采掘工作面；②提供虚假信息、隐瞒下井人数；③矿长、总工程师（技术负责人）履行安全生产岗位责任制及管理制度时伪造记录，弄虚作假。

第一百零八条 矿井未安装安全监控系统、人员位置监测系统或者系统不能正常运行，以及对系统数据进行修改、删除及屏蔽，或者煤与瓦斯突出矿井存在第七条第二项情形的违法行为

1. 认定违法行为的依据：

《国务院关于预防煤矿生产安全事故的特别规定》第八条第二款　煤矿有下列重大安全生产隐患和行为的,应当立即停止生产,排除隐患:

(十五)有其他重大安全生产隐患的。

《煤矿重大事故隐患判定标准》第十八条　"其他重大事故隐患",是指有下列情形之一的:

(六)矿井未安装安全监控系统、人员位置监测系统或者系统不能正常运行,以及对系统数据进行修改、删除及屏蔽,或者煤与瓦斯突出矿井存在第七条第二项情形的。

2. 作出处罚决定的依据:

《国务院关于预防煤矿生产安全事故的特别规定》第十条第一款　煤矿有本规定第八条第二款所列情形之一,仍然进行生产的,由县级以上地方人民政府负责煤矿安全生产监督管理的部门或者煤矿安全监察机构责令停产整顿,提出整顿的内容、时间等具体要求,处50万元以上200万元以下的罚款;对煤矿企业负责人处3万元以上15万元以下的罚款。

3. 实施主体:

煤矿安全监管监察部门。

4. 裁量阶次、适用条件和具体标准:

(1) 第一阶次

适用条件:安装的人员位置监测系统不能正常运行。

具体标准:责令停产整顿,提出整顿的内容、时间等具体要求,处50万元以上100万元以下的罚款;对煤矿企业负责人处3万元以上5万元以下的罚款。

(2) 第二阶次

适用条件:①矿井安装的安全监控系统不能正常运行;②矿井未安装人员位置监测系统。

具体标准:责令停产整顿,提出整顿的内容、时间等具体要求,处100万元以上150万元以下的罚款;对煤矿企业负责人处5万元以上10万元以下的罚款。

(3) 第三阶次

适用条件:①矿井未安装安全监控系统;②对系统数据进行修改、删除及屏蔽。

具体标准:责令停产整顿,提出整顿的内容、时间等具体要求,处150万元以上200万元以下的罚款;对煤矿企业负责人处10万元以上15万元以下的罚款。

5. 适用说明:

(1)"矿井未安装安全监控系统、人员位置监测系统或者系统不能正常运行，以及对系统数据进行修改、删除及屏蔽，或者煤与瓦斯突出矿井存在第七条第二项情形的违法行为"包括六种违法行为：①矿井未安装安全监控系统。②安装的安全监控系统不能正常运行。③矿井未安装人员位置监测系统。④安装的人员位置监测系统不能正常运行。⑤对系统数据进行修改、删除及屏蔽。修改、删除及屏蔽都是对系统数据的破坏，三者在性质上是一致的，属于同一种违法行为。⑥煤与瓦斯突出矿井存在未按照国家规定安设、调校甲烷传感器，人为造成甲烷传感器失效，或者瓦斯超限后不能报警、断电或者断电范围不符合国家规定的。上述每一种行为都是独立的违法行为，共有6种违法行为，应当分别裁量、合并处罚。

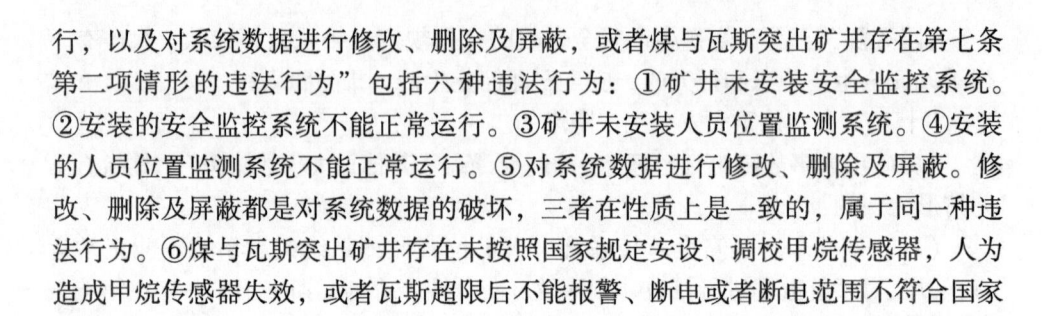

(2)"煤与瓦斯突出矿井存在第七条第二项情形"，即"未按照国家规定安设、调校甲烷传感器，人为造成甲烷传感器失效，或者瓦斯超限后不能报警、断电或者断电范围不符合国家规定的"，参照"高瓦斯矿井未建立瓦斯抽采系统和监控系统，或者系统不能正常运行"的违法行为进行裁量处罚。

(3)"对系统数据进行修改、删除及屏蔽"，如果属于《安全生产法》第三十六条第三款的情形的，依据《安全生产法》第九十九条第四项"煤矿篡改、隐瞒、销毁直接关系生产安全的监控、报警、防护、救生设备、设施相关数据、信息的违法行为"裁量处罚。

第一百零九条　提升（运送）人员的提升机未按照《煤矿安全规程》规定安装保护装置，或者保护装置失效，或者超员运行的违法行为

1. 认定违法行为的依据：

《国务院关于预防煤矿生产安全事故的特别规定》第八条第二款　煤矿有下列重大安全生产隐患和行为的，应当立即停止生产，排除隐患：

(十五)有其他重大安全生产隐患的。

《煤矿重大事故隐患判定标准》第十八条　"其他重大事故隐患"，是指有下列情形之一的：

(七)提升（运送）人员的提升机未按照《煤矿安全规程》规定安装保护装置，或者保护装置失效，或者超员运行的。

《煤矿安全规程》第四百二十三条　提升装置必须按下列要求装设安全保护：

(一)过卷和过放保护：当提升容器超过正常终端停止位置或者出车平台0.5 m时，必须能自动断电，且使制动器实施安全制动。

(二)超速保护：当提升速度超过最大速度15%时，必须能自动断电，且使制动器实施安全制动。

（三）过负荷和欠电压保护。

（四）限速保护：提升速度超过 3 m/s 的提升机应当装设限速保护，以保证提升容器或者平衡锤到达终端位置时的速度不超过 2 m/s。当减速段速度超过设定值的 10% 时，必须能自动断电，且使制动器实施安全制动。

（五）提升容器位置指示保护：当位置指示失效时，能自动断电，且使制动器实施安全制动。

（六）闸瓦间隙保护：当闸瓦间隙超过规定值时，能报警并闭锁下次开车。

（七）松绳保护：缠绕式提升机应当设置松绳保护装置并接入安全回路或者报警回路。箕斗提升时，松绳保护装置动作后，严禁受煤仓放煤。

（八）仓位超限保护：箕斗提升的井口煤仓仓位超限时，能报警并闭锁开车。

（九）减速功能保护：当提升容器或者平衡锤到达设计减速点时，能示警并开始减速。

（十）错向运行保护：当发生错向时，能自动断电，且使制动器实施安全制动。

过卷保护、超速保护、限速保护和减速功能保护应当设置为相互独立的双线型式。

缠绕式提升机应当加设定车装置。

2. 作出处罚决定的依据：

《国务院关于预防煤矿生产安全事故的特别规定》第十条第一款　煤矿有本规定第八条第二款所列情形之一，仍然进行生产的，由县级以上地方人民政府负责煤矿安全生产监督管理的部门或者煤矿安全监察机构责令停产整顿，提出整顿的内容、时间等具体要求，处 50 万元以上 200 万元以下的罚款；对煤矿企业负责人处 3 万元以上 15 万元以下的罚款。

3. 实施主体：

煤矿安全监管监察部门。

4. 裁量阶次、适用条件和具体标准：

(1) 第一阶次

适用条件：提升（运送）人员的提升机超员 1 人运行的。

具体标准：责令停产整顿，提出整顿的内容、时间等具体要求，处 50 万元以上 100 万元以下的罚款；对煤矿企业负责人处 3 万元以上 5 万元以下的罚款。

(2) 第二阶次

适用条件：提升（运送）人员的提升机超员 2 人运行的。

具体标准：责令停产整顿，提出整顿的内容、时间等具体要求，处 100 万元以上 150 万元以下的罚款；对煤矿企业负责人处 5 万元以上 10 万元以下的罚款。

（3）第三阶次

适用条件：①提升（运送）人员的提升机未按照《煤矿安全规程》规定安装保护装置的；②提升（运送）人员的提升机保护装置失效的；③提升（运送）人员的提升机超员 3 人及以上运行的。

具体标准：责令停产整顿，提出整顿的内容、时间等具体要求，处 150 万元以上 200 万元以下的罚款；对煤矿企业负责人处 10 万元以上 15 万元以下的罚款。

5. 适用说明：

（1）"提升（运送）人员的提升机未按照《煤矿安全规程》规定安装保护装置，或者保护装置失效，或者超员运行的违法行为"包括三种违法行为：①提升（运送）人员的提升机未按照《煤矿安全规程》规定安装保护装置（未按照《煤矿安全规程》第四百二十三条的规定安装十种保护装置通常属于十种不同的违法行为，但同一台提升机缺少多种保护装置的，属于一个违法行为，非同一提升机缺少相同的保护装置，也属于同一违法行为）；②提升（运送）人员的提升机保护装置失效（《煤矿安全规程》第四百二十三条规定的十种保护装置都失效的，属于十种不同的违法行为，但同一台提升机多种保护装置失效的，属于一个违法行为，不同的提升机相同的保护装置失效的，也属于同一违法行为）；③提升（运送）人员的提升机超员运行。

（2）提升机已经安装的保护装置安装、使用、检测、改造和报废不符合国家标准或者行业标准，依据《安全生产法》第九十九条第二项的规定裁量处罚。

（3）提升机已经安装的保护装置安装、使用、检测、改造和报废不符合国家标准或者行业标准，导致提升机保护装置失效的，属于重大事故隐患，按照本条的规定裁量处罚。

第一百一十条 带式输送机的输送带入井前未经过第三方阻燃和抗静电性能试验，或者试验不合格入井，或者输送带防打滑、跑偏、堆煤等保护装置或者温度、烟雾监测装置失效的违法行为

1. 认定违法行为的依据：

《国务院关于预防煤矿生产安全事故的特别规定》第八条第二款 煤矿有下列重大安全生产隐患和行为的，应当立即停止生产，排除隐患：

（十五）有其他重大安全生产隐患的。

《煤矿重大事故隐患判定标准》第十八条 "其他重大事故隐患"，是指有下列情形之一的：

（八）带式输送机的输送带入井前未经过第三方阻燃和抗静电性能试验，或者试验不合格入井，或者输送带防打滑、跑偏、堆煤等保护装置或者温度、烟雾监测装置失效的。

2. 作出处罚决定的依据：

《国务院关于预防煤矿生产安全事故的特别规定》第十条第一款　煤矿有本规定第八条第二款所列情形之一，仍然进行生产的，由县级以上地方人民政府负责煤矿安全生产监督管理的部门或者煤矿安全监察机构责令停产整顿，提出整顿的内容、时间等具体要求，处50万元以上200万元以下的罚款；对煤矿企业负责人处3万元以上15万元以下的罚款。

3. 实施主体：

煤矿安全监管监察部门。

4. 裁量阶次、适用条件和具体标准：

（1）第一阶次

适用条件：①带式输送机的1条输送带入井前未经过第三方阻燃和抗静电性能试验的；②1条输送带防打滑、跑偏、堆煤等保护装置或者温度、烟雾监测装置失效的。

具体标准：责令停产整顿，提出整顿的内容、时间等具体要求，处50万元以上100万元以下的罚款；对煤矿企业负责人处3万元以上5万元以下的罚款。

（2）第二阶次

适用条件：①带式输送机的2条输送带入井前未经过第三方阻燃和抗静电性能试验的；②2条输送带防打滑、跑偏、堆煤等保护装置或者温度、烟雾监测装置失效的。

具体标准：责令停产整顿，提出整顿的内容、时间等具体要求，处100万元以上150万元以下的罚款；对煤矿企业负责人处5万元以上10万元以下的罚款。

（3）第三阶次

适用条件：①带式输送机的输送带入井前经过第三方阻燃和抗静电性能试验不合格入井的；②带式输送机的3条以上输送带入井前未经过第三方阻燃和抗静电性能试验的；③3条以上输送带防打滑、跑偏、堆煤等保护装置或者温度、烟雾监测装置失效的。

具体标准：责令停产整顿，提出整顿的内容、时间等具体要求，处150万元以上200万元以下的罚款；对煤矿企业负责人处10万元以上15万元以下的罚款。

5. 适用说明：

（1）"带式输送机的输送带入井前未经过第三方阻燃和抗静电性能试验，或者试验不合格入井，或者输送带防打滑、跑偏、堆煤等保护装置或者温度、烟雾监测装置失效的违法行为"包括两类违法行为：①带式输送机的输送带入井前未经过第三方阻燃和抗静电性能试验，或者试验不合格入井；②输送带防打滑、跑偏、堆煤等保护装置或者温度、烟雾监测装置失效。这两类违法行为根据实际情形又包括多种违法行为。例如，带式输送机的输送带入井前未经过第三方阻燃试验，也未经过抗静电性能试验的，属于两种不同的违法行为。

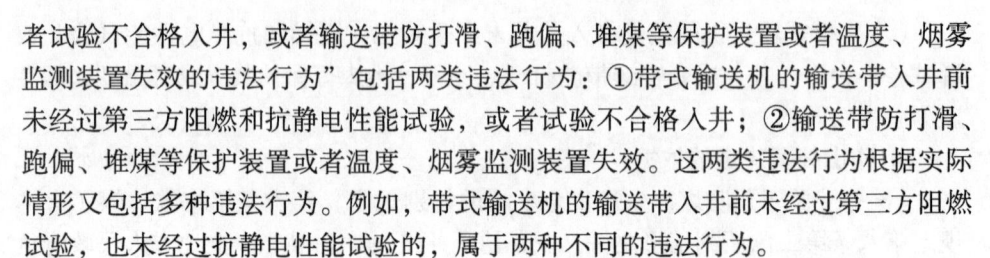

（2）已经安装的输送带防打滑、跑偏、堆煤等保护装置或者温度、烟雾监测装置安装、使用、检测、改造和报废不符合国家标准或者行业标准的，依据《安全生产法》第九十九条第二项的规定裁量处罚。

（3）已经安装的输送带防打滑、跑偏、堆煤等保护装置或者温度、烟雾监测装置安装、使用、检测、改造和报废不符合国家标准或者行业标准的，导致输送带防打滑、跑偏、堆煤等保护装置或者温度、烟雾监测装置失效的，属于重大事故隐患，按照本条的规定裁量处罚。

第一百一十一条　掘进工作面后部巷道或者独头巷道维修（着火点、高温点处理）时，维修（处理）点以里继续掘进或者有人员进入，或者采掘工作面未按照国家规定安设压风、供水、通信线路及装置的违法行为

1. 认定违法行为的依据：

《国务院关于预防煤矿生产安全事故的特别规定》第八条第二款　煤矿有下列重大安全生产隐患和行为的，应当立即停止生产，排除隐患：

（十五）有其他重大安全生产隐患的。

《煤矿重大事故隐患判定标准》第十八条　"其他重大事故隐患"，是指有下列情形之一的：

（九）掘进工作面后部巷道或者独头巷道维修（着火点、高温点处理）时，维修（处理）点以里继续掘进或者有人员进入，或者采掘工作面未按照国家规定安设压风、供水、通信线路及装置的。

2. 作出处罚决定的依据：

《国务院关于预防煤矿生产安全事故的特别规定》第十条第一款　煤矿有本规定第八条第二款所列情形之一，仍然进行生产的，由县级以上地方人民政府负责煤矿安全生产监督管理的部门或者煤矿安全监察机构责令停产整顿，提出整顿的内容、时间等具体要求，处50万元以上200万元以下的罚款；对煤矿企业负责人处3万元以上15万元以下的罚款。

3. 实施主体：

煤矿安全监管监察部门。

4. 裁量阶次、适用条件和具体标准：

（1）第一阶次

适用条件： 掘进工作面后部巷道或者独头巷道维修（着火点、高温点处理）时，维修（处理）点以里继续掘进5米以下或者有1人进入，或者采掘工作面未按照国家规定安设压风、供水、通信线路及装置1台（套）的。

具体标准： 责令停产整顿，提出整顿的内容、时间等具体要求，处50万元以上100万元以下的罚款；对煤矿企业负责人处3万元以上5万元以下的罚款。

（2）第二阶次

适用条件： 掘进工作面后部巷道或者独头巷道维修（着火点、高温点处理）时，维修（处理）点以里继续掘进5米以上10米以下或者有2人进入，或者采掘工作面未按照国家规定安设压风、供水、通信线路及装置2台（套）的。

具体标准： 责令停产整顿，提出整顿的内容、时间等具体要求，处100万元以上150万元以下的罚款；对煤矿企业负责人处5万元以上10万元以下的罚款。

（3）第三阶次

适用条件： 掘进工作面后部巷道或者独头巷道维修（着火点、高温点处理）时，维修（处理）点以里继续掘进10米以上或者有3人以上进入，或者采掘工作面未按照国家规定安设压风、供水、通信线路及装置3台（套）以上的。

具体标准： 责令停产整顿，提出整顿的内容、时间等具体要求，处150万元以上200万元以下的罚款；对煤矿企业负责人处10万元以上15万元以下的罚款。

5. 适用说明：

（1）"掘进工作面后部巷道或者独头巷道维修（着火点、高温点处理）时，维修（处理）点以里继续掘进或者有人员进入，或者采掘工作面未按照国家规定安设压风、供水、通信线路及装置的违法行为"包括五种违法行为：①掘进工作面后部巷道或者独头巷道维修（着火点、高温点处理）时，维修（处理）点以里继续掘进；②掘进工作面后部巷道或者独头巷道维修（着火点、高温点处理）时，维修（处理）点以里有人员进入［如果进入人员是从事掘进的，则按照"掘进工作面后部巷道或者独头巷道维修（着火点、高温点处理）时，维修（处理）点以里继续掘进的"违法行为处罚］；③采掘工作面未按照国家规定安设压风线路及装置；④采掘工作面未按照国家规定安设供水线路及装置；⑤采掘工作面未按照国家规定安设通信线路及装置。

（2）按照上位法优于下位的法原则，如果采掘工作面安设的压风、供水、通信线路及装置不符合国家标准或者行业标准的，依据《安全生产法》关于安全设备安装不符合国家标准或者行业标准的规定处罚。

第一百一十二条 露天煤矿边坡角大于设计最大值，或者边坡发生严重变形未及时采取措施进行治理的违法行为

1. 认定违法行为的依据：

《国务院关于预防煤矿生产安全事故的特别规定》第八条第二款 煤矿有下列重大安全生产隐患和行为的，应当立即停止生产，排除隐患：

（十五）有其他重大安全生产隐患的。

《煤矿重大事故隐患判定标准》第十八条 "其他重大事故隐患"，是指有下列情形之一的：

（十）露天煤矿边坡角大于设计最大值，或者边坡发生严重变形未及时采取措施进行治理的。

2. 作出处罚决定的依据：

《国务院关于预防煤矿生产安全事故的特别规定》第十条第一款 煤矿有本规定第八条第二款所列情形之一，仍然进行生产的，由县级以上地方人民政府负责煤矿安全生产监督管理的部门或者煤矿安全监察机构责令停产整顿，提出整顿的内容、时间等具体要求，处 50 万元以上 200 万元以下的罚款；对煤矿企业负责人处 3 万元以上 15 万元以下的罚款。

3. 实施主体：

煤矿安全监管监察部门。

4. 裁量阶次、适用条件和具体标准：

（1）第一阶次

适用条件：露天煤矿边坡角超过设计最大值的 5% 以下的。

具体标准：责令停产整顿，提出整顿的内容、时间等具体要求，处 50 万元以上 100 万元以下的罚款；对煤矿企业负责人处 3 万元以上 5 万元以下的罚款。

（2）第二阶次

适用条件：露天煤矿边坡角超过设计最大值的 5% 以上 10% 以下的。

具体标准：责令停产整顿，提出整顿的内容、时间等具体要求，处 100 万元以上 150 万元以下的罚款；对煤矿企业负责人处 5 万元以上 10 万元以下的罚款。

（3）第三阶次

适用条件：①露天煤矿边坡角超过设计最大值的 10% 以上的；②边坡发生严重变形未及时采取措施进行治理的。

具体标准：责令停产整顿，提出整顿的内容、时间等具体要求，处 150 万元以上 200 万元以下的罚款；对煤矿企业负责人处 10 万元以上 15 万元以下的罚款。

5. 适用说明：

"露天煤矿边坡角大于设计最大值,或者边坡发生严重变形未及时采取措施进行治理的违法行为"包括两种违法行为:①露天煤矿边坡角大于设计最大值;②边坡发生严重变形未及时采取措施进行治理。例如,"边坡发生严重变形未及时采取措施进行治理的",因措施类型较多,没有采取其中任何一种措施,属于一个违法行为。

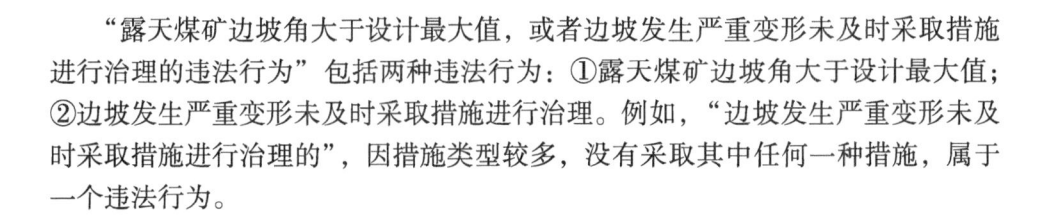

第一百一十三条　煤矿被发现在3个月内2次或者2次以上有重大安全生产隐患仍然进行生产的违法行为

1. 认定违法行为的依据:

《国务院关于预防煤矿生产安全事故的特别规定》第十条第二款　对3个月内2次或者2次以上发现有重大安全生产隐患,仍然进行生产的煤矿,县级以上地方人民政府负责煤矿安全生产监督管理的部门、煤矿安全监察机构应当提请有关地方人民政府关闭该煤矿,并由颁发证照的部门立即吊销矿长资格证和矿长安全资格证,该煤矿的法定代表人和矿长5年内不得再担任任何煤矿的法定代表人或者矿长。

2. 作出处罚决定的依据:

《国务院关于预防煤矿生产安全事故的特别规定》第十条第二款　对3个月内2次或者2次以上发现有重大安全生产隐患,仍然进行生产的煤矿,县级以上地方人民政府负责煤矿安全生产监督管理的部门、煤矿安全监察机构应当提请有关地方人民政府关闭该煤矿,并由颁发证照的部门立即吊销矿长资格证和矿长安全资格证,该煤矿的法定代表人和矿长5年内不得再担任任何煤矿的法定代表人或者矿长。

3. 实施主体:

煤矿安全监管监察部门。

4. 具体标准:

县级以上地方人民政府负责煤矿安全生产监督管理的部门、矿山安全监察机构应当提请有关地方人民政府关闭该煤矿,该煤矿的法定代表人和矿长5年内不得再担任任何煤矿的法定代表人或者矿长。

第一百一十四条　煤矿未将事故隐患排查治理情况如实记录的违法行为

1. 认定违法行为的依据:

《安全生产法》第四十一条第二款　生产经营单位应当建立健全并落实生产安全事故隐患排查治理制度,采取技术、管理措施,及时发现并消除事故隐患。事故隐患排查治理情况应当如实记录,并通过职工大会或者职工代表大会、信息公示栏等方式向从业人员通报。其中,重大事故隐患排查治理情况应当及时向负有安全生产监督管理职责的部门和职工大会或者职工代表大会报告。

2. 作出处罚决定的依据:

《安全生产法》第九十七条 生产经营单位有下列行为之一的,责令限期改正,处十万元以下的罚款;逾期未改正的,责令停产停业整顿,并处十万元以上二十万元以下的罚款,对其直接负责的主管人员和其他直接责任人员处二万元以上五万元以下的罚款:

(五)未将事故隐患排查治理情况如实记录或者未向从业人员通报的。

3. 实施主体:

煤矿安全监管监察部门。

4. 裁量阶次、适用条件和具体标准:

(1) 第一阶次

适用条件:未如实记录1条一般事故隐患排查治理情况的。

具体标准:处三万元以下的罚款。

(2) 第二阶次

适用条件:未如实记录2条一般事故隐患排查治理情况的。

具体标准:处三万元以上七万元以下的罚款。

(3) 第三阶次

适用条件:未如实记录3条以上一般事故隐患排查治理情况或者未如实记录1条重大事故隐患的。

具体标准:处七万元以上十万元以下的罚款。

第一百一十五条 煤矿逾期未改正未将事故隐患排查治理情况如实记录的违法行为

1. 认定违法行为的依据:

《安全生产法》第九十七条 生产经营单位有下列行为之一的,责令限期改正,处十万元以下的罚款;逾期未改正的,责令停产停业整顿,并处十万元以上二十万元以下的罚款,对其直接负责的主管人员和其他直接责任人员处二万元以上五万元以下的罚款:

(五)未将事故隐患排查治理情况如实记录或者未向从业人员通报的。

2. 作出处罚决定的依据:

《安全生产法》第九十七条 生产经营单位有下列行为之一的,责令限期改正,处十万元以下的罚款;逾期未改正的,责令停产停业整顿,并处十万元以上二十万元以下的罚款,对其直接负责的主管人员和其他直接责任人员处二万元以上五万元以下的罚款：

（五）未将事故隐患排查治理情况如实记录或者未向从业人员通报的。

3. 实施主体：

煤矿安全监管监察部门。

4. 裁量阶次、适用条件和具体标准：

责令停产停业整顿，同时按照下列基准对煤矿、其直接负责的主管人员和其他直接责任人员进行处罚：

(1) 第一阶次

适用条件：逾期未改正未如实记录1条一般事故隐患排查治理情况的。

具体标准：对煤矿处十万元以上十三万元以下的罚款，对直接负责的主管人员和其他直接责任人员处二万元以上三万元以下的罚款。

(2) 第二阶次

适用条件：逾期未改正未如实记录2条一般事故隐患排查治理情况的。

具体标准：对煤矿处十三万元以上十七万元以下的罚款，对直接负责的主管人员和其他直接责任人员处三万元以上四万元以下的罚款。

(3) 第三阶次

适用条件：逾期未改正未如实记录3条以上一般事故隐患排查治理情况或者未如实记录1条重大事故隐患的。

具体标准：对煤矿处十七万元以上二十万元以下的罚款，对直接负责的主管人员和其他直接责任人员处四万元以上五万元以下的罚款。

第一百一十六条　煤矿未将事故隐患排查治理情况向从业人员通报的违法行为

1. 认定违法行为的依据：

《安全生产法》第四十一条第二款　生产经营单位应当建立健全并落实生产安全事故隐患排查治理制度，采取技术、管理措施，及时发现并消除事故隐患。事故隐患排查治理情况应当如实记录，并通过职工大会或者职工代表大会、信息公示栏等方式向从业人员通报。其中，重大事故隐患排查治理情况应当及时向负有安全生产监督管理职责的部门和职工大会或者职工代表大会报告。

2. 作出处罚决定的依据：

《安全生产法》第九十七条　生产经营单位有下列行为之一的，责令限期改正，处十万元以下的罚款；逾期未改正的，责令停产停业整顿，并处十万元以上二十万元以下的罚款，对其直接负责的主管人员和其他直接责任人员处二万元以上五万元以下的罚款：

（五）未将事故隐患排查治理情况如实记录或者未向从业人员通报的。

3. 实施主体：

煤矿安全监管监察部门。

4. 裁量阶次、适用条件和具体标准：

（1）第一阶次

适用条件：未向从业人员通报1条一般事故隐患排查治理情况的。

具体标准：处三万元以下的罚款。

（2）第二阶次

适用条件：未向从业人员通报2条一般事故隐患排查治理情况的。

具体标准：处三万元以上七万元以下的罚款。

（3）第三阶次

适用条件：未向从业人员通报3条以上一般事故隐患排查治理情况或者未向从业人员通报1条重大事故隐患的。

具体标准：处七万元以上十万元以下的罚款。

第一百一十七条 煤矿逾期未改正未将事故隐患排查治理情况向从业人员通报的违法行为

1. 认定违法行为的依据：

《安全生产法》第九十七条 生产经营单位有下列行为之一的，责令限期改正，处十万元以下的罚款；逾期未改正的，责令停产停业整顿，并处十万元以上二十万元以下的罚款，对其直接负责的主管人员和其他直接责任人员处二万元以上五万元以下的罚款：

（五）未将事故隐患排查治理情况如实记录或者未向从业人员通报的。

2. 作出处罚决定的依据：

《安全生产法》第九十七条 生产经营单位有下列行为之一的，责令限期改正，处十万元以下的罚款；逾期未改正的，责令停产停业整顿，并处十万元以上二十万元以下的罚款，对其直接负责的主管人员和其他直接责任人员处二万元以上五万元以下的罚款：

（五）未将事故隐患排查治理情况如实记录或者未向从业人员通报的。

3. 实施主体：

煤矿安全监管监察部门。

4. 裁量阶次、适用条件和具体标准：

责令停产停业整顿，同时按照下列基准对煤矿、其直接负责的主管人员和其他直接责任人员进行处罚：

(1) 第一阶次

适用条件：逾期未改正未向从业人员通报 1 条一般事故隐患排查治理情况的。

具体标准：对煤矿处十万元以上十三万元以下的罚款，对直接负责的主管人员和其他直接责任人员处二万元以上三万元以下的罚款。

(2) 第二阶次

适用条件：逾期未改正未向从业人员通报 2 条一般事故隐患排查治理情况的。

具体标准：对煤矿处十三万元以上十七万元以下的罚款，对直接负责的主管人员和其他直接责任人员处三万元以上四万元以下的罚款。

(3) 第三阶次

适用条件：逾期未改正未向从业人员通报 3 条以上一般事故隐患排查治理情况或者未向从业人员通报 1 条重大事故隐患的。

具体标准：对煤矿处十七万元以上二十万元以下的罚款，对直接负责的主管人员和其他直接责任人员处四万元以上五万元以下的罚款。

第一百一十八条　煤矿未按规定上报事故隐患排查治理统计分析表的违法行为

1. 认定违法行为的依据：

《安全生产事故隐患排查治理暂行规定》第十四条　生产经营单位应当每季、每年对本单位事故隐患排查治理情况进行统计分析，并分别于下一季度 15 日前和下一年 1 月 31 日前向安全监管监察部门和有关部门报送书面统计分析表。统计分析表应当由生产经营单位主要负责人签字。

2. 作出处罚决定的依据：

《安全生产事故隐患排查治理暂行规定》第二十六条　生产经营单位违反本规定，有下列行为之一的，由安全监管监察部门给予警告，并处三万元以下的罚款：

（二）未按规定上报事故隐患排查治理统计分析表的。

3. 实施主体：

煤矿安全监管监察部门。

4. 具体标准：

给予警告，并处三万元以下的罚款。

第一百一十九条　煤矿未制定事故隐患治理方案的违法行为

1. 认定违法行为的依据：

《安全生产事故隐患排查治理暂行规定》第十五条第二款　对于重大事故隐患，由生产经营单位主要负责人组织制定并实施事故隐患治理方案。重大事故隐患治理方案应当包括以下内容：

（一）治理的目标和任务；

（二）采取的方法和措施；

（三）经费和物资的落实；

（四）负责治理的机构和人员；

（五）治理的时限和要求；

（六）安全措施和应急预案。

2. 作出处罚决定的依据：

《安全生产事故隐患排查治理暂行规定》第二十六条　生产经营单位违反本规定，有下列行为之一的，由安全监管监察部门给予警告，并处三万元以下的罚款：

（三）未制定事故隐患治理方案的。

3. 实施主体：

煤矿安全监管监察部门。

4. 具体标准：

给予警告，并处三万元以下的罚款。

第一百二十条　煤矿未对事故隐患进行排查治理擅自生产经营的违法行为

1. 认定违法行为的依据：

《安全生产事故隐患排查治理暂行规定》第十五条　对于一般事故隐患，由生产经营单位（车间、分厂、区队等）负责人或者有关人员立即组织整改。

对于重大事故隐患，由生产经营单位主要负责人组织制定并实施事故隐患治理方案。重大事故隐患治理方案应当包括以下内容：

（一）治理的目标和任务；

（二）采取的方法和措施；

（三）经费和物资的落实；

（四）负责治理的机构和人员；

（五）治理的时限和要求；

（六）安全措施和应急预案。

《安全生产事故隐患排查治理暂行规定》第十六条　生产经营单位在事故隐患治理过程中，应当采取相应的安全防范措施，防止事故发生。事故隐患排除前或者排除过程中无法保证安全的，应当从危险区域内撤出作业人员，并疏散可能危及的其他人员，设置警戒标志，暂时停产停业或者停止使用；对暂时难以停产或者停止使用的相关生产储存装置、设施、设备，应当加强维护和保养，防止事故发生。

2. 作出处罚决定的依据：

《安全生产事故隐患排查治理暂行规定》第二十六条　生产经营单位违反本规定，有下列行为之一的，由安全监管监察部门给予警告，并处三万元以下的罚款：

（五）未对事故隐患进行排查治理擅自生产经营的。

3. 实施主体：

煤矿安全监管监察部门。

4. 具体标准：

给予警告，并处三万元以下的罚款。

5. 适用说明：

（1）煤矿对重大事故隐患未排查治理擅自生产经营的，依据《国务院关于预防煤矿生产安全事故的特别规定》第十一条的规定处罚。

（2）煤矿对一般事故隐患未排查治理擅自生产经营的，能够依据《安全生产法》第一百零二条和第一百一十二条处罚的，依据《安全生产法》的规定处罚。

第一百二十一条　事故隐患整改不合格或者未经安全监管监察部门审查同意擅自恢复生产经营的违法行为

1. 认定违法行为的依据：

《安全生产事故隐患排查治理暂行规定》第十八条　地方人民政府或者安全监管监察部门及有关部门挂牌督办并责令全部或者局部停产停业治理的重大事故隐患，治理工作结束后，有条件的生产经营单位应当组织本单位的技术人员和专家对重大事故隐患的治理情况进行评估；其他生产经营单位应当委托具备相应资质的安全评价机构对重大事故隐患的治理情况进行评估。

经治理后符合安全生产条件的，生产经营单位应当向安全监管监察部门和有关部门提出恢复生产的书面申请，经安全监管监察部门和有关部门审查同意后，方可恢复生产经营。申请报告应当包括治理方案的内容、项目和安全评价机构出具的评价报告等。

2. 作出处罚决定的依据：

《安全生产事故隐患排查治理暂行规定》第二十六条　生产经营单位违反本

规定，有下列行为之一的，由安全监管监察部门给予警告，并处三万元以下的罚款：

（六）整改不合格或者未经安全监管监察部门审查同意擅自恢复生产经营的。

3. 实施主体：

煤矿安全监管监察部门。

4. 具体标准：

给予警告，并处三万元以下的罚款。

5. 适用说明：

（1）煤矿对重大事故隐患整改不合格或者未经安全监管监察部门审查同意擅自恢复生产经营的，依据《国务院关于预防煤矿生产安全事故的特别规定》处罚。

（2）煤矿对一般事故隐患整改不合格或者未经安全监管监察部门审查同意擅自恢复生产经营的，能够依据《安全生产法》第一百零二条和第一百一十二条处罚的，依据《安全生产法》的规定处罚。

第一百二十二条 煤矿未按照规定制定生产安全事故应急救援预案的违法行为

1. 认定违法行为的依据：

《安全生产法》第八十一条 生产经营单位应当制定本单位生产安全事故应急救援预案，与所在地县级以上地方人民政府组织制定的生产安全事故应急救援预案相衔接，并定期组织演练。

2. 作出处罚决定的依据：

《安全生产法》第九十七条 生产经营单位有下列行为之一的，责令限期改正，处十万元以下的罚款；逾期未改正的，责令停产停业整顿，并处十万元以上二十万元以下的罚款，对其直接负责的主管人员和其他直接责任人员处二万元以上五万元以下的罚款：

（六）未按照规定制定生产安全事故应急救援预案或者未定期组织演练的。

3. 实施主体：

煤矿安全监管监察部门。

4. 裁量阶次、适用条件和具体标准：

（1）第一阶次

适用条件：缺少1项专项应急预案的。

具体标准：处三万元以下的罚款。

（2）第二阶次

适用条件：缺少2项专项应急预案的。

具体标准：处三万元以上七万元以下的罚款。

（3）第三阶次

适用条件：未制定综合应急救援预案或者缺少3项专项应急预案的。

具体标准：处七万元以上十万元以下的罚款。

第一百二十三条　煤矿逾期未改正未按照规定制定生产安全事故应急救援预案的违法行为

1. 认定违法行为的依据：

《安全生产法》第九十七条　生产经营单位有下列行为之一的，责令限期改正，处十万元以下的罚款；逾期未改正的，责令停产停业整顿，并处十万元以上二十万元以下的罚款，对其直接负责的主管人员和其他直接责任人员处二万元以上五万元以下的罚款：

（六）未按照规定制定生产安全事故应急救援预案或者未定期组织演练的。

2. 作出处罚决定的依据：

《安全生产法》第九十七条　生产经营单位有下列行为之一的，责令限期改正，处十万元以下的罚款；逾期未改正的，责令停产停业整顿，并处十万元以上二十万元以下的罚款，对其直接负责的主管人员和其他直接责任人员处二万元以上五万元以下的罚款：

（六）未按照规定制定生产安全事故应急救援预案或者未定期组织演练的。

3. 实施主体：

煤矿安全监管监察部门。

4. 裁量阶次、适用条件和具体标准：

责令停产停业整顿，同时按照下列基准对煤矿、其直接负责的主管人员和其他直接责任人员进行处罚：

（1）第一阶次

适用条件：逾期未改正缺少1项专项应急预案的。

具体标准：对煤矿处十万元以上十三万元以下的罚款，对直接负责的主管人员和其他直接责任人员处二万元以上三万元以下的罚款。

（2）第二阶次

适用条件：逾期未改正缺少2项专项应急预案的。

具体标准：对煤矿处十三万元以上十七万元以下的罚款，对直接负责的主管人员和其他直接责任人员处三万元以上四万元以下的罚款。

（3）第三阶次

适用条件：逾期未改正未制定综合应急救援预案或者缺少 3 项专项应急预案的。

具体标准：对煤矿处十七万元以上二十万元以下的罚款，对直接负责的主管人员和其他直接责任人员处四万元以上五万元以下的罚款。

第一百二十四条　煤矿未定期组织事故救援预案演练的违法行为

1. 认定违法行为的依据：

《安全生产法》第八十一条　生产经营单位应当制定本单位生产安全事故应急救援预案，与所在地县级以上地方人民政府组织制定的生产安全事故应急救援预案相衔接，并定期组织演练。

2. 作出处罚决定的依据：

《安全生产法》第九十七条　生产经营单位有下列行为之一的，责令限期改正，处十万元以下的罚款；逾期未改正的，责令停产停业整顿，并处十万元以上二十万元以下的罚款，对其直接负责的主管人员和其他直接责任人员处二万元以上五万元以下的罚款：

（六）未按照规定制定生产安全事故应急救援预案或者未定期组织演练的。

3. 实施主体：

煤矿安全监管监察部门。

4. 裁量阶次、适用条件和具体标准：

（1）第一阶次

适用条件：1 年内仅进行了 1 次应急救援预案演练的。

具体标准：处五万元以下的罚款。

（2）第二阶次

适用条件：1 年内未进行应急救援预案演练的。

具体标准：处五万元以上十万元以下的罚款。

5. 适用说明：

《生产安全事故应急条例》第八条第二款规定，矿山应当至少每半年组织 1 次生产安全事故应急救援预案演练，并将演练情况报送所在地县级以上地方人民政府负有安全生产监督管理职责的部门。因未制定应急救援预案而未组织演练的，按照"未制定应急救援预案"进行处罚。

第一百二十五条　煤矿逾期未改正未定期组织事故救援预案演练的违法行为

1. 认定违法行为的依据：

《安全生产法》第九十七条 生产经营单位有下列行为之一的,责令限期改正,处十万元以下的罚款;逾期未改正的,责令停产停业整顿,并处十万元以上二十万元以下的罚款,对其直接负责的主管人员和其他直接责任人员处二万元以上五万元以下的罚款:

(六)未按照规定制定生产安全事故应急救援预案或者未定期组织演练的。

2. 作出处罚决定的依据:

《安全生产法》第九十七条 生产经营单位有下列行为之一的,责令限期改正,处十万元以下的罚款;逾期未改正的,责令停产停业整顿,并处十万元以上二十万元以下的罚款,对其直接负责的主管人员和其他直接责任人员处二万元以上五万元以下的罚款:

(六)未按照规定制定生产安全事故应急救援预案或者未定期组织演练的。

3. 实施主体:

煤矿安全监管监察部门。

4. 裁量阶次、适用条件和具体标准:

责令停产停业整顿,同时按照下列基准对煤矿、其直接负责的主管人员和其他直接责任人员进行处罚:

(1)第一阶次

适用条件:逾期未改正1年内仅进行了1次应急救援预案演练的。

具体标准:对煤矿处十万元以上十五万元以下的罚款,对直接负责的主管人员和其他直接责任人员处二万元以上四万元以下的罚款。

(2)第二阶次

适用条件:逾期未改正1年内未进行应急救援预案演练的。

具体标准:对煤矿处十五万元以上二十万元以下的罚款,对直接负责的主管人员和其他直接责任人员处四万元以上五万元以下的罚款。

第一百二十六条 煤矿未建立应急救援组织或者生产经营规模较小、未指定兼职应急救援人员的违法行为

1. 认定违法行为的依据:

《安全生产法》第八十二条 危险物品的生产、经营、储存单位以及矿山、金属冶炼、城市轨道交通运营、建筑施工单位应当建立应急救援组织;生产经营规模较小的,可以不建立应急救援组织,但应当指定兼职的应急救援人员。

危险物品的生产、经营、储存、运输单位以及矿山、金属冶炼、城市轨道交通运营、建筑施工单位应当配备必要的应急救援器材、设备和物资,并进行经常性维护、保养,保证正常运转。

2. 作出处罚决定的依据：

《安全生产违法行为行政处罚办法》第四十六条　危险物品的生产、经营、储存单位以及矿山、金属冶炼单位有下列行为之一的，责令改正，并可以处1万元以上3万元以下的罚款：

（一）未建立应急救援组织或者生产经营规模较小、未指定兼职应急救援人员的。

3. 实施主体：

煤矿安全监管监察部门。

4. 具体标准：

可以处1万元以上3万元以下的罚款。

5. 适用说明：

本条为一个违法行为（未依法建立应急救援组织），而非多个。

第一百二十七条　煤矿未配备必要的应急救援器材、设备和物资的违法行为

1. 认定违法行为的依据：

《安全生产法》第八十二条第二款　危险物品的生产、经营、储存、运输单位以及矿山、金属冶炼、城市轨道交通运营、建筑施工单位应当配备必要的应急救援器材、设备和物资，并进行经常性维护、保养，保证正常运转。

2. 作出处罚决定的依据：

《安全生产违法行为行政处罚办法》第四十六条　危险物品的生产、经营、储存单位以及矿山、金属冶炼单位有下列行为之一的，责令改正，并可以处1万元以上3万元以下的罚款：

（二）未配备必要的应急救援器材、设备和物资，并进行经常性维护、保养，保证正常运转的。

3. 实施主体：

煤矿安全监管监察部门。

4. 具体标准：

可以处1万元以上3万元以下的罚款。

5. 适用说明：

本条包括多个违法行为：①未配备必要的应急救援器材；②未配备必要的应急救援设备；③未配备必要的应急救援物资。上述违法行为，应当分别裁量、合并处罚。

**第一百二十八条　煤矿未对配备的必要应急救援器材、设备和物资保证正常

运转的违法行为

1. 认定违法行为的依据：

《安全生产法》第八十二条第二款 危险物品的生产、经营、储存、运输单位以及矿山、金属冶炼、城市轨道交通运营、建筑施工单位应当配备必要的应急救援器材、设备和物资，并进行经常性维护、保养，保证正常运转。

2. 作出处罚决定的依据：

《安全生产违法行为行政处罚办法》第四十六条 危险物品的生产、经营、储存单位以及矿山、金属冶炼单位有下列行为之一的，责令改正，并可以处1万元以上3万元以下的罚款：

（二）未配备必要的应急救援器材、设备和物资，并进行经常性维护、保养，保证正常运转的。

3. 实施主体：

煤矿安全监管监察部门。

4. 具体标准：

可以处1万元以上3万元以下的罚款。

第一百二十九条 煤矿未按照规定开展风险辨识的违法行为

1. 认定违法行为的依据：

《生产安全事故应急预案管理办法》第十条 编制应急预案前，编制单位应当进行事故风险辨识、评估和应急资源调查。

事故风险辨识、评估，是指针对不同事故种类及特点，识别存在的危险危害因素，分析事故可能产生的直接后果以及次生、衍生后果，评估各种后果的危害程度和影响范围，提出防范和控制事故风险措施的过程。

应急资源调查，是指全面调查本地区、本单位第一时间可以调用的应急资源状况和合作区域内可以请求援助的应急资源状况，并结合事故风险辨识评估结论制定应急措施的过程。

2. 作出处罚决定的依据：

《生产安全事故应急预案管理办法》第四十五条 生产经营单位有下列情形之一的，由县级以上人民政府应急管理部门责令限期改正，可以处1万元以上3万元以下罚款：

（一）在应急预案编制前未按照规定开展风险辨识、评估和应急资源调查的。

3. 实施主体：

煤矿安全监管监察部门。

4. 具体标准：
可以处 1 万元以上 3 万元以下罚款。

第一百三十条　煤矿未按照规定开展风险评估的违法行为
1. 认定违法行为的依据：
《生产安全事故应急预案管理办法》第十条　编制应急预案前，编制单位应当进行事故风险辨识、评估和应急资源调查。

事故风险辨识、评估，是指针对不同事故种类及特点，识别存在的危险危害因素，分析事故可能产生的直接后果以及次生、衍生后果，评估各种后果的危害程度和影响范围，提出防范和控制事故风险措施的过程。

应急资源调查，是指全面调查本地区、本单位第一时间可以调用的应急资源状况和合作区域内可以请求援助的应急资源状况，并结合事故风险辨识评估结论制定应急措施的过程。

2. 作出处罚决定的依据：
《生产安全事故应急预案管理办法》第四十五条　生产经营单位有下列情形之一的，由县级以上人民政府应急管理部门责令限期改正，可以处 1 万元以上 3 万元以下罚款：

（一）在应急预案编制前未按照规定开展风险辨识、评估和应急资源调查的。

3. 实施主体：
煤矿安全监管监察部门。

4. 具体标准：
可以处 1 万元以上 3 万元以下罚款。

第一百三十一条　煤矿未按照规定开展应急资源调查的违法行为
1. 认定违法行为的依据：
《生产安全事故应急预案管理办法》第十条　编制应急预案前，编制单位应当进行事故风险辨识、评估和应急资源调查。

事故风险辨识、评估，是指针对不同事故种类及特点，识别存在的危险危害因素，分析事故可能产生的直接后果以及次生、衍生后果，评估各种后果的危害程度和影响范围，提出防范和控制事故风险措施的过程。

应急资源调查，是指全面调查本地区、本单位第一时间可以调用的应急资源状况和合作区域内可以请求援助的应急资源状况，并结合事故风险辨识评估结论制定应急措施的过程。

2. 作出处罚决定的依据：

《生产安全事故应急预案管理办法》第四十五条　生产经营单位有下列情形之一的，由县级以上人民政府应急管理部门责令限期改正，可以处1万元以上3万元以下罚款：

（一）在应急预案编制前未按照规定开展风险辨识、评估和应急资源调查的。

3. 实施主体：

煤矿安全监管监察部门。

4. 具体标准：

可以处1万元以上3万元以下罚款。

第一百三十二条　煤矿未按照规定开展应急预案评审的违法行为

1. 认定违法行为的依据：

《生产安全事故应急预案管理办法》第二十一条　矿山、金属冶炼企业和易燃易爆物品、危险化学品的生产、经营（带储存设施的，下同）、储存、运输企业，以及使用危险化学品达到国家规定数量的化工企业、烟花爆竹生产、批发经营企业和中型规模以上的其他生产经营单位，应当对本单位编制的应急预案进行评审，并形成书面评审纪要。

2. 作出处罚决定的依据：

《生产安全事故应急预案管理办法》第四十五条　生产经营单位有下列情形之一的，由县级以上人民政府应急管理部门责令限期改正，可以处1万元以上3万元以下罚款：

（二）未按照规定开展应急预案评审的。

3. 实施主体：

煤矿安全监管监察部门。

4. 具体标准：

可以处1万元以上3万元以下罚款。

第一百三十三条　煤矿未将事故风险的性质、影响范围和应急防范措施告知周边单位和人员的违法行为

1. 认定违法行为的依据：

《生产安全事故应急预案管理办法》第二十四条第二款　事故风险可能影响周边其他单位、人员的，生产经营单位应当将有关事故风险的性质、影响范围和应急防范措施告知周边的其他单位和人员。

2. 作出处罚决定的依据：

《生产安全事故应急预案管理办法》第四十五条　生产经营单位有下列情形之一的，由县级以上人民政府应急管理部门责令限期改正，可以处 1 万元以上 3 万元以下罚款：

（三）事故风险可能影响周边单位、人员的，未将事故风险的性质、影响范围和应急防范措施告知周边单位和人员的。

3. 实施主体：

煤矿安全监管监察部门。

4. 具体标准：

可以处 1 万元以上 3 万元以下罚款。

5. 适用说明：

"未将事故风险的性质、影响范围和应急防范措施告知周边单位和人员的违法行为"包括三种违法行为：①未将事故风险的性质告知周边单位和人员；②未将事故风险的影响范围告知周边单位和人员；③未将事故风险的应急防范措施告知周边单位和人员。

第一百三十四条　煤矿未按照规定开展应急预案评估的违法行为

1. 认定违法行为的依据：

《生产安全事故应急预案管理办法》第三十五条　应急预案编制单位应当建立应急预案定期评估制度，对预案内容的针对性和实用性进行分析，并对应急预案是否需要修订作出结论。

矿山、金属冶炼、建筑施工企业和易燃易爆物品、危险化学品等危险物品的生产、经营、储存、运输企业、使用危险化学品达到国家规定数量的化工企业、烟花爆竹生产、批发经营企业和中型规模以上的其他生产经营单位，应当每三年进行一次应急预案评估。

应急预案评估可以邀请相关专业机构或者有关专家、有实际应急救援工作经验的人员参加，必要时可以委托安全生产技术服务机构实施。

2. 作出处罚决定的依据：

《生产安全事故应急预案管理办法》第四十五条　生产经营单位有下列情形之一的，由县级以上人民政府应急管理部门责令限期改正，可以处 1 万元以上 3 万元以下罚款：

（四）未按照规定开展应急预案评估的。

3. 实施主体：

煤矿安全监管监察部门。

4. 具体标准：

可以处 1 万元以上 3 万元以下罚款。

第一百三十五条 煤矿未按照规定进行应急预案修订的违法行为

1. 认定违法行为的依据：

《生产安全事故应急预案管理办法》第三十六条 有下列情形之一的，应急预案应当及时修订并归档：

（一）依据的法律、法规、规章、标准及上位预案中的有关规定发生重大变化的；

（二）应急指挥机构及其职责发生调整的；

（三）安全生产面临的风险发生重大变化的；

（四）重要应急资源发生重大变化的；

（五）在应急演练和事故应急救援中发现需要修订预案的重大问题的；

（六）编制单位认为应当修订的其他情况。

2. 作出处罚决定的依据：

《生产安全事故应急预案管理办法》第四十五条 生产经营单位有下列情形之一的，由县级以上人民政府应急管理部门责令限期改正，可以处 1 万元以上 3 万元以下罚款：

（五）未按照规定进行应急预案修订的。

3. 实施主体：

煤矿安全监管监察部门。

4. 具体标准：

可以处 1 万元以上 3 万元以下罚款。

5. 适用说明：

应急预案应当及时修订并归档的情形众多，因一种或者多种情形应修订而未及时修订并归档的，属于一个违法行为。

第一百三十六条 煤矿未落实应急预案规定的应急物资及装备的违法行为

1. 认定违法行为的依据：

《生产安全事故应急预案管理办法》第三十八条 生产经营单位应当按照应急预案的规定，落实应急指挥体系、应急救援队伍、应急物资及装备，建立应急物资、装备配备及其使用档案，并对应急物资、装备进行定期检测和维护，使其处于适用状态。

2. 作出处罚决定的依据：

《生产安全事故应急预案管理办法》第四十五条　生产经营单位有下列情形之一的，由县级以上人民政府应急管理部门责令限期改正，可以处 1 万元以上 3 万元以下罚款：

（六）未落实应急预案规定的应急物资及装备的。

3. 实施主体：

煤矿安全监管监察部门。

4. 具体标准：

可以处 1 万元以上 3 万元以下罚款。

5. 适用说明：

"未落实应急预案规定的应急物资及装备的违法行为"包括两种违法行为：①未落实应急预案规定的应急物资；②未落实应急预案规定的应急装备。

第一百三十七条　煤矿未按照规定对从业人员、被派遣劳动者、实习学生进行安全生产教育和培训的违法行为

1. 认定违法行为的依据：

《安全生产法》第二十八条　生产经营单位应当对从业人员进行安全生产教育和培训，保证从业人员具备必要的安全生产知识，熟悉有关的安全生产规章制度和安全操作规程，掌握本岗位的安全操作技能，了解事故应急处理措施，知悉自身在安全生产方面的权利和义务。未经安全生产教育和培训合格的从业人员，不得上岗作业。

生产经营单位使用被派遣劳动者的，应当将被派遣劳动者纳入本单位从业人员统一管理，对被派遣劳动者进行岗位安全操作规程和安全操作技能的教育和培训。劳务派遣单位应当对被派遣劳动者进行必要的安全生产教育和培训。

2. 作出处罚决定的依据：

《安全生产法》第九十七条　生产经营单位有下列行为之一的，责令限期改正，处十万元以下的罚款；逾期未改正的，责令停产停业整顿，并处十万元以上二十万元以下的罚款，对其直接负责的主管人员和其他直接责任人员处二万元以上五万元以下的罚款：

（三）未按照规定对从业人员、被派遣劳动者、实习学生进行安全生产教育和培训，或者未按照规定如实告知有关的安全生产事项的。

3. 实施主体：

煤矿安全监管监察部门。

4. 裁量阶次、适用条件和具体标准：

（1）第一阶次

适用条件：有3名以下从业人员、被派遣劳动者、实习学生未按照规定进行安全生产教育和培训的。

具体标准：处三万元以下的罚款。

（2）第二阶次

适用条件：有3名以上5名以下从业人员、被派遣劳动者、实习学生未按照规定进行安全生产教育和培训的。

具体标准：处三万元以上七万元以下的罚款。

（3）第三阶次

适用条件：有5名以上从业人员、被派遣劳动者、实习学生未按照规定进行安全生产教育和培训的。

具体标准：处七万元以上十万元以下的罚款。

5. 适用说明：

（1）从业人员、劳务派遣人员和实习学生属于不同的培训对象，《安全生产法》第二十八条、第九十七条并未明确将劳务派遣人员、实习学生纳入从业人员的范围。因此，生产经营单位未对从业人员、劳务派遣人员和实习学生进行教育培训的，属于三种不同的违法行为，应当分别裁量、合并处罚。

（2）《国务院关于预防煤矿生产安全事故的特别规定》第十六条第二款规定："县级以上地方人民政府负责煤矿安全生产监督管理的部门应当对煤矿井下作业人员的安全生产教育和培训情况进行监督检查；煤矿安全监察机构应当对煤矿特种作业人员持证上岗情况进行监督检查。发现煤矿企业未依照国家有关规定对井下作业人员进行安全生产教育和培训或者特种作业人员无证上岗的，应当责令限期改正，处10万元以上50万元以下的罚款；逾期未改正的，责令停产整顿。"该规定与《安全生产法》的规定冲突，以《安全生产法》为准。

（3）未对从业人员进行应急教育和培训的，属于《安全生产法》第九十七条"未按照规定对从业人员、被派遣劳动者、实习学生进行安全生产教育和培训"的具体表现。

第一百三十八条　煤矿逾期未改正未按照规定对从业人员、被派遣劳动者、实习学生进行安全生产教育和培训的违法行为

1. 认定违法行为的依据：

《安全生产法》第九十七条　生产经营单位有下列行为之一的，责令限期改正，处十万元以下的罚款；逾期未改正的，责令停产停业整顿，并处十万元以上二十万元以下的罚款，对其直接负责的主管人员和其他直接责任人员处二万元以上五万元以下的罚款：

（三）未按照规定对从业人员、被派遣劳动者、实习学生进行安全生产教育和培训，或者未按照规定如实告知有关的安全生产事项的。

2. 作出处罚决定的依据：

《安全生产法》第九十七条　生产经营单位有下列行为之一的，责令限期改正，处十万元以下的罚款；逾期未改正的，责令停产停业整顿，并处十万元以上二十万元以下的罚款，对其直接负责的主管人员和其他直接责任人员处二万元以上五万元以下的罚款：

（三）未按照规定对从业人员、被派遣劳动者、实习学生进行安全生产教育和培训，或者未按照规定如实告知有关的安全生产事项的。

3. 实施主体：

煤矿安全监管监察部门。

4. 裁量阶次、适用条件和具体标准：

责令停产停业整顿，同时按照下列基准对煤矿、其直接负责的主管人员和其他直接责任人员进行处罚：

(1) 第一阶次

适用条件：逾期未改正3名以下从业人员、被派遣劳动者、实习学生未按照规定进行安全生产教育和培训的。

具体标准：对煤矿处十万元以上十三万元以下的罚款，对直接负责的主管人员和其他直接责任人员处二万元以上三万元以下的罚款。

(2) 第二阶次

适用条件：逾期未改正3名以上5名以下从业人员、被派遣劳动者、实习学生未按照规定进行安全生产教育和培训的。

具体标准：对煤矿处十三万元以上十七万元以下的罚款，对直接负责的主管人员和其他直接责任人员处三万元以上四万元以下的罚款。

(3) 第三阶次

适用条件：逾期未改正5名以上从业人员、被派遣劳动者、实习学生未按照规定进行安全生产教育和培训的。

具体标准：对煤矿处十七万元以上二十万元以下的罚款，对直接负责的主管人员和其他直接责任人员处四万元以上五万元以下的罚款。

5. 适用说明：

逾期未改正其中一个违法行为的，按照逾期未改正一个违法行为进行处罚；逾期未改正两个以上违法行为的，按照逾期未改正的违法行为的个数确定违法行为的数量。

第一百三十九条　煤矿未按照规定如实告知有关的安全生产事项的违法行为

1. 认定违法行为的依据：

《安全生产法》第四十四条　生产经营单位应当教育和督促从业人员严格执行本单位的安全生产规章制度和安全操作规程；并向从业人员如实告知作业场所和工作岗位存在的危险因素、防范措施以及事故应急措施。

2. 作出处罚决定的依据：

《安全生产法》第九十七条　生产经营单位有下列行为之一的，责令限期改正，处十万元以下的罚款；逾期未改正的，责令停产停业整顿，并处十万元以上二十万元以下的罚款，对其直接负责的主管人员和其他直接责任人员处二万元以上五万元以下的罚款：

（三）未按照规定对从业人员、被派遣劳动者、实习学生进行安全生产教育和培训，或者未按照规定如实告知有关的安全生产事项的。

3. 实施主体：

煤矿安全监管监察部门。

4. 裁量阶次、适用条件和具体标准：

（1）第一阶次

适用条件：未按照规定向从业人员告知部分安全生产事项的。

具体标准：处三万元以下的罚款。

（2）第二阶次

适用条件：未按照规定向从业人员告知安全生产事项的。

具体标准：处三万元以上七万元以下的罚款。

（3）第三阶次

适用条件：生产经营单位故意隐瞒未告知安全生产事项的，或者提供虚假信息隐瞒未告知安全生产事项的。

具体标准：处七万元以上十万元以下的罚款。

第一百四十条　煤矿逾期未改正未按照规定如实告知有关的安全生产事项的违法行为

1. 认定违法行为的依据：

《安全生产法》第四十四条　生产经营单位应当教育和督促从业人员严格执行本单位的安全生产规章制度和安全操作规程；并向从业人员如实告知作业场所和工作岗位存在的危险因素、防范措施以及事故应急措施。

2. 作出处罚决定的依据：

《安全生产法》第九十七条　生产经营单位有下列行为之一的，责令限期改正，处十万元以下的罚款；逾期未改正的，责令停产停业整顿，并处十万元以上二十万元以下的罚款，对其直接负责的主管人员和其他直接责任人员处二万元以上五万元以下的罚款；

（三）未按照规定对从业人员、被派遣劳动者、实习学生进行安全生产教育和培训，或者未按照规定如实告知有关的安全生产事项的。

3. 实施主体：

煤矿安全监管监察部门。

4. 裁量阶次、适用条件和具体标准：

责令停产停业整顿，同时按照下列基准对煤矿、其直接负责的主管人员和其他直接责任人员进行处罚：

（1）第一阶次

适用条件：逾期未改正未按照规定向从业人员告知部分安全生产事项的。

具体标准：对煤矿处十万元以上十三万元以下的罚款，对直接负责的主管人员和其他直接责任人员处二万元以上三万元以下的罚款。

（2）第二阶次

适用条件：逾期未改正未按照规定向从业人员告知安全生产事项的。

具体标准：对煤矿处十三万元以上十七万元以下的罚款，对直接负责的主管人员和其他直接责任人员处三万元以上四万元以下的罚款。

（3）第三阶次

适用条件：逾期未改正生产经营单位故意隐瞒未告知安全生产事项的，或者提供虚假信息隐瞒未告知安全生产事项的。

具体标准：对煤矿处十七万元以上二十万元以下的罚款，对直接负责的主管人员和其他直接责任人员处四万元以上五万元以下的罚款。

第一百四十一条 逾期未改正未免费为每位职工发放煤矿职工安全手册的违法行为

1. 认定违法行为的依据：

《国务院关于预防煤矿生产安全事故的特别规定》第二十二条 煤矿企业应当免费为每位职工发放煤矿职工安全手册。煤矿职工安全手册应当载明职工的权利、义务，煤矿重大安全生产隐患的情形和应急保护措施、方法以及安全生产隐患和违法行为的举报电话、受理部门。

煤矿企业没有为每位职工发放符合要求的职工安全手册的，由县级以上地方人民政府负责煤矿安全生产监督管理的部门或者煤矿安全监察机构责令限期改正；逾期未改正的，处5万元以下的罚款。

2. 作出处罚决定的依据：

《国务院关于预防煤矿生产安全事故的特别规定》第二十二条 煤矿企业应当免费为每位职工发放煤矿职工安全手册。煤矿职工安全手册应当载明职工的权利、义务，煤矿重大安全生产隐患的情形和应急保护措施、方法以及安全生产隐患和违法行为的举报电话、受理部门。

煤矿企业没有为每位职工发放符合要求的职工安全手册的，由县级以上地方人民政府负责煤矿安全生产监督管理的部门或者煤矿安全监察机构责令限期改正；逾期未改正的，处5万元以下的罚款。

3. 实施主体：

煤矿安全监管监察部门。

4. 具体标准：

处5万元以下的罚款。

第一百四十二条 煤矿未如实记录安全生产教育和培训情况的违法行为

1. 认定违法行为的依据：

《安全生产法》第二十八条第四款 生产经营单位应当建立安全生产教育和培训档案，如实记录安全生产教育和培训的时间、内容、参加人员以及考核结果等情况。

2. 作出处罚决定的依据：

《安全生产法》第九十七条 生产经营单位有下列行为之一的，责令限期改正，处十万元以下的罚款；逾期未改正的，责令停产停业整顿，并处十万元以上二十万元以下的罚款，对其直接负责的主管人员和其他直接责任人员处二万元以上五万元以下的罚款：

（四）未如实记录安全生产教育和培训情况的。

3. 实施主体：

煤矿安全监管监察部门。

4. 裁量阶次、适用条件和具体标准：

（1）第一阶次

适用条件：存在不实记录1人次的。

具体标准：处三万元以下的罚款。

（2）第二阶次

适用条件：存在不实记录2人次的。

具体标准：处三万元以上七万元以下的罚款。

（3）第三阶次

适用条件：存在不实记录 3 人次以上的。
具体标准：处七万元以上十万元以下的罚款。

5. 适用说明：

如果生产经营单位未进行教育培训，由此而无记录，依照"未按照规定对从业人员、被派遣劳动者、实习学生进行安全生产教育和培训的违法行为"处罚。

第一百四十三条 煤矿逾期未改正未如实记录安全生产教育和培训情况的违法行为

1. 认定违法行为的依据：

《安全生产法》第九十七条 生产经营单位有下列行为之一的，责令限期改正，处十万元以下的罚款；逾期未改正的，责令停产停业整顿，并处十万元以上二十万元以下的罚款，对其直接负责的主管人员和其他直接责任人员处二万元以上五万元以下的罚款：

（四）未如实记录安全生产教育和培训情况的。

2. 作出处罚决定的依据：

《安全生产法》第九十七条 生产经营单位有下列行为之一的，责令限期改正，处十万元以下的罚款；逾期未改正的，责令停产停业整顿，并处十万元以上二十万元以下的罚款，对其直接负责的主管人员和其他直接责任人员处二万元以上五万元以下的罚款：

（四）未如实记录安全生产教育和培训情况的。

3. 实施主体：

煤矿安全监管监察部门。

4. 裁量阶次、适用条件和具体标准：

责令停产停业整顿，同时按照下列基准对煤矿、其直接负责的主管人员和其他直接责任人员进行处罚：

（1）第一阶次

适用条件：逾期未改正存在的不实记录 1 人次的。
具体标准：对煤矿处十万元以上十三万元以下的罚款，对直接负责的主管人员和其他直接责任人员处二万元以上三万元以下的罚款。

（2）第二阶次

适用条件：逾期未改正存在的不实记录 2 人次的。
具体标准：对煤矿处十三万元以上十七万元以下的罚款，对直接负责的主管人员和其他直接责任人员处三万元以上四万元以下的罚款。

(3) 第三阶次

适用条件：逾期未改正存在的不实记录 3 人次以上的。

具体标准：对煤矿处十七万元以上二十万元以下的罚款，对直接负责的主管人员和其他直接责任人员处四万元以上五万元以下的罚款。

第一百四十四条　煤矿企业被发现 1 个月内 3 次或者 3 次以上未依照国家有关规定对井下作业人员进行安全生产教育和培训或者特种作业人员无证上岗的违法行为

1. 认定违法行为的依据：

《国务院关于预防煤矿生产安全事故的特别规定》第十七条　县级以上地方人民政府负责煤矿安全生产监督管理的部门、煤矿安全监察机构在监督检查中，1 个月内 3 次或者 3 次以上发现煤矿企业未依照国家有关规定对井下作业人员进行安全生产教育和培训或者特种作业人员无证上岗的，应当提请有关地方人民政府对该煤矿予以关闭。

2. 作出处罚决定的依据：

《国务院关于预防煤矿生产安全事故的特别规定》第十七条　县级以上地方人民政府负责煤矿安全生产监督管理的部门、煤矿安全监察机构在监督检查中，1 个月内 3 次或者 3 次以上发现煤矿企业未依照国家有关规定对井下作业人员进行安全生产教育和培训或者特种作业人员无证上岗的，应当提请有关地方人民政府对该煤矿予以关闭。

3. 实施主体：

煤矿安全监管监察部门。

4. 具体标准：

应当提请有关地方人民政府对该煤矿予以关闭。

第一百四十五条　煤矿特种作业人员未按照规定经专门的安全作业培训并取得相应资格上岗作业的违法行为

1. 认定违法行为的依据：

《安全生产法》第三十条　生产经营单位的特种作业人员必须按照国家有关规定经专门的安全作业培训，取得相应资格，方可上岗作业。

特种作业人员的范围由国务院应急管理部门会同国务院有关部门确定。

2. 作出处罚决定的依据：

《安全生产法》第九十七条　生产经营单位有下列行为之一的，责令限期改正，处十万元以下的罚款；逾期未改正的，责令停产停业整顿，并处十万元以上

二十万元以下的罚款,对其直接负责的主管人员和其他直接责任人员处二万元以上五万元以下的罚款;

(七)特种作业人员未按照规定经专门的安全作业培训并取得相应资格,上岗作业的。

3. 实施主体:

煤矿安全监管监察部门。

4. 裁量阶次、适用条件和具体标准:

(1)第一阶次

适用条件:有1名特种作业人员未按照规定经专门的安全作业培训取得特种作业操作资格证书的。

具体标准:处三万元以下的罚款。

(2)第二阶次

适用条件:有2名特种作业人员未按照规定经专门的安全作业培训取得特种作业操作资格证书的。

具体标准:处三万元以上七万元以下的罚款。

(3)第三阶次

适用条件:有3名以上特种作业人员未按照规定经专门的安全作业培训取得特种作业操作资格证书的。

具体标准:处七万元以上十万元以下的罚款。

第一百四十六条 煤矿未建立健全特种作业人员档案的违法行为

1. 认定违法行为的依据:

《安全生产法》第二十八条第四款 生产经营单位应当建立安全生产教育和培训档案,如实记录安全生产教育和培训的时间、内容、参加人员以及考核结果等情况。

《特种作业人员安全技术培训考核管理规定》第三十四条 生产经营单位应当加强对本单位特种作业人员的管理,建立健全特种作业人员培训、复审档案,做好申报、培训、考核、复审的组织工作和日常的检查工作。

2. 作出处罚决定的依据:

《特种作业人员安全技术培训考核管理规定》第三十八条 生产经营单位未建立健全特种作业人员档案的,给予警告,并处1万元以下的罚款。

3. 实施主体:

煤矿安全监管监察部门。

4. 具体标准:

给予警告,并处 1 万元以下的罚款。

第一百四十七条 煤矿企业非法印制、伪造、倒卖特种作业操作证,或者使用非法印制、伪造、倒卖的特种作业操作证的违法行为

1. 认定违法行为的依据:

《特种作业人员安全技术培训考核管理规定》第三十六条第一款 生产经营单位不得印制、伪造、倒卖特种作业操作证,或者使用非法印制、伪造、倒卖的特种作业操作证。

2. 作出处罚决定的依据:

《特种作业人员安全技术培训考核管理规定》第四十条第一款 生产经营单位非法印制、伪造、倒卖特种作业操作证,或者使用非法印制、伪造、倒卖的特种作业操作证的,给予警告,并处 1 万元以上 3 万元以下的罚款;构成犯罪的,依法追究刑事责任。

3. 实施主体:

煤矿安全监管监察部门。

4. 具体标准:

给予警告,并处 1 万元以上 3 万元以下的罚款。

5. 适用说明:

"非法印制、伪造、倒卖特种作业操作证,或者使用非法印制、伪造、倒卖的特种作业操作证的违法行为"包括四种违法行为:①非法印制特种作业操作证;②伪造特种作业操作证;③倒卖特种作业操作证;④使用非法印制、伪造、倒卖的特种作业操作证。上述违法行为,应当分别裁量、合并处罚。

第一百四十八条 煤矿特种作业人员伪造、涂改特种作业操作证或者使用伪造的特种作业操作证的违法行为

1. 认定违法行为的依据:

《特种作业人员安全技术培训考核管理规定》第三十六条第二款 特种作业人员不得伪造、涂改、转借、转让、冒用特种作业操作证或者使用伪造的特种作业操作证。

2. 作出处罚决定的依据:

《特种作业人员安全技术培训考核管理规定》第四十一条第二款 特种作业人员转借、转让、冒用特种作业操作证的,给予警告,并处 2000 元以上 1 万元以下的罚款。

3. 实施主体:

煤矿安全监管监察部门。

4. 具体标准：

给予警告，并处 2000 元以上 1 万元以下的罚款。

5. 适用说明：

"特种作业人员伪造、涂改特种作业操作证或者使用伪造的特种作业操作证的违法行为"包括三种违法行为：①特种作业人员转借特种作业操作证；②特种作业人员转让特种作业操作证；③特种作业人员冒用特种作业操作证。

第一百四十九条 煤矿从业人员进行安全培训期间生产经营单位未支付工资并承担安全培训费用的违法行为

1. 认定违法行为的依据：

《生产经营单位安全培训规定》第二十三条 生产经营单位安排从业人员进行安全培训期间，应当支付工资和必要的费用。

2. 作出处罚决定的依据：

《生产经营单位安全培训规定》第二十九条 生产经营单位有下列行为之一的，由安全生产监管监察部门责令其限期改正，可以处 1 万元以上 3 万元以下的罚款：

（二）从业人员进行安全培训期间未支付工资并承担安全培训费用的。

3. 实施主体：

煤矿安全监管监察部门。

4. 具体标准：

可以处 1 万元以上 3 万元以下的罚款。

第一百五十条 煤矿未将安全培训工作纳入本单位工作计划并保证安全培训工作所需资金的违法行为

1. 认定违法行为的依据：

《生产经营单位安全培训规定》第二十一条 生产经营单位应当将安全培训工作纳入本单位年度工作计划。保证本单位安全培训工作所需资金。

生产经营单位的主要负责人负责组织制定并实施本单位安全培训计划。

2. 作出处罚决定的依据：

《生产经营单位安全培训规定》第二十九条 生产经营单位有下列行为之一的，由安全生产监管监察部门责令其限期改正，可以处 1 万元以上 3 万元以下的罚款：

（一）未将安全培训工作纳入本单位工作计划并保证安全培训工作所需资

金的。

3. 实施主体：

煤矿安全监管监察部门。

4. 具体标准：

可以处1万元以上3万元以下的罚款。

5. 适用说明：

未将安全培训工作纳入本单位工作计划的和未保证安全培训工作所需资金的，属于两个不同的违法行为，应当分别裁量、合并处罚。

第一百五十一条 煤矿未建立安全培训管理制度的违法行为

1. 认定违法行为的依据：

《煤矿安全培训规定》第六条 煤矿企业应当建立完善安全培训管理制度，制定年度安全培训计划，明确负责安全培训工作的机构，配备专职或者兼职安全培训管理人员，按照国家规定的比例提取教育培训经费。其中，用于安全培训的资金不得低于教育培训经费总额的百分之四十。

《安全生产法》第二十一条 生产经营单位的主要负责人对本单位安全生产工作负有下列职责：

（二）组织制定并实施本单位安全生产规章制度和操作规程；

（三）组织制定并实施本单位安全生产教育和培训计划。

2. 作出处罚决定的依据：

《煤矿安全培训规定》第四十八条 煤矿安全培训主管部门或者煤矿安全监察机构发现煤矿企业有下列行为之一的，责令其限期改正，可以处一万元以上三万元以下的罚款：

（一）未建立安全培训管理制度或者未制定年度安全培训计划的。

《安全生产法》第九十四条 生产经营单位的主要负责人未履行本法规定的安全生产管理职责的，责令限期改正，处二万元以上五万元以下的罚款；逾期未改正的，处五万元以上十万元以下的罚款，责令生产经营单位停产停业整顿。

生产经营单位的主要负责人有前款违法行为，导致发生生产安全事故的，给予撤职处分；构成犯罪的，依照刑法有关规定追究刑事责任。

生产经营单位的主要负责人依照前款规定受刑事处罚或者撤职处分的，自刑罚执行完毕或者受处分之日起，五年内不得担任任何生产经营单位的主要负责人；对重大、特别重大生产安全事故负有责任的，终身不得担任本行业生产经营单位的主要负责人。

3. 实施主体：

煤矿安全监管监察部门。

4. 具体标准：

对煤矿可以处一万元以上三万元以下的罚款；对主要负责人依据《安全生产法》第九十四条处二万元以上五万元以下的罚款。

5. 适用说明：

对主要负责人罚款的自由裁量基准依据"煤矿主要负责人未履行《安全生产法》规定的职责的违法行为"的自由裁量基准。

第一百五十二条 煤矿未制定年度安全培训计划的违法行为

1. 认定违法行为的依据：

《煤矿安全培训规定》第六条 煤矿企业应当建立完善安全培训管理制度，制定年度安全培训计划，明确负责安全培训工作的机构，配备专职或者兼职安全培训管理人员，按照国家规定的比例提取教育培训经费。其中，用于安全培训的资金不得低于教育培训经费总额的百分之四十。

《安全生产法》第二十一条 生产经营单位的主要负责人对本单位安全生产工作负有下列职责：

（二）组织制定并实施本单位安全生产规章制度和操作规程；

（三）组织制定并实施本单位安全生产教育和培训计划。

2. 作出处罚决定的依据：

《煤矿安全培训规定》第四十八条 煤矿安全培训主管部门或者煤矿安全监察机构发现煤矿企业有下列行为之一的，责令其限期改正，可以处一万元以上三万元以下的罚款：

（一）未建立安全培训管理制度或者未制定年度安全培训计划的。

《安全生产法》第九十四条 生产经营单位的主要负责人未履行本法规定的安全生产管理职责的，责令限期改正，处二万元以上五万元以下的罚款；逾期未改正的，处五万元以上十万元以下的罚款，责令生产经营单位停产停业整顿。

生产经营单位的主要负责人有前款违法行为，导致发生生产安全事故的，给予撤职处分；构成犯罪的，依照刑法有关规定追究刑事责任。

生产经营单位的主要负责人依照前款规定受刑事处罚或者撤职处分的，自刑罚执行完毕或者受处分之日起，五年内不得担任任何生产经营单位的主要负责人；对重大、特别重大生产安全事故负有责任的，终身不得担任本行业生产经营单位的主要负责人。

3. 实施主体：

煤矿安全监管监察部门。

4. 具体标准：

对煤矿可以处一万元以上三万元以下的罚款；对主要负责人依据《安全生产法》第九十四条处二万元以上五万元以下的罚款。

5. 适用说明：

对主要负责人罚款的自由裁量基准依据"煤矿主要负责人未履行《安全生产法》规定的职责的违法行为"的自由裁量基准。

第一百五十三条　煤矿未明确负责安全培训工作的机构的违法行为

1. 认定违法行为的依据：

《煤矿安全培训规定》第六条　煤矿企业应当建立完善安全培训管理制度，制定年度安全培训计划，明确负责安全培训工作的机构，配备专职或者兼职安全培训管理人员，按照国家规定的比例提取教育培训经费。其中，用于安全培训的资金不得低于教育培训经费总额的百分之四十。

2. 作出处罚决定的依据：

《煤矿安全培训规定》第四十八条　煤矿安全培训主管部门或者煤矿安全监察机构发现煤矿企业有下列行为之一的，责令其限期改正，可以处一万元以上三万元以下的罚款：

（二）未明确负责安全培训工作的机构，或者未配备专兼职安全培训管理人员的。

3. 实施主体：

煤矿安全监管监察部门。

4. 具体标准：

可以处一万元以上三万元以下的罚款。

第一百五十四条　煤矿未配备专兼职安全培训管理人员的违法行为

1. 认定违法行为的依据：

《煤矿安全培训规定》第六条　煤矿企业应当建立完善安全培训管理制度，制定年度安全培训计划，明确负责安全培训工作的机构，配备专职或者兼职安全培训管理人员，按照国家规定的比例提取教育培训经费。其中，用于安全培训的资金不得低于教育培训经费总额的百分之四十。

2. 作出处罚决定的依据：

《煤矿安全培训规定》第四十八条　煤矿安全培训主管部门或者煤矿安全监察机构发现煤矿企业有下列行为之一的，责令其限期改正，可以处一万元以上三万元以下的罚款：

（二）未明确负责安全培训工作的机构，或者未配备专兼职安全培训管理人员的。

3. 实施主体：

煤矿安全监管监察部门。

4. 具体标准：

可以处一万元以上三万元以下的罚款。

第一百五十五条　煤矿用于安全培训的资金不符合《煤矿安全培训规定》的违法行为

1. 认定违法行为的依据：

《煤矿安全培训规定》第六条　煤矿企业应当建立完善安全培训管理制度，制定年度安全培训计划，明确负责安全培训工作的机构，配备专职或者兼职安全培训管理人员，按照国家规定的比例提取教育培训经费。其中，用于安全培训的资金不得低于教育培训经费总额的百分之四十。

2. 作出处罚决定的依据：

《煤矿安全培训规定》第四十八条　煤矿安全培训主管部门或者煤矿安全监察机构发现煤矿企业有下列行为之一的，责令其限期改正，可以处一万元以上三万元以下的罚款：

（三）用于安全培训的资金不符合本规定的。

3. 实施主体：

煤矿安全监管监察部门。

4. 具体标准：

可以处一万元以上三万元以下的罚款。

第一百五十六条　煤矿未按照统一的培训大纲组织培训的违法行为

1. 认定违法行为的依据：

《煤矿安全培训规定》第二十三条　国家煤矿安全监察局组织制定煤矿特种作业人员培训大纲和考核标准，建立统一的考试题库。

《煤矿安全培训规定》第二十五条　煤矿特种作业人员在参加资格考试前应当按照规定的培训大纲进行安全生产知识和实际操作能力的专门培训。其中，初次培训的时间不得少于九十学时。

《煤矿安全培训规定》第三十四条　省级煤矿安全培训主管部门负责制定煤矿企业其他从业人员安全培训大纲和考核标准。

2. 作出处罚决定的依据：

《煤矿安全培训规定》第四十八条　煤矿安全培训主管部门或者煤矿安全监察机构发现煤矿企业有下列行为之一的,责令其限期改正,可以处一万元以上三万元以下的罚款:

(四)未按照统一的培训大纲组织培训的。

3. 实施主体:

煤矿安全监管监察部门。

4. 具体标准:

可以处一万元以上三万元以下的罚款。

第一百五十七条　煤矿不具备安全培训条件进行自主培训的违法行为

1. 认定违法行为的依据:

《煤矿安全培训规定》第七条　对从业人员的安全技术培训,具备《安全培训机构基本条件》(AQ/T 8011)规定的安全培训条件的煤矿企业应当以自主培训为主,也可以委托具备安全培训条件的机构进行安全培训。

不具备安全培训条件的煤矿企业应当委托具备安全培训条件的机构进行安全培训。

从事煤矿安全培训的机构,应当将教师、教学和实习与实训设施等情况书面报告所在地省级煤矿安全培训主管部门。

2. 作出处罚决定的依据:

《煤矿安全培训规定》第四十八条　煤矿安全培训主管部门或者煤矿安全监察机构发现煤矿企业有下列行为之一的,责令其限期改正,可以处一万元以上三万元以下的罚款:

(五)不具备安全培训条件进行自主培训,或者委托不具备安全培训条件机构进行培训的。

3. 实施主体:

煤矿安全监管监察部门。

4. 具体标准:

可以处一万元以上三万元以下的罚款。

第一百五十八条　煤矿委托不具备安全培训条件机构进行培训的违法行为

1. 认定违法行为的依据:

《煤矿安全培训规定》第七条　对从业人员的安全技术培训,具备《安全培训机构基本条件》(AQ/T 8011)规定的安全培训条件的煤矿企业应当以自主培训为主,也可以委托具备安全培训条件的机构进行安全培训。

不具备安全培训条件的煤矿企业应当委托具备安全培训条件的机构进行安全培训。

从事煤矿安全培训的机构，应当将教师、教学和实习与实训设施等情况书面报告所在地省级煤矿安全培训主管部门。

2. 作出处罚决定的依据：

《煤矿安全培训规定》第四十八条　煤矿安全培训主管部门或者煤矿安全监察机构发现煤矿企业有下列行为之一的，责令其限期改正，可以处一万元以上三万元以下的罚款：

（五）不具备安全培训条件进行自主培训，或者委托不具备安全培训条件机构进行培训的。

3. 实施主体：

煤矿安全监管监察部门。

4. 具体标准：

可以处一万元以上三万元以下的罚款。

第一百五十九条　煤矿安全培训机构未按照规定的培训大纲进行安全培训的违法行为

1. 认定违法行为的依据：

《安全生产培训管理办法》第六条第一款　安全培训应当按照规定的安全培训大纲进行。

《安全生产培训管理办法》第六条第三款　煤矿企业的主要负责人和安全生产管理人员、特种作业人员的培训大纲由国家煤矿安监局组织制定。

《煤矿安全培训规定》第二十三条第一款　国家煤矿安全监察局组织制定煤矿特种作业人员培训大纲和考核标准，建立统一的考试题库。

《煤矿安全培训规定》第二十五条　煤矿特种作业人员在参加资格考试前应当按照规定的培训大纲进行安全生产知识和实际操作能力的专门培训。其中，初次培训的时间不得少于九十学时。

《煤矿安全培训规定》第三十四条　省级煤矿安全培训主管部门负责制定煤矿企业其他从业人员安全培训大纲和考核标准。

《煤矿安全培训规定》第三十五条　煤矿企业或者具备安全培训条件的机构应当按照培训大纲对其他从业人员进行安全培训。其中，对从事采煤、掘进、机电、运输、通风、防治水等工作的班组长的安全培训，应当由其所在煤矿的上一级煤矿企业组织实施；没有上一级煤矿企业的，由本单位组织实施。

2. 作出处罚决定的依据：

《安全生产培训管理办法》第三十四条　安全培训机构有下列情形之一的，责令限期改正，处 1 万元以下的罚款；逾期未改正的，给予警告，处 1 万元以上 3 万元以下的罚款：

（二）未按照统一的培训大纲组织教学培训的。

《煤矿安全培训规定》第四十八条　煤矿安全培训主管部门或者煤矿安全监察机构发现煤矿企业有下列行为之一的，责令其限期改正，可以处一万元以上三万元以下的罚款：

（一）未建立安全培训管理制度或者未制定年度安全培训计划的；

（二）未明确负责安全培训工作的机构，或者未配备专兼职安全培训管理人员的；

（三）用于安全培训的资金不符合本规定的；

（四）未按照统一的培训大纲组织培训的；

（五）不具备安全培训条件进行自主培训，或者委托不具备安全培训条件机构进行培训的。

具备安全培训条件的机构未按照规定的培训大纲进行安全培训，或者未经安全培训并考试合格颁发有关培训合格证明的，依照前款规定给予行政处罚。

3. 实施主体：

煤矿安全监管监察部门。

4. 具体标准：

可以处一万元以上三万元以下的罚款。

第一百六十条　煤矿安全培训机构未开展安全培训并考试合格即颁发有关培训合格证明的违法行为

1. 认定违法行为的依据：

《煤矿安全培训规定》第三十五条第三款　煤矿企业或者具备安全培训条件的机构对其他从业人员安全培训合格后，应当颁发安全培训合格证明；未经培训并取得培训合格证明的，不得上岗作业。

2. 作出处罚决定的依据：

《煤矿安全培训规定》第四十八条　煤矿安全培训主管部门或者煤矿安全监察机构发现煤矿企业有下列行为之一的，责令其限期改正，可以处一万元以上三万元以下的罚款：

（一）未建立安全培训管理制度或者未制定年度安全培训计划的；

（二）未明确负责安全培训工作的机构，或者未配备专兼职安全培训管理人员的；

（三）用于安全培训的资金不符合本规定的；

（四）未按照统一的培训大纲组织培训的；

（五）不具备安全培训条件进行自主培训，或者委托不具备安全培训条件机构进行培训的。

具备安全培训条件的机构未按照规定的培训大纲进行安全培训，或者未经安全培训并考试合格颁发有关培训合格证明的，依照前款规定给予行政处罚。

3. 实施主体：

煤矿安全监管监察部门。

4. 具体标准：

可以处一万元以上三万元以下的罚款。

第一百六十一条 煤矿从业人员安全培训的时间少于《生产经营单位安全培训规定》或者有关标准规定的违法行为

1. 认定违法行为的依据：

《煤矿安全培训规定》第三十五条第二款 煤矿企业其他从业人员的初次安全培训时间不得少于七十二学时，每年再培训的时间不得少于二十学时。

《生产经营单位安全培训规定》第九条第二款 煤矿、非煤矿山、危险化学品、烟花爆竹、金属冶炼等生产经营单位主要负责人和安全生产管理人员初次安全培训时间不得少于 48 学时，每年再培训时间不得少于 16 学时。

《生产经营单位安全培训规定》第十三条第二款 煤矿、非煤矿山、危险化学品、烟花爆竹、金属冶炼等生产经营单位新上岗的从业人员安全培训时间不得少于 72 学时，每年再培训的时间不得少于 20 学时。

2. 作出处罚决定的依据：

《安全生产培训管理办法》第三十六条 生产经营单位有下列情形之一的，责令改正，处 3 万元以下的罚款：

（一）从业人员安全培训的时间少于《生产经营单位安全培训规定》或者有关标准规定的。

3. 实施主体：

煤矿安全监管监察部门。

4. 具体标准：

处 3 万元以下的罚款。

第一百六十二条 煤矿新招的井下作业人员未经实习期满独立上岗作业的违法行为

1. 认定违法行为的依据：

《安全生产培训管理办法》第十三条第二款　矿山新招的井下作业人员和危险物品生产经营单位新招的危险工艺操作岗位人员，除按照规定进行安全培训外，还应当在有经验的职工带领下实习满 2 个月后，方可独立上岗作业。

2. 作出处罚决定的依据：

《安全生产培训管理办法》第三十六条　生产经营单位有下列情形之一的，责令改正，处 3 万元以下的罚款：

（二）矿山新招的井下作业人员和危险物品生产经营单位新招的危险工艺操作岗位人员，未经实习期满独立上岗作业的。

3. 实施主体：

煤矿安全监管监察部门。

4. 具体标准：

处 3 万元以下的罚款。

第一百六十三条　煤矿相关人员未按照规定重新参加安全培训的违法行为

1. 认定违法行为的依据：

《安全生产培训管理办法》第十二条　中央企业的分公司、子公司及其所属单位和其他生产经营单位，发生造成人员死亡的生产安全事故的，其主要负责人和安全生产管理人员应当重新参加安全培训。

特种作业人员对造成人员死亡的生产安全事故负有直接责任的，应当按照《特种作业人员安全技术培训考核管理规定》重新参加安全培训。

2. 作出处罚决定的依据：

《安全生产培训管理办法》第三十六条　生产经营单位有下列情形之一的，责令改正，处 3 万元以下的罚款：

（三）相关人员未按照本办法第十二条规定重新参加安全培训的。

3. 实施主体：

煤矿安全监管监察部门。

4. 具体标准：

处 3 万元以下的罚款。

5. 适用说明：

涉及发生人员死亡的生产经营单位"相关人员"是指主要负责人、安全生产管理人员和特种作业人员，上述三类人员如果都没有重新参加安全培训的，属于三个不同的违法行为。

第一百六十四条　煤矿安全培训机构不具备安全培训条件的违法行为

1. 认定违法行为的依据：

《安全生产培训管理办法》第五条　安全培训的机构应当具备从事安全培训工作所需要的条件。从事危险物品的生产、经营、储存单位以及矿山、金属冶炼单位的主要负责人和安全生产管理人员，特种作业人员以及注册安全工程师等相关人员培训的安全培训机构，应当将教师、教学和实习实训设施等情况书面报告所在地安全生产监督管理部门、煤矿安全培训监管机构。

安全生产相关社会组织依照法律、行政法规和章程，为生产经营单位提供安全培训有关服务，对安全培训机构实行自律管理，促进安全培训工作水平的提升。

2. 作出处罚决定的依据：

《安全生产培训管理办法》第三十四条　安全培训机构有下列情形之一的，责令限期改正，处1万元以下的罚款；逾期未改正的，给予警告，处1万元以上3万元以下的罚款：

（一）不具备安全培训条件的。

3. 实施主体：

煤矿安全监管监察部门。

4. 具体标准：

处1万元以下的罚款。

第一百六十五条　煤矿安全培训机构未建立培训档案的违法行为

1. 认定违法行为的依据：

《安全生产培训管理办法》第六条第一款　安全培训应当按照规定的安全培训大纲进行。

《安全生产培训管理办法》第十五条　安全培训机构应当建立安全培训工作制度和人员培训档案。安全培训相关情况，应当如实记录并建档备查。

2. 作出处罚决定的依据：

《安全生产培训管理办法》第三十四条　安全培训机构有下列情形之一的，责令限期改正，处1万元以下的罚款；逾期未改正的，给予警告，处1万元以上3万元以下的罚款：

（三）未建立培训档案或者培训档案管理不规范的。

3. 实施主体：

煤矿安全监管监察部门。

4. 具体标准：

处 1 万元以下的罚款。

第一百六十六条　煤矿安全培训机构培训档案管理不规范的违法行为
1. 认定违法行为的依据：
《安全生产培训管理办法》第六条第一款　安全培训应当按照规定的安全培训大纲进行。
《安全生产培训管理办法》第十五条　安全培训机构应当建立安全培训工作制度和人员培训档案。安全培训相关情况，应当如实记录并建档备查。
2. 作出处罚决定的依据：
《安全生产培训管理办法》第三十四条　安全培训机构有下列情形之一的，责令限期改正，处 1 万元以下的罚款；逾期未改正的，给予警告，处 1 万元以上 3 万元以下的罚款：
（三）未建立培训档案或者培训档案管理不规范的。
3. 实施主体：
煤矿安全监管监察部门。
4. 具体标准：
处 1 万元以下的罚款。

第一百六十七条　煤矿安全培训机构采取不正当竞争手段，故意贬低、诋毁其他安全培训机构的违法行为
1. 认定违法行为的依据：
《安全生产培训管理办法》第十六条　安全培训机构从事安全培训工作的收费，应当符合法律、法规的规定。法律、法规没有规定的，应当按照行业自律标准或者指导性标准收费。
2. 作出处罚决定的依据：
《安全生产培训管理办法》第三十四条　安全培训机构有下列情形之一的，责令限期改正，处 1 万元以下的罚款；逾期未改正的，给予警告，处 1 万元以上 3 万元以下的罚款：
（一）不具备安全培训条件的；
（二）未按照统一的培训大纲组织教学培训的；
（三）未建立培训档案或者培训档案管理不规范的。
安全培训机构采取不正当竞争手段，故意贬低、诋毁其他安全培训机构的，依照前款规定处罚。
3. 实施主体：

煤矿安全监管监察部门。

4. 具体标准：

处1万元以下的罚款。

第一百六十八条　特种作业人员以欺骗、贿赂等不正当手段取得安全合格证或者特种作业操作证的违法行为

1. 认定违法行为的依据：

《安全生产法》第三十条第一款　生产经营单位的特种作业人员必须按照国家有关规定经专门的安全作业培训，取得相应资格，方可上岗作业。

《安全生产培训管理办法》第三十五条　生产经营单位主要负责人、安全生产管理人员、特种作业人员以欺骗、贿赂等不正当手段取得安全合格证或者特种作业操作证的，除撤销其相关证书外，处3000元以下的罚款，并自撤销其相关证书之日起3年内不得再次申请该证书。

2. 作出处罚决定的依据：

《安全生产培训管理办法》第三十五条　生产经营单位主要负责人、安全生产管理人员、特种作业人员以欺骗、贿赂等不正当手段取得安全合格证或者特种作业操作证的，除撤销其相关证书外，处3000元以下的罚款，并自撤销其相关证书之日起3年内不得再次申请该证书。

3. 实施主体：

煤矿安全监管监察部门。

4. 具体标准：

处3000元以下的罚款，并自撤销其相关证书之日起3年内不得再次申请该证书。

第一百六十九条　煤矿安全培训机构逾期不改正违反《安全生产培训管理办法》规定的行为的违法行为

1. 认定违法行为的依据：

《安全生产培训管理办法》第三十四条　安全培训机构有下列情形之一的，责令限期改正，处1万元以下的罚款；逾期未改正的，给予警告，处1万元以上3万元以下的罚款：

（一）不具备安全培训条件的；

（二）未按照统一的培训大纲组织教学培训的；

（三）未建立培训档案或者培训档案管理不规范的。

2. 作出处罚决定的依据：

《安全生产培训管理办法》第三十四条 安全培训机构有下列情形之一的，责令限期改正，处1万元以下的罚款；逾期未改正的，给予警告，处1万元以上3万元以下的罚款：

（一）不具备安全培训条件的；

（二）未按照统一的培训大纲组织教学培训的；

（三）未建立培训档案或者培训档案管理不规范的。

安全培训机构采取不正当竞争手段，故意贬低、诋毁其他安全培训机构的，依照前款规定处罚。

3. 实施主体：

煤矿安全监管监察部门。

4. 具体标准：

给予警告，处1万元以上3万元以下的罚款。

5. 适用说明：

逾期未改正其中一个违法行为的，按照逾期未改正一个违法行为进行处罚；逾期未改正两个以上违法行为的，按照逾期未改正的违法行为的个数确定违法行为的数量。

第一百七十条 煤矿未按照规定对煤矿建设项目进行安全评价的违法行为

1. 认定违法行为的依据：

《安全生产法》第三十二条 矿山、金属冶炼建设项目和用于生产、储存、装卸危险物品的建设项目，应当按照国家有关规定进行安全评价。

2. 作出处罚决定的依据：

《安全生产法》第九十八条 生产经营单位有下列行为之一的，责令停止建设或者停产停业整顿，限期改正，并处十万元以上五十万元以下的罚款，对其直接负责的主管人员和其他直接责任人员处二万元以上五万元以下的罚款；逾期未改正的，处五十万元以上一百万元以下的罚款，对其直接负责的主管人员和其他直接责任人员处五万元以上十万元以下的罚款；构成犯罪的，依照刑法有关规定追究刑事责任：

（一）未按照规定对矿山、金属冶炼建设项目或者用于生产、储存、装卸危险物品的建设项目进行安全评价的。

3. 实施主体：

煤矿安全监管监察部门。

4. 裁量阶次、适用条件和具体标准：

责令停止建设或者停产停业整顿，并按照下列基准对煤矿、直接负责的主管人员和其他直接责任人员处以罚款：

（1）第一阶次

适用条件：建设项目投资额 5000 万元以下的。

具体标准：对煤矿处十万元以上二十万元以下的罚款，对其直接负责的主管人员和其他直接责任人员处二万元以上三万元以下的罚款。

（2）第二阶次

适用条件：建设项目投资额 5000 万元以上 1 亿元以下的。

具体标准：对煤矿处二十万元以上四十万元以下的罚款，对其直接负责的主管人员和其他直接责任人员处三万元以上四万元以下的罚款。

（3）第三阶次

适用条件：建设项目投资额 1 亿元以上的。

具体标准：对煤矿处四十万元以上五十万元以下的罚款，对其直接负责的主管人员和其他直接责任人员处四万元以上五万元以下的罚款。

第一百七十一条　煤矿逾期未改正未按照规定对煤矿建设项目进行安全评价的违法行为

1. 认定违法行为的依据：

《安全生产法》第九十八条　生产经营单位有下列行为之一的，责令停止建设或者停产停业整顿，限期改正，并处十万元以上五十万元以下的罚款，对其直接负责的主管人员和其他直接责任人员处二万元以上五万元以下的罚款；逾期未改正的，处五十万元以上一百万元以下的罚款，对其直接负责的主管人员和其他直接责任人员处五万元以上十万元以下的罚款；构成犯罪的，依照刑法有关规定追究刑事责任：

（一）未按照规定对矿山、金属冶炼建设项目或者用于生产、储存、装卸危险物品的建设项目进行安全评价的。

2. 作出处罚决定的依据：

《安全生产法》第九十八条　生产经营单位有下列行为之一的，责令停止建设或者停产停业整顿，限期改正，并处十万元以上五十万元以下的罚款，对其直接负责的主管人员和其他直接责任人员处二万元以上五万元以下的罚款；逾期未改正的，处五十万元以上一百万元以下的罚款，对其直接负责的主管人员和其他直接责任人员处五万元以上十万元以下的罚款；构成犯罪的，依照刑法有关规定追究刑事责任：

（一）未按照规定对矿山、金属冶炼建设项目或者用于生产、储存、装卸危险物品的建设项目进行安全评价的。

3. 实施主体：

煤矿安全监管监察部门。

4. 裁量阶次、适用条件和具体标准：

（1）第一阶次

适用条件：建设项目投资额5000万元以下的。

具体标准：对煤矿处五十万元以上七十万元以下的罚款，对直接负责的主管人员和其他直接责任人员处五万元以上七万元以下的罚款。

（2）第二阶次

适用条件：有3名以上特种作业人员未按照规定经专门的安全作业培训取得特种作业操作资格证书的。

具体标准：对煤矿处七十万元以上八十五万元以下的罚款，对直接负责的主管人员和其他直接责任人员处七万元以上九万元以下的罚款。建设项目投资额5000万元以上1亿元以下的。

（3）第三阶次

适用条件：建设项目投资额1亿元以上的。

具体标准：对煤矿处八十五万元以上一百万元以下的罚款，对直接负责的主管人员和其他直接责任人员处九万元以上十万元以下的罚款。

第一百七十二条　煤矿建设项目没有安全设施设计的违法行为

1. 认定违法行为的依据：

《安全生产法》第三十一条　生产经营单位新建、改建、扩建工程项目（以下统称建设项目）的安全设施，必须与主体工程同时设计、同时施工、同时投入生产和使用。安全设施投资应当纳入建设项目概算。

2. 作出处罚决定的依据：

《安全生产法》第九十八条　生产经营单位有下列行为之一的，责令停止建设或者停产停业整顿，限期改正，并处十万元以上五十万元以下的罚款，对其直接负责的主管人员和其他直接责任人员处二万元以上五万元以下的罚款；逾期未改正的，处五十万元以上一百万元以下的罚款，对其直接负责的主管人员和其他直接责任人员处五万元以上十万元以下的罚款；构成犯罪的，依照刑法有关规定追究刑事责任：

（二）矿山、金属冶炼建设项目或者用于生产、储存、装卸危险物品的建设项目没有安全设施设计或者安全设施设计未按照规定报经有关部门审查同意的。

3. 实施主体：

煤矿安全监管监察部门。

4. 裁量阶次、适用条件和具体标准：

责令停止建设或者停产停业整顿，并按照下列基准对煤矿、直接负责的主管人员和其他直接责任人员处以罚款：

（1）第一阶次

适用条件：建设项目投资额5000万元以下的。

具体标准：对煤矿处十万元以上二十万元以下的罚款，对其直接负责的主管人员和其他直接责任人员处二万元以上三万元以下的罚款。

（2）第二阶次

适用条件：建设项目投资额5000万元以上1亿元以下的。

具体标准：对煤矿处二十万元以上四十万元以下的罚款，对其直接负责的主管人员和其他直接责任人员处三万元以上四万元以下的罚款。

（3）第三阶次

适用条件：建设项目投资额1亿元以上的。

具体标准：对煤矿处四十万元以上五十万元以下的罚款，对其直接负责的主管人员和其他直接责任人员处四万元以上五万元以下的罚款。

第一百七十三条　煤矿逾期未改正煤矿建设项目没有安全设施设计的违法行为

1. 认定违法行为的依据：

《安全生产法》第九十八条　生产经营单位有下列行为之一的，责令停止建设或者停产停业整顿，限期改正，并处十万元以上五十万元以下的罚款，对其直接负责的主管人员和其他直接责任人员处二万元以上五万元以下的罚款；逾期未改正的，处五十万元以上一百万元以下的罚款，对其直接负责的主管人员和其他直接责任人员处五万元以上十万元以下的罚款；构成犯罪的，依照刑法有关规定追究刑事责任：

（二）矿山、金属冶炼建设项目或者用于生产、储存、装卸危险物品的建设项目没有安全设施设计或者安全设施设计未按照规定报经有关部门审查同意的。

2. 作出处罚决定的依据：

《安全生产法》第九十八条　生产经营单位有下列行为之一的，责令停止建设或者停产停业整顿，限期改正，并处十万元以上五十万元以下的罚款，对其直接负责的主管人员和其他直接责任人员处二万元以上五万元以下的罚款；逾期未改正的，处五十万元以上一百万元以下的罚款，对其直接负责的主管人员和其他直接责任人员处五万元以上十万元以下的罚款；构成犯罪的，依照刑法有关规定追究刑事责任：

（二）矿山、金属冶炼建设项目或者用于生产、储存、装卸危险物品的建设项目没有安全设施设计或者安全设施设计未按照规定报经有关部门审查同意的。

3. 实施主体：

煤矿安全监管监察部门。

4. 裁量阶次、适用条件和具体标准：

（1）第一阶次

适用条件：建设项目投资额 5000 万元以下的。

具体标准：对煤矿处五十万元以上七十万元以下的罚款，对直接负责的主管人员和其他直接责任人员处五万元以上七万元以下的罚款。

（2）第二阶次

适用条件：建设项目投资额 5000 万元以上 1 亿元以下的。

具体标准：对煤矿处七十万元以上八十五万元以下的罚款，对直接负责的主管人员和其他直接责任人员处七万元以上九万元以下的罚款。

（3）第三阶次

适用条件：建设项目投资额 1 亿元以上的。

具体标准：对煤矿处八十五万元以上一百万元以下的罚款，对直接负责的主管人员和其他直接责任人员处九万元以上十万元以下的罚款。

第一百七十四条 煤矿建设项目安全设施设计未按照规定报经有关部门审查同意的违法行为

1. 认定违法行为的依据：

《安全生产法》第三十三条 建设项目安全设施的设计人、设计单位应当对安全设施设计负责。

矿山、金属冶炼建设项目和用于生产、储存、装卸危险物品的建设项目的安全设施设计应当按照国家有关规定报经有关部门审查，审查部门及其负责审查的人员对审查结果负责。

2. 作出处罚决定的依据：

《安全生产法》第九十八条 生产经营单位有下列行为之一的，责令停止建设或者停产停业整顿，限期改正，并处十万元以上五十万元以下的罚款，对其直接负责的主管人员和其他直接责任人员处二万元以上五万元以下的罚款；逾期未改正的，处五十万元以上一百万元以下的罚款，对其直接负责的主管人员和其他直接责任人员处五万元以上十万元以下的罚款；构成犯罪的，依照刑法有关规定追究刑事责任：

（二）矿山、金属冶炼建设项目或者用于生产、储存、装卸危险物品的建设项目没有安全设施设计或者安全设施设计未按照规定报经有关部门审查同意的。

3. 实施主体：

煤矿安全监管监察部门。

4. 裁量阶次、适用条件和具体标准：

责令停止建设或者停产停业整顿，并按照下列基准对煤矿、直接负责的主管人员和其他直接责任人员处以罚款：

（1）第一阶次

适用条件：建设项目投资额 5000 万元以下的。

具体标准：对煤矿处十万元以上二十万元以下的罚款，对其直接负责的主管人员和其他直接责任人员处二万元以上三万元以下的罚款。

（2）第二阶次

适用条件：建设项目投资额 5000 万元以上 1 亿元以下的。

具体标准：对煤矿处二十万元以上四十万元以下的罚款，对其直接负责的主管人员和其他直接责任人员处三万元以上四万元以下的罚款。

（3）第三阶次

适用条件：建设项目投资额 1 亿元以上的。

具体标准：对煤矿处四十万元以上五十万元以下的罚款，对其直接负责的主管人员和其他直接责任人员处四万元以上五万元以下的罚款。

5. 适用说明：

没有安全设施设计的，按照"煤矿建设项目没有安全设施设计的违法行为"进行处罚。

第一百七十五条　煤矿逾期未改正建设项目安全设施设计未按照规定报经有关部门审查同意的违法行为

1. 认定违法行为的依据：

《安全生产法》第九十八条　生产经营单位有下列行为之一的，责令停止建设或者停产停业整顿，限期改正，并处十万元以上五十万元以下的罚款，对其直接负责的主管人员和其他直接责任人员处二万元以上五万元以下的罚款；逾期未改正的，处五十万元以上一百万元以下的罚款，对其直接负责的主管人员和其他直接责任人员处五万元以上十万元以下的罚款；构成犯罪的，依照刑法有关规定追究刑事责任：

（二）矿山、金属冶炼建设项目或者用于生产、储存、装卸危险物品的建设项目没有安全设施设计或者安全设施设计未按照规定报经有关部门审查同意的。

2. 作出处罚决定的依据：

《安全生产法》第九十八条　生产经营单位有下列行为之一的，责令停止建设或者停产停业整顿，限期改正，并处十万元以上五十万元以下的罚款，对其直接负责的主管人员和其他直接责任人员处二万元以上五万元以下的罚款；逾期未改正的，处五十万元以上一百万元以下的罚款，对其直接负责的主管人员和其他直接责任人员处五万元以上十万元以下的罚款；构成犯罪的，依照刑法有关规定追究刑事责任：

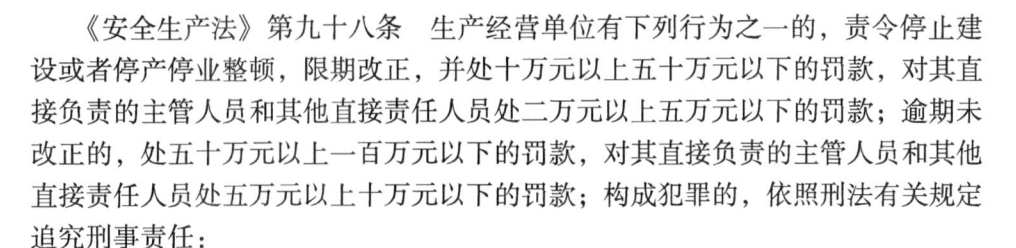

（二）矿山、金属冶炼建设项目或者用于生产、储存、装卸危险物品的建设项目没有安全设施设计或者安全设施设计未按照规定报经有关部门审查同意的。

3. 实施主体：

煤矿安全监管监察部门。

4. 裁量阶次、适用条件和具体标准：

（1）第一阶次

适用条件：建设项目投资额5000万元以下的。

具体标准：对煤矿处五十万元以上七十万元以下的罚款，对直接负责的主管人员和其他直接责任人员处五万元以上七万元以下的罚款。

（2）第二阶次

适用条件：建设项目投资额5000万元以上1亿元以下的。

具体标准：对煤矿处七十万元以上八十五万元以下的罚款，对直接负责的主管人员和其他直接责任人员处七万元以上九万元以下的罚款。

（3）第三阶次

适用条件：建设项目投资额1亿元以上的。

具体标准：对煤矿处八十五万元以上一百万元以下的罚款，对直接负责的主管人员和其他直接责任人员处九万元以上十万元以下的罚款。

第一百七十六条　煤矿建设项目的施工单位未按照批准的安全设施设计施工的违法行为

1. 认定违法行为的依据：

《安全生产法》第三十四条第一款　矿山、金属冶炼建设项目和用于生产、储存、装卸危险物品的建设项目的施工单位必须按照批准的安全设施设计施工，并对安全设施的工程质量负责。

2. 作出处罚决定的依据：

《安全生产法》第九十八条　生产经营单位有下列行为之一的，责令停止建设或者停产停业整顿，限期改正，并处十万元以上五十万元以下的罚款，对其直接负责的主管人员和其他直接责任人员处二万元以上五万元以下的罚款；逾期未改正的，处五十万元以上一百万元以下的罚款，对其直接负责的主管人员和其他直接责任人员处五万元以上十万元以下的罚款；构成犯罪的，依照刑法有关规定追究刑事责任：

（三）矿山、金属冶炼建设项目或者用于生产、储存、装卸危险物品的建设项目的施工单位未按照批准的安全设施设计施工的。

3. 实施主体：

煤矿安全监管监察部门。

4. 裁量阶次、适用条件和具体标准：

责令停止建设或者停产停业整顿，并按照下列基准对煤矿、直接负责的主管人员和其他直接责任人员处以罚款：

(1) 第一阶次

适用条件：建设项目投资额5000万元以下的。

具体标准：对煤矿处十万元以上二十万元以下的罚款，对其直接负责的主管人员和其他直接责任人员处二万元以上三万元以下的罚款。

(2) 第二阶次

适用条件：建设项目投资额5000万元以上1亿元以下的。

具体标准：对煤矿处二十万元以上四十万元以下的罚款，对其直接负责的主管人员和其他直接责任人员处三万元以上四万元以下的罚款。

(3) 第三阶次

适用条件：建设项目投资额1亿元以上的。

具体标准：对煤矿处四十万元以上五十万元以下的罚款，对其直接负责的主管人员和其他直接责任人员处四万元以上五万元以下的罚款。

第一百七十七条 煤矿逾期未改正建设项目的施工单位未按照批准的安全设施设计施工的违法行为

1. 认定违法行为的依据：

《安全生产法》第九十八条 生产经营单位有下列行为之一的，责令停止建设或者停产停业整顿，限期改正，并处十万元以上五十万元以下的罚款，对其直接负责的主管人员和其他直接责任人员处二万元以上五万元以下的罚款；逾期未改正的，处五十万元以上一百万元以下的罚款，对其直接负责的主管人员和其他直接责任人员处五万元以上十万元以下的罚款；构成犯罪的，依照刑法有关规定追究刑事责任：

（三）矿山、金属冶炼建设项目或者用于生产、储存、装卸危险物品的建设项目的施工单位未按照批准的安全设施设计施工的。

2. 作出处罚决定的依据：

《安全生产法》第九十八条　生产经营单位有下列行为之一的，责令停止建设或者停产停业整顿，限期改正，并处十万元以上五十万元以下的罚款，对其直接负责的主管人员和其他直接责任人员处二万元以上五万元以下的罚款；逾期未改正的，处五十万元以上一百万元以下的罚款，对其直接负责的主管人员和其他直接责任人员处五万元以上十万元以下的罚款；构成犯罪的，依照刑法有关规定追究刑事责任：

（三）矿山、金属冶炼建设项目或者用于生产、储存、装卸危险物品的建设项目的施工单位未按照批准的安全设施设计施工的。

3. 实施主体：

煤矿安全监管监察部门。

4. 裁量阶次、适用条件和具体标准：

（1）第一阶次

适用条件：建设项目投资额5000万元以下的。

具体标准：对煤矿处五十万元以上七十万元以下的罚款，对直接负责的主管人员和其他直接责任人员处五万元以上七万元以下的罚款。

（2）第二阶次

适用条件：建设项目投资额5000万元以上1亿元以下的。

具体标准：对煤矿处七十万元以上八十五万元以下的罚款，对直接负责的主管人员和其他直接责任人员处七万元以上九万元以下的罚款。

（3）第三阶次

适用条件：建设项目投资额1亿元以上的。

具体标准：对煤矿处八十五万元以上一百万元以下的罚款，对直接负责的主管人员和其他直接责任人员处九万元以上十万元以下的罚款。

第一百七十八条　煤矿建设项目竣工投入生产或者使用前，安全设施未经验收合格的违法行为

1. 认定违法行为的依据：

《安全生产法》第三十四条第二款　矿山、金属冶炼建设项目和用于生产、储存、装卸危险物品的建设项目竣工投入生产或者使用前，应当由建设单位负责组织对安全设施进行验收；验收合格后，方可投入生产和使用。负有安全生产监督管理职责的部门应当加强对建设单位验收活动和验收结果的监督核查。

2. 作出处罚决定的依据：

《安全生产法》第九十八条　生产经营单位有下列行为之一的，责令停止建设或者停产停业整顿，限期改正，并处十万元以上五十万元以下的罚款，对其直接负责的主管人员和其他直接责任人员处二万元以上五万元以下的罚款；逾期未改正的，处五十万元以上一百万元以下的罚款，对其直接负责的主管人员和其他直接责任人员处五万元以上十万元以下的罚款；构成犯罪的，依照刑法有关规定追究刑事责任：

（四）矿山、金属冶炼建设项目或者用于生产、储存、装卸危险物品的建设项目竣工投入生产或者使用前，安全设施未经验收合格的。

3. 实施主体：

煤矿安全监管监察部门。

4. 裁量阶次、适用条件和具体标准：

责令停止建设或者停产停业整顿，并按照下列基准对煤矿、直接负责的主管人员和其他直接责任人员处以罚款：

(1) 第一阶次

适用条件：建设项目投资额5000万元以下的。

具体标准：对煤矿处十万元以上二十万元以下的罚款，对其直接负责的主管人员和其他直接责任人员处二万元以上三万元以下的罚款。

(2) 第二阶次

适用条件：建设项目投资额5000万元以上1亿元以下的。

具体标准：对煤矿处二十万元以上四十万元以下的罚款，对其直接负责的主管人员和其他直接责任人员处三万元以上四万元以下的罚款。

(3) 第三阶次

适用条件：建设项目投资额1亿元以上的。

具体标准：对煤矿处四十万元以上五十万元以下的罚款，对其直接负责的主管人员和其他直接责任人员处四万元以上五万元以下的罚款。

第一百七十九条 煤矿逾期未改正建设项目竣工投入生产或者使用前，安全设施未经验收合格的违法行为

1. 认定违法行为的依据：

《安全生产法》第九十八条 生产经营单位有下列行为之一的，责令停止建设或者停产停业整顿，限期改正，并处十万元以上五十万元以下的罚款，对其直接负责的主管人员和其他直接责任人员处二万元以上五万元以下的罚款；逾期未改正的，处五十万元以上一百万元以下的罚款，对其直接负责的主管人员和其他直接责任人员处五万元以上十万元以下的罚款；构成犯罪的，依照刑法有关规定追究刑事责任：

（四）矿山、金属冶炼建设项目或者用于生产、储存、装卸危险物品的建设项目竣工投入生产或者使用前，安全设施未经验收合格的。

2. 作出处罚决定的依据：

《安全生产法》第九十八条　生产经营单位有下列行为之一的，责令停止建设或者停产停业整顿，限期改正，并处十万元以上五十万元以下的罚款，对其直接负责的主管人员和其他直接责任人员处二万元以上五万元以下的罚款；逾期未改正的，处五十万元以上一百万元以下的罚款，对其直接负责的主管人员和其他直接责任人员处五万元以上十万元以下的罚款；构成犯罪的，依照刑法有关规定追究刑事责任：

（四）矿山、金属冶炼建设项目或者用于生产、储存、装卸危险物品的建设项目竣工投入生产或者使用前，安全设施未经验收合格的。

3. 实施主体：

煤矿安全监管监察部门。

4. 裁量阶次、适用条件和具体标准：

（1）第一阶次

适用条件：建设项目投资额5000万元以下的。

具体标准：对煤矿处五十万元以上七十万元以下的罚款，对直接负责的主管人员和其他直接责任人员处五万元以上七万元以下的罚款。

（2）第二阶次

适用条件：建设项目投资额5000万元以上1亿元以下的。

具体标准：对煤矿处七十万元以上八十五万元以下的罚款，对直接负责的主管人员和其他直接责任人员处七万元以上九万元以下的罚款。

（3）第三阶次

适用条件：建设项目投资额1亿元以上的。

具体标准：对煤矿处八十五万元以上一百万元以下的罚款，对直接负责的主管人员和其他直接责任人员处九万元以上十万元以下的罚款。

第一百八十条　煤矿未依法设置安全警示标志的违法行为

1. 认定违法行为的依据：

《安全生产法》第三十五条　生产经营单位应当在有较大危险因素的生产经营场所和有关设施、设备上，设置明显的安全警示标志。

2. 作出处罚决定的依据：

《安全生产法》第九十九条　生产经营单位有下列行为之一的，责令限期改正，处五万元以下的罚款；逾期未改正的，处五万元以上二十万元以下的罚款，

对其直接负责的主管人员和其他直接责任人员处一万元以上二万元以下的罚款；情节严重的，责令停产停业整顿；构成犯罪的，依照刑法有关规定追究刑事责任：

（一）未在有较大危险因素的生产经营场所和有关设施、设备上设置明显的安全警示标志的。

3. 实施主体：

煤矿安全监管监察部门。

4. 裁量阶次、适用条件和具体标准：

（1）第一阶次

适用条件：有1处安全警示标志设置不明显的。

具体标准：处二万元以下的罚款。

（2）第二阶次

适用条件：有2处安全警示标志设置不明显的

具体标准：处二万元以上四万元以下的罚款。

（3）第三阶次

适用条件：有3处以上安全警示标志设置不明显的或者1处以上未设置警示标志的。

具体标准：处四万元以上五万元以下的罚款。

第一百八十一条 煤矿逾期未改正未依法设置安全警示标志的违法行为

1. 认定违法行为的依据：

《安全生产法》第九十九条 生产经营单位有下列行为之一的，责令限期改正，处五万元以下的罚款；逾期未改正的，处五万元以上二十万元以下的罚款，对其直接负责的主管人员和其他直接责任人员处一万元以上二万元以下的罚款；情节严重的，责令停产停业整顿；构成犯罪的，依照刑法有关规定追究刑事责任：

（一）未在有较大危险因素的生产经营场所和有关设施、设备上设置明显的安全警示标志的。

2. 作出处罚决定的依据：

《安全生产法》第九十九条 生产经营单位有下列行为之一的，责令限期改正，处五万元以下的罚款；逾期未改正的，处五万元以上二十万元以下的罚款，对其直接负责的主管人员和其他直接责任人员处一万元以上二万元以下的罚款；情节严重的，责令停产停业整顿；构成犯罪的，依照刑法有关规定追究刑事责任：

（一）未在有较大危险因素的生产经营场所和有关设施、设备上设置明显的安全警示标志的。

3. 实施主体：

煤矿安全监管监察部门。

4. 裁量阶次、适用条件和具体标准：

逾期未改正该违法行为，情节严重的，责令停产停业整顿，并按照下列基准对煤矿、直接负责的主管人员和其他直接责任人员处以罚款：

（1）第一阶次

适用条件：逾期未改正有1处安全警示标志设置不明显的。

具体标准：对煤矿处五万元以上十万元以下的罚款，对其直接负责的主管人员处一万元以上二万元以下的罚款。

（2）第二阶次

适用条件：逾期未改正有2处安全警示标志设置不明显的。

具体标准：对煤矿处十万元以上十五万元以下的罚款，对其直接负责的主管人员处一万元以上二万元以下的罚款。

（3）第三阶次

适用条件：逾期未改正有3处以上安全警示标志设置不明显的或者1处以上未设置警示标志的。

具体标准：对煤矿处十五万元以上二十万元以下的罚款，对其直接负责的主管人员和其他直接责任人员处一万元以上二万元以下的罚款。

第一百八十二条　煤矿安全设备的安装、使用、检测、改造和报废不符合国家标准或者行业标准的违法行为

1. 认定违法行为的依据：

《安全生产法》第三十六条第一款　安全设备的设计、制造、安装、使用、检测、维修、改造和报废，应当符合国家标准或者行业标准。

2. 作出处罚决定的依据：

《安全生产法》第九十九条　生产经营单位有下列行为之一的，责令限期改正，处五万元以下的罚款；逾期未改正的，处五万元以上二十万元以下的罚款，对其直接负责的主管人员和其他直接责任人员处一万元以上二万元以下的罚款；情节严重的，责令停产停业整顿；构成犯罪的，依照刑法有关规定追究刑事责任：

（二）安全设备的安装、使用、检测、改造和报废不符合国家标准或者行业标准的。

3. 实施主体：

煤矿安全监管监察部门。

4. 裁量阶次、适用条件和具体标准：

（1）第一阶次

适用条件：有1台（套）安全设备安装、使用、检测、改造和报废不符合国家标准或者行业标准的。

具体标准：处二万元以下的罚款。

（2）第二阶次

适用条件：有2台（套）安全设备安装、使用、检测、改造和报废不符合国家标准或者行业标准的。

具体标准：处二万元以上四万元以下的罚款。

（3）第三阶次

适用条件：有3台（套）以上安全设备安装、使用、检测、改造和报废不符合国家标准或者行业标准的。

具体标准：处四万元以上五万元以下的罚款。

5. 适用说明：

（1）是否为安全设备，由执法人员根据有关规定进行判断。

（2）安装、使用、检测、改造和报废不符合国家标准或者行业标准的，属于不同的违法行为，应当分别裁量、合并处罚。

（3）某安全设备因安装不符合国家标准或者行业标准，导致使用不符合国家标准或行业标准的，按照一个违法行为从重处罚。

第一百八十三条　煤矿逾期未改正安全设备的安装、使用、检测、改造和报废不符合国家标准或者行业标准的违法行为

1. 认定违法行为的依据：

《安全生产法》第九十九条　生产经营单位有下列行为之一的，责令限期改正，处五万元以下的罚款；逾期未改正的，处五万元以上二十万元以下的罚款，对其直接负责的主管人员和其他直接责任人员处一万元以上二万元以下的罚款；情节严重的，责令停产停业整顿；构成犯罪的，依照刑法有关规定追究刑事责任：

（二）安全设备的安装、使用、检测、改造和报废不符合国家标准或者行业标准的。

2. 作出处罚决定的依据：

《安全生产法》第九十九条　生产经营单位有下列行为之一的，责令限期改正，处五万元以下的罚款；逾期未改正的，处五万元以上二十万元以下的罚款，对其直接负责的主管人员和其他直接责任人员处一万元以上二万元以下的罚款；情节严重的，责令停产停业整顿；构成犯罪的，依照刑法有关规定追究刑事责任：

（二）安全设备的安装、使用、检测、改造和报废不符合国家标准或者行业标准的。

3. 实施主体：

煤矿安全监管监察部门。

4. 裁量阶次、适用条件和具体标准：

逾期未改正该违法行为，情节严重的，责令停产停业整顿，并按照下列基准对煤矿、直接负责的主管人员和其他直接责任人员处以罚款：

（1）第一阶次

适用条件：逾期未改正1台（套）安全设备安装、使用、检测、改造和报废不符合国家标准或者行业标准的。

具体标准：对煤矿处五万元以上十万元以下的罚款，对其直接负责的主管人员处一万元以上二万元以下的罚款。

（2）第二阶次

适用条件：逾期未改正2台（套）安全设备安装、使用、检测、改造和报废不符合国家标准或者行业标准的。

具体标准：对煤矿处十万元以上十五万元以下的罚款，对其直接负责的主管人员处一万元以上二万元以下的罚款。

（3）第三阶次

适用条件：逾期未改正3台（套）以上安全设备安装、使用、检测、改造和报废不符合国家标准或者行业标准的。

具体标准：对煤矿处十五万元以上二十万元以下的罚款，对其直接负责的主管人员和其他直接责任人员处一万元以上二万元以下的罚款。

5. 适用说明：

逾期未改正其中一个违法行为的，按照逾期未改正一个违法行为进行处罚；逾期未改正两个以上违法行为的，按照逾期未改正的违法行为的个数确定违法行为的数量。

第一百八十四条 煤矿未对安全设备进行经常性维护、保养和定期检测的违法行为

1. 认定违法行为的依据：

《安全生产法》第三十六条第二款　生产经营单位必须对安全设备进行经常性维护、保养，并定期检测，保证正常运转。维护、保养、检测应当作好记录，并由有关人员签字。

2. 作出处罚决定的依据：

《安全生产法》第九十九条　生产经营单位有下列行为之一的，责令限期改正，处五万元以下的罚款；逾期未改正的，处五万元以上二十万元以下的罚款，对其直接负责的主管人员和其他直接责任人员处一万元以上二万元以下的罚款；情节严重的，责令停产停业整顿；构成犯罪的，依照刑法有关规定追究刑事责任：

（三）未对安全设备进行经常性维护、保养和定期检测的。

3. 实施主体：

煤矿安全监管监察部门。

4. 裁量阶次、适用条件和具体标准：

（1）第一阶次

适用条件：未对安全设备进行经常性维护、保养的。

具体标准：处二万元以下的罚款。

（2）第二阶次

适用条件：未对安全设备进行定期检测的。

具体标准：处二万元以上四万元以下的罚款。

（3）第三阶次

适用条件：既未对安全设备进行经常性维护、保养，又未对进行安全设备定期检测的。

具体标准：处四万元以上五万元以下的罚款。

5. 适用说明：

维护、保养和定期检测都属于安全设备的养护行为，在性质上是一致的，违反一个或多个，按照同一违法行为处罚。

第一百八十五条　煤矿逾期未改正未对安全设备进行经常性维护、保养和定期检测的违法行为

1. 认定违法行为的依据：

《安全生产法》第九十九条　生产经营单位有下列行为之一的，责令限期改正，处五万元以下的罚款；逾期未改正的，处五万元以上二十万元以下的罚款，对其直接负责的主管人员和其他直接责任人员处一万元以上二万元以下的罚款；情节严重的，责令停产停业整顿；构成犯罪的，依照刑法有关规定追究刑事责任；

（三）未对安全设备进行经常性维护、保养和定期检测的。

2. 作出处罚决定的依据：

《安全生产法》第九十九条　生产经营单位有下列行为之一的，责令限期改正，处五万元以下的罚款；逾期未改正的，处五万元以上二十万元以下的罚款，对其直接负责的主管人员和其他直接责任人员处一万元以上二万元以下的罚款；情节严重的，责令停产停业整顿；构成犯罪的，依照刑法有关规定追究刑事责任；

（三）未对安全设备进行经常性维护、保养和定期检测的。

3. 实施主体：

煤矿安全监管监察部门。

4. 裁量阶次、适用条件和具体标准：

（1）第一阶次

适用条件：逾期未改正未对安全设备进行经常性维护、保养的。

具体标准：对煤矿处五万元以上十万元以下的罚款，对其直接负责的主管人员处一万元以上二万元以下的罚款。

（2）第二阶次

适用条件：逾期未改正未对安全设备进行定期检测的。

具体标准：对煤矿处十万元以上十五万元以下的罚款，对其直接负责的主管人员处一万元以上二万元以下的罚款。

（3）第三阶次

适用条件：逾期未改正既未对安全设备进行经常性维护、保养，又未对安全设备进行定期检测的。

具体标准：对煤矿处十五万元以上二十万元以下的罚款，对其直接负责的主管人员和其他直接责任人员处一万元以上二万元以下的罚款。

5. 适用说明：

逾期未改正其中一个违法行为的，按照逾期未改正一个违法行为进行处罚；逾期未改正两个以上违法行为的，按照逾期未改正的违法行为的个数确定违法行为的数量。

第一百八十六条　煤矿关闭、破坏直接关系生产安全的监控、报警、防护、救生设备、设施的违法行为

1. 认定违法行为的依据：

《安全生产法》第三十六条第三款　生产经营单位不得关闭、破坏直接关系生产安全的监控、报警、防护、救生设备、设施，或者篡改、隐瞒、销毁其相关数据、信息。

2. 作出处罚决定的依据：

《安全生产法》第九十九条　生产经营单位有下列行为之一的，责令限期改正，处五万元以下的罚款；逾期未改正的，处五万元以上二十万元以下的罚款，对其直接负责的主管人员和其他直接责任人员处一万元以上二万元以下的罚款；情节严重的，责令停产停业整顿；构成犯罪的，依照刑法有关规定追究刑事责任：

（四）关闭、破坏直接关系生产安全的监控、报警、防护、救生设备、设施，或者篡改、隐瞒、销毁其相关数据、信息的。

3. 实施主体：

煤矿安全监管监察部门。

4. 裁量阶次、适用条件和具体标准：

（1）第一阶次

适用条件：关闭、破坏 1 台（套或处）直接关系生产安全的监控、报警、防护、救生设备、设施。

具体标准：处二万元以下的罚款。

（2）第二阶次

适用条件：关闭、破坏 2 台（套或处）直接关系生产安全的监控、报警、防护、救生设备、设施。

具体标准：处二万元以上四万元以下的罚款。

（3）第三阶次

适用条件：关闭、破坏 3 台（套或处）以上直接关系生产安全的监控、报警、防护、救生设备、设施。

具体标准：处四万元以上五万元以下的罚款。

5. 适用说明：

"煤矿关闭、破坏直接关系生产安全的监控、报警、防护、救生设备、设施的违法行为"包括 8 个具体的违法行为。

第一百八十七条　煤矿逾期未改正关闭、破坏直接关系生产安全的监控、报警、防护、救生设备、设施的违法行为

1. 认定违法行为的依据：

《安全生产法》第九十九条　生产经营单位有下列行为之一的，责令限期改正，处五万元以下的罚款；逾期未改正的，处五万元以上二十万元以下的罚款，

对其直接负责的主管人员和其他直接责任人员处一万元以上二万元以下的罚款；情节严重的，责令停产停业整顿；构成犯罪的，依照刑法有关规定追究刑事责任：

（四）关闭、破坏直接关系生产安全的监控、报警、防护、救生设备、设施，或者篡改、隐瞒、销毁其相关数据、信息的。

2. 作出处罚决定的依据：

《安全生产法》第九十九条 生产经营单位有下列行为之一的，责令限期改正，处五万元以下的罚款；逾期未改正的，处五万元以上二十万元以下的罚款，对其直接负责的主管人员和其他直接责任人员处一万元以上二万元以下的罚款；情节严重的，责令停产停业整顿；构成犯罪的，依照刑法有关规定追究刑事责任：

（四）关闭、破坏直接关系生产安全的监控、报警、防护、救生设备、设施，或者篡改、隐瞒、销毁其相关数据、信息的。

3. 实施主体：

煤矿安全监管监察部门。

4. 裁量阶次、适用条件和具体标准：

逾期未改正该违法行为，情节严重的，责令停产停业整顿，并按照下列基准对煤矿、直接负责的主管人员和其他直接责任人员处以罚款：

（1）第一阶次

适用条件：逾期未改正关闭、破坏1台（套或处）直接关系生产安全的监控、报警、防护、救生设备、设施。

具体标准：对煤矿处五万元以上十万元以下的罚款，对其直接负责的主管人员处一万元以上二万元以下的罚款。

（2）第二阶次

适用条件：逾期未改正关闭、破坏2台（套或处）直接关系生产安全的监控、报警、防护、救生设备、设施。

具体标准：对煤矿处十万元以上十五万元以下的罚款，对其直接负责的主管人员处一万元以上二万元以下的罚款。

（3）第三阶次

适用条件：逾期未改正关闭、破坏3台（套或处）以上直接关系生产安全的监控、报警、防护、救生设备、设施。

具体标准：对煤矿处十五万元以上二十万元以下的罚款，对其直接负责的主管人员和其他直接责任人员处一万元以上二万元以下的罚款。

5. 适用说明：

逾期未改正其中一个违法行为的，按照逾期未改正一个违法行为进行处罚；逾期未改正两个以上违法行为的，按照逾期未改正的违法行为的个数确定违法行为的数量。

第一百八十八条 煤矿篡改、隐瞒、销毁直接关系生产安全的监控、报警、防护、救生设备、设施相关数据、信息的违法行为

1. 认定违法行为的依据：

《安全生产法》第三十六条第三款 生产经营单位不得关闭、破坏直接关系生产安全的监控、报警、防护、救生设备、设施，或者篡改、隐瞒、销毁其相关数据、信息。

2. 作出处罚决定的依据：

《安全生产法》第九十九条 生产经营单位有下列行为之一的，责令限期改正，处五万元以下的罚款；逾期未改正的，处五万元以上二十万元以下的罚款，对其直接负责的主管人员和其他直接责任人员处一万元以上二万元以下的罚款；情节严重的，责令停产停业整顿；构成犯罪的，依照刑法有关规定追究刑事责任：

（四）关闭、破坏直接关系生产安全的监控、报警、防护、救生设备、设施，或者篡改、隐瞒、销毁其相关数据、信息的。

3. 实施主体：

煤矿安全监管监察部门。

4. 裁量阶次、适用条件和具体标准：

(1) 第一阶次

适用条件：篡改、隐瞒、销毁直接关系生产安全的监控、报警、防护、救生设备、设施1处相关数据、信息的。

具体标准：处二万元以下的罚款。

(2) 第二阶次

适用条件：篡改、隐瞒、销毁直接关系生产安全的监控、报警、防护、救生设备、设施2处相关数据、信息的。

具体标准：处二万元以上四万元以下的罚款。

(3) 第三阶次

适用条件：篡改、隐瞒、销毁直接关系生产安全的监控、报警、防护、救生设备、设施3处以上相关数据、信息的。

具体标准：处四万元以上五万元以下的罚款。

5. 适用说明：

（1）煤矿篡改、隐瞒、销毁其相关数据、信息的违法行为包括多个违法行为，应当根据具体情形判断。

（2）煤矿对"安全监控系统、人员位置监测系统数据进行修改、删除及屏蔽"，如果属于《安全生产法》第三十六条第三款的情形的，依据《安全生产法》第九十九条第四项的规定裁量处罚。否则，按照构成重大事故隐患，依据《国务院关于预防煤矿生产安全事故的特别规定》裁量处罚。

第一百八十九条　煤矿逾期未改正篡改、隐瞒、销毁直接关系生产安全的监控、报警、防护、救生设备、设施相关数据、信息的违法行为

1. 认定违法行为的依据：

《安全生产法》第九十九条　生产经营单位有下列行为之一的，责令限期改正，处五万元以下的罚款；逾期未改正的，处五万元以上二十万元以下的罚款，对其直接负责的主管人员和其他直接责任人员处一万元以上二万元以下的罚款；情节严重的，责令停产停业整顿；构成犯罪的，依照刑法有关规定追究刑事责任：

（四）关闭、破坏直接关系生产安全的监控、报警、防护、救生设备、设施，或者篡改、隐瞒、销毁其相关数据、信息的。

2. 作出处罚决定的依据：

《安全生产法》第九十九条　生产经营单位有下列行为之一的，责令限期改正，处五万元以下的罚款；逾期未改正的，处五万元以上二十万元以下的罚款，对其直接负责的主管人员和其他直接责任人员处一万元以上二万元以下的罚款；情节严重的，责令停产停业整顿；构成犯罪的，依照刑法有关规定追究刑事责任：

（四）关闭、破坏直接关系生产安全的监控、报警、防护、救生设备、设施，或者篡改、隐瞒、销毁其相关数据、信息的。

3. 实施主体：

煤矿安全监管监察部门。

4. 裁量阶次、适用条件和具体标准：

逾期未改正该违法行为，情节严重的，责令停产停业整顿，并按照下列基准对煤矿、直接负责的主管人员和其他直接责任人员处以罚款：

（1）第一阶次

适用条件：逾期未改正篡改、隐瞒、销毁直接关系生产安全的监控、报警、防护、救生设备、设施1处相关数据、信息的。

具体标准：对煤矿处五万元以上十万元以下的罚款，对其直接负责的主管人员处一万元以上二万元以下的罚款。

（2）第二阶次

适用条件：逾期未改正篡改、隐瞒、销毁直接关系生产安全的监控、报警、防护、救生设备、设施2处相关数据、信息的。

具体标准：对煤矿处十万元以上十五万元以下的罚款，对其直接负责的主管人员处一万元以上二万元以下的罚款。

（3）第三阶次

适用条件：逾期未改正篡改、隐瞒、销毁直接关系生产安全的监控、报警、防护、救生设备、设施3处以上相关数据、信息的。

具体标准：对煤矿处十五万元以上二十万元以下的罚款，对其直接负责的主管人员和其他直接责任人员处一万元以上二万元以下的罚款。

5. 适用说明：

逾期未改正其中一个违法行为的，按照逾期未改正一个违法行为进行处罚；逾期未改正两个以上违法行为的，按照逾期未改正的违法行为的个数确定违法行为的数量。

第一百九十条　煤矿井下特种设备未经具有专业资质的机构检测、检验合格，取得安全使用证或者安全标志，投入使用的违法行为

1. 认定违法行为的依据：

《安全生产法》第三十七条　生产经营单位使用的危险物品的容器、运输工具，以及涉及人身安全、危险性较大的海洋石油开采特种设备和矿山井下特种设备，必须按照国家有关规定，由专业生产单位生产，并经具有专业资质的检测、检验机构检测、检验合格，取得安全使用证或者安全标志，方可投入使用。检测、检验机构对检测、检验结果负责。

2. 作出处罚决定的依据：

《安全生产法》第九十九条　生产经营单位有下列行为之一的，责令限期改正，处五万元以下的罚款；逾期未改正的，处五万元以上二十万元以下的罚款，对其直接负责的主管人员和其他直接责任人员处一万元以上二万元以下的罚款；情节严重的，责令停产停业整顿；构成犯罪的，依照刑法有关规定追究刑事责任：

（六）危险物品的容器、运输工具，以及涉及人身安全、危险性较大的海洋石油开采特种设备和矿山井下特种设备未经具有专业资质的机构检测、检验合格，取得安全使用证或者安全标志，投入使用的。

3. 实施主体：

煤矿安全监管监察部门。

4. 具体标准：

处五万元以下的罚款。

5. 适用说明：

（1）《煤矿安全监察条例》第三十八条规定，煤矿作业场所未使用专用防爆电器设备、专用放炮器、人员专用升降容器或者使用明火明电照明，经煤矿安全监察机构责令限期改正，逾期不改正的，由煤矿安全监察机构责令停产整顿，可以处3万元以下的罚款。该规定中涉及矿山井下特种设备的，被《安全生产法》吸收，不再适用。

（2）矿山井下特种设备未取得安全使用证的，或者未取得安全标志的，属于两种不同的违法行为。

第一百九十一条　煤矿逾期未改正井下特种设备未经具有专业资质的机构检测、检验合格，取得安全使用证或者安全标志，投入使用的违法行为

1. 认定违法行为的依据：

《安全生产法》第九十九条　生产经营单位有下列行为之一的，责令限期改正，处五万元以下的罚款；逾期未改正的，处五万元以上二十万元以下的罚款，对其直接负责的主管人员和其他直接责任人员处一万元以上二万元以下的罚款；情节严重的，责令停产停业整顿；构成犯罪的，依照刑法有关规定追究刑事责任：

（六）危险物品的容器、运输工具，以及涉及人身安全、危险性较大的海洋石油开采特种设备和矿山井下特种设备未经具有专业资质的机构检测、检验合格，取得安全使用证或者安全标志，投入使用的。

2. 作出处罚决定的依据：

《安全生产法》第九十九条　生产经营单位有下列行为之一的，责令限期改正，处五万元以下的罚款；逾期未改正的，处五万元以上二十万元以下的罚款，对其直接负责的主管人员和其他直接责任人员处一万元以上二万元以下的罚款；情节严重的，责令停产停业整顿；构成犯罪的，依照刑法有关规定追究刑事责任：

（六）危险物品的容器、运输工具，以及涉及人身安全、危险性较大的海洋石油开采特种设备和矿山井下特种设备未经具有专业资质的机构检测、检验合格，取得安全使用证或者安全标志，投入使用的。

3. 实施主体：

煤矿安全监管监察部门。

4. 具体标准：

责令煤矿停产停业整顿，对煤矿处十五万元以上二十万元以下的罚款，对其直接负责的主管人员和其他直接责任人员处一万元以上二万元以下的罚款。

第一百九十二条　煤矿使用应当淘汰的危及生产安全的工艺、设备的违法行为

1. 认定违法行为的依据：

《安全生产法》第三十八条　国家对严重危及生产安全的工艺、设备实行淘汰制度，具体目录由国务院应急管理部门会同国务院有关部门制定并公布。法律、行政法规对目录的制定另有规定的，适用其规定。

省、自治区、直辖市人民政府可以根据本地区实际情况制定并公布具体目录，对前款规定以外的危及生产安全的工艺、设备予以淘汰。

生产经营单位不得使用应当淘汰的危及生产安全的工艺、设备。

2. 作出处罚决定的依据：

《安全生产法》第九十九条　生产经营单位有下列行为之一的，责令限期改正，处五万元以下的罚款；逾期未改正的，处五万元以上二十万元以下的罚款，对其直接负责的主管人员和其他直接责任人员处一万元以上二万元以下的罚款；情节严重的，责令停产停业整顿；构成犯罪的，依照刑法有关规定追究刑事责任：

（七）使用应当淘汰的危及生产安全的工艺、设备的。

3. 实施主体：

煤矿安全监管监察部门。

4. 具体标准：

处五万元罚款。

5. 适用说明：

"使用应当淘汰的危及生产安全的工艺、设备的违法行为"包括两种违法行为：①使用应当淘汰的危及生产安全的工艺；②使用应当淘汰的危及生产安全的设备。

第一百九十三条　煤矿逾期未改正使用应当淘汰的危及生产安全的工艺、设备的违法行为

1. 认定违法行为的依据：

《安全生产法》第九十九条　生产经营单位有下列行为之一的，责令限期改正，处五万元以下的罚款；逾期未改正的，处五万元以上二十万元以下的罚款，

对其直接负责的主管人员和其他直接责任人员处一万元以上二万元以下的罚款；情节严重的，责令停产停业整顿；构成犯罪的，依照刑法有关规定追究刑事责任：

（七）使用应当淘汰的危及生产安全的工艺、设备的。

2. 作出处罚决定的依据：

《安全生产法》第九十九条　生产经营单位有下列行为之一的，责令限期改正，处五万元以下的罚款；逾期未改正的，处五万元以上二十万元以下的罚款，对其直接负责的主管人员和其他直接责任人员处一万元以上二万元以下的罚款；情节严重的，责令停产停业整顿；构成犯罪的，依照刑法有关规定追究刑事责任：

（七）使用应当淘汰的危及生产安全的工艺、设备的。

3. 实施主体：

煤矿安全监管监察部门。

4. 具体标准：

责令煤矿停产停业整顿，处二十万元罚款，对其直接负责的主管人员和其他直接责任人员处一万元以上二万元以下的罚款。

5. 适用说明：

逾期未改正其中一个违法行为的，按照逾期未改正一个违法行为进行处罚；逾期未改正两个以上违法行为的，按照逾期未改正的违法行为的个数确定违法行为的数量。

第一百九十四条　煤矿未为从业人员提供符合国家标准或者行业标准的劳动防护用品的违法行为

1. 认定违法行为的依据：

《安全生产法》第四十五条　生产经营单位必须为从业人员提供符合国家标准或者行业标准的劳动防护用品，并监督、教育从业人员按照使用规则佩戴、使用。

2. 作出处罚决定的依据：

《安全生产法》第九十九条　生产经营单位有下列行为之一的，责令限期改正，处五万元以下的罚款；逾期未改正的，处五万元以上二十万元以下的罚款，对其直接负责的主管人员和其他直接责任人员处一万元以上二万元以下的罚款；情节严重的，责令停产停业整顿；构成犯罪的，依照刑法有关规定追究刑事责任：

（五）未为从业人员提供符合国家标准或者行业标准的劳动防护用品的。

3. 实施主体：

煤矿安全监管监察部门。

4. 具体标准：

处五万元罚款。

第一百九十五条 煤矿逾期未改正未为从业人员提供符合国家标准或者行业标准的劳动防护用品的违法行为

1. 认定违法行为的依据：

《安全生产法》第九十九条 生产经营单位有下列行为之一的，责令限期改正，处五万元以下的罚款；逾期未改正的，处五万元以上二十万元以下的罚款，对其直接负责的主管人员和其他直接责任人员处一万元以上二万元以下的罚款；情节严重的，责令停产停业整顿；构成犯罪的，依照刑法有关规定追究刑事责任：

（五）未为从业人员提供符合国家标准或者行业标准的劳动防护用品的。

2. 作出处罚决定的依据：

《安全生产法》第九十九条 生产经营单位有下列行为之一的，责令限期改正，处五万元以下的罚款；逾期未改正的，处五万元以上二十万元以下的罚款，对其直接负责的主管人员和其他直接责任人员处一万元以上二万元以下的罚款；情节严重的，责令停产停业整顿；构成犯罪的，依照刑法有关规定追究刑事责任：

（五）未为从业人员提供符合国家标准或者行业标准的劳动防护用品的。

3. 实施主体：

煤矿安全监管监察部门。

4. 具体标准：

责令煤矿停产停业整顿，处十五万元以上二十万元以下的罚款，对其直接负责的主管人员和其他直接责任人员处一万元以上二万元以下的罚款。

第一百九十六条 煤矿对重大危险源未登记建档，未进行定期检测、评估、监控，未制定应急预案，或者未告知应急措施的违法行为

1. 认定违法行为的依据：

《安全生产法》第四十条 生产经营单位对重大危险源应当登记建档，进行定期检测、评估、监控，并制定应急预案，告知从业人员和相关人员在紧急情况下应当采取的应急措施。

生产经营单位应当按照国家有关规定将本单位重大危险源及有关安全措施、

应急措施报有关地方人民政府应急管理部门和有关部门备案。有关地方人民政府应急管理部门和有关部门应当通过相关信息系统实现信息共享。

2. 作出处罚决定的依据：

《安全生产法》第一百零一条　生产经营单位有下列行为之一的，责令限期改正，处十万元以下的罚款；逾期未改正的，责令停产停业整顿，并处十万元以上二十万元以下的罚款，对其直接负责的主管人员和其他直接责任人员处二万元以上五万元以下的罚款；构成犯罪的，依照刑法有关规定追究刑事责任：

（二）对重大危险源未登记建档，未进行定期检测、评估、监控，未制定应急预案，或者未告知应急措施的。

3. 实施主体：

煤矿安全监管监察部门。

4. 裁量阶次、适用条件和具体标准：

（1）第一阶次

适用条件：有1处重大危险源未登记建档，未进行定期检测、评估、监控，未制定应急预案，或者未告知应急措施的。

具体标准：处三万元以下的罚款。

（2）第二阶次

适用条件：有2处重大危险源未登记建档，未进行定期检测、评估、监控，未制定应急预案，或者未告知应急措施的。

具体标准：处三万元以上七万元以下的罚款。

（3）第三阶次

适用条件：有3处以上重大危险源未登记建档，未进行定期检测、评估、监控，未制定应急预案，或者未告知应急措施的。

具体标准：处七万元以上十万元以下的罚款。

5. 适用说明：

对重大危险源进行登记建档、定期检测、评估、监控、制定应急预案以及告知应急措施，是生产经营单位不同的义务。因此，对重大危险源未登记建档，未进行定期检测，未进行评估，未进行监控，未制定应急预案，未告知应急措施，属于6种不同的违法行为。

第一百九十七条　煤矿逾期未改正对重大危险源未登记建档，未进行定期检测、评估、监控，未制定应急预案，或者未告知应急措施的违法行为

1. 认定违法行为的依据：

《安全生产法》第一百零一条　生产经营单位有下列行为之一的，责令限期改正，处十万元以下的罚款；逾期未改正的，责令停产停业整顿，并处十万元以上二十万元以下的罚款，对其直接负责的主管人员和其他直接责任人员处二万元以上五万元以下的罚款；构成犯罪的，依照刑法有关规定追究刑事责任：

（二）对重大危险源未登记建档，未进行定期检测、评估、监控，未制定应急预案，或者未告知应急措施的。

2. 作出处罚决定的依据：

《安全生产法》第一百零一条　生产经营单位有下列行为之一的，责令限期改正，处十万元以下的罚款；逾期未改正的，责令停产停业整顿，并处十万元以上二十万元以下的罚款，对其直接负责的主管人员和其他直接责任人员处二万元以上五万元以下的罚款；构成犯罪的，依照刑法有关规定追究刑事责任：

（二）对重大危险源未登记建档，未进行定期检测、评估、监控，未制定应急预案，或者未告知应急措施的。

3. 实施主体：

煤矿安全监管监察部门。

4. 裁量阶次、适用条件和具体标准：

责令停产停业整顿，并对煤矿、直接负责的主管人员和其他直接责任人员按照下列基准进行罚款：

(1) 第一阶次

适用条件：逾期未改正1处重大危险源未登记建档，未进行定期检测、评估、监控，未制定应急预案，或者未告知应急措施的。

具体标准：对煤矿处十万元以上十三万元以下的罚款，对其直接负责的主管人员和其他直接责任人员处二万元以上三万元以下的罚款。

(2) 第二阶次

适用条件：逾期未改正2处重大危险源未登记建档，未进行定期检测、评估、监控，未制定应急预案，或者未告知应急措施的。

具体标准：对煤矿处十三万元以上十七万元以下的罚款，对其直接负责的主管人员和其他直接责任人员处三万元以上四万元以下的罚款。

(3) 第三阶次

适用条件：逾期未改正3处以上重大危险源未登记建档，未进行定期检测、评估、监控，未制定应急预案，或者未告知应急措施的。

具体标准：对煤矿处十七万元以上二十万元以下的罚款，对其直接负责的主管人员和其他直接责任人员处四万元以上五万元以下的罚款。

5. 适用说明：

逾期未改正其中一个违法行为的，按照逾期未改正一个违法行为进行处罚；

逾期未改正两个以上违法行为的,按照逾期未改正的违法行为的个数确定违法行为的数量。

第一百九十八条　煤矿的危险作业未安排专门人员进行现场安全管理的违法行为

1. 认定违法行为的依据:

《安全生产法》第四十三条　生产经营单位进行爆破、吊装、动火、临时用电以及国务院应急管理部门会同国务院有关部门规定的其他危险作业,应当安排专门人员进行现场安全管理,确保操作规程的遵守和安全措施的落实。

2. 作出处罚决定的依据:

《安全生产法》第一百零一条　生产经营单位有下列行为之一的,责令限期改正,处十万元以下的罚款;逾期未改正的,责令停产停业整顿,并处十万元以上二十万元以下的罚款,对其直接负责的主管人员和其他直接责任人员处二万元以上五万元以下的罚款;构成犯罪的,依照刑法有关规定追究刑事责任:

(三)进行爆破、吊装、动火、临时用电以及国务院应急管理部门会同国务院有关部门规定的其他危险作业,未安排专门人员进行现场安全管理的。

3. 实施主体:

煤矿安全监管监察部门。

4. 裁量阶次、适用条件和具体标准:

(1)第一阶次

适用条件:有1处危险作业未安排专门人员进行现场安全管理的。

具体标准:处三万元以下的罚款。

(2)第二阶次

适用条件:有2处危险作业未安排专门人员进行现场安全管理的。

具体标准:处三万元以上七万元以下的罚款。

(3)第三阶次

适用条件:有3处以上危险作业未安排专门人员进行现场安全管理的。

具体标准:处七万元以上十万元以下的罚款。

5. 适用说明:

爆破、吊装、动火、临时用电以及国务院应急管理部门会同国务院有关部门规定的其他危险作业,例如探放水、密闭启封、瓦斯排放等属于不同的危险作业,都应当分别安排专门人员进行现场管理。否则,属于不同的危险作业行为,应当分别裁量、合并处罚。

第一百九十九条　煤矿逾期未改正危险作业未安排专门人员进行现场安全管理的违法行为

1. 认定违法行为的依据：

《安全生产法》第一百零一条　生产经营单位有下列行为之一的，责令限期改正，处十万元以下的罚款；逾期未改正的，责令停产停业整顿，并处十万元以上二十万元以下的罚款，对其直接负责的主管人员和其他直接责任人员处二万元以上五万元以下的罚款；构成犯罪的，依照刑法有关规定追究刑事责任：

（三）进行爆破、吊装、动火、临时用电以及国务院应急管理部门会同国务院有关部门规定的其他危险作业，未安排专门人员进行现场安全管理的。

2. 作出处罚决定的依据：

《安全生产法》第一百零一条　生产经营单位有下列行为之一的，责令限期改正，处十万元以下的罚款；逾期未改正的，责令停产停业整顿，并处十万元以上二十万元以下的罚款，对其直接负责的主管人员和其他直接责任人员处二万元以上五万元以下的罚款；构成犯罪的，依照刑法有关规定追究刑事责任：

（三）进行爆破、吊装、动火、临时用电以及国务院应急管理部门会同国务院有关部门规定的其他危险作业，未安排专门人员进行现场安全管理的。

3. 实施主体：

煤矿安全监管监察部门。

4. 裁量阶次、适用条件和具体标准：

责令停产停业整顿，并对煤矿、直接负责的主管人员和其他直接责任人员按照下列基准进行罚款：

（1）第一阶次

适用条件：逾期未改正1处危险作业未安排专门人员进行现场安全管理的。

具体标准：对煤矿处十万元以上十三万元以下的罚款，对其直接负责的主管人员和其他直接责任人员处二万元以上三万元以下的罚款。

（2）第二阶次

适用条件：逾期未改正2处危险作业未安排专门人员进行现场安全管理的。

具体标准：对煤矿处十三万元以上十七万元以下的罚款，对其直接负责的主管人员和其他直接责任人员处三万元以上四万元以下的罚款。

（3）第三阶次

适用条件：逾期未改正3处以上危险作业未安排专门人员进行现场安全管理的。

具体标准：对煤矿处十七万元以上二十万元以下的罚款，对其直接负责的主管人员和其他直接责任人员处四万元以上五万元以下的罚款。

第二百条　煤矿将生产经营项目、场所、设备发包或者出租给不具备安全生产条件或者相应资质的单位或者个人的违法行为

1. 认定违法行为的依据：

《安全生产法》第四十九条第一款　生产经营单位不得将生产经营项目、场所、设备发包或者出租给不具备安全生产条件或者相应资质的单位或者个人。

2. 作出处罚决定的依据：

《安全生产法》第一百零三条第一款　生产经营单位将生产经营项目、场所、设备发包或者出租给不具备安全生产条件或者相应资质的单位或者个人的，责令限期改正，没收违法所得；违法所得十万元以上的，并处违法所得二倍以上五倍以下的罚款；没有违法所得或者违法所得不足十万元的，单处或者并处十万元以上二十万元以下的罚款；对其直接负责的主管人员和其他直接责任人员处一万元以上二万元以下的罚款；导致发生生产安全事故给他人造成损害的，与承包方、承租方承担连带赔偿责任。

3. 实施主体：

煤矿安全监管监察部门。

4. 裁量阶次、适用条件和具体标准：

（1）第一阶次

适用条件：没有违法所得或者违法所得不足十万元的。

具体标准：没收违法所得，对煤矿单处或者并处十万元以上二十万元以下的罚款；对其直接负责的主管人员和其他直接责任人员处一万元以上二万元以下的罚款。

（2）第二阶次

适用条件：违法所得十万元以上一百万元以下的。

具体标准：没收违法所得，对煤矿并处违法所得二倍以上三倍以下的罚款；对其直接负责的主管人员和其他直接责任人员处一万元以上二万元以下的罚款。

（3）第三阶次

适用条件：违法所得一百万元以上的。

具体标准：没收违法所得，对煤矿并处违法所得三倍以上五倍以下的罚款；对其直接负责的主管人员和其他直接责任人员处一万元以上二万元以下的罚款。

5. 适用说明：

"生产经营单位将生产经营项目、场所、设备发包或者出租给不具备安全生产条件或者相应资质的单位或者个人的违法行为"包括三种违法行为：①生产经营单位将生产经营项目发包或者出租给不具备安全生产条件或者相应资质的单位或者个人；②生产经营单位将生产场所发包或者出租给不具备安全生产条件或者相应资质的单位或者个人；③生产经营单位将设备发包或者出租给不具备安全生产条件或者相应资质的单位或者个人。

第二百零一条 煤矿未与承包单位、承租单位签订专门的安全生产管理协议或者未在承包合同、租赁合同中明确各自的安全生产管理职责的违法行为

1. 认定违法行为的依据：

《安全生产法》第四十九条第二款 生产经营项目、场所发包或者出租给其他单位的，生产经营单位应当与承包单位、承租单位签订专门的安全生产管理协议，或者在承包合同、租赁合同中约定各自的安全生产管理职责；生产经营单位对承包单位、承租单位的安全生产工作统一协调、管理，定期进行安全检查，发现安全问题的，应当及时督促整改。

2. 作出处罚决定的依据：

《安全生产法》第一百零三条第二款 生产经营单位未与承包单位、承租单位签订专门的安全生产管理协议或者未在承包合同、租赁合同中明确各自的安全生产管理职责，或者未对承包单位、承租单位的安全生产统一协调、管理的，责令限期改正，处五万元以下的罚款，对其直接负责的主管人员和其他直接责任人员处一万元以下的罚款；逾期未改正的，责令停产停业整顿。

3. 实施主体：

煤矿安全监管监察部门。

4. 具体标准：

处五万元以下的罚款，对其直接负责的主管人员和其他直接责任人员处一万元以下的罚款。

第二百零二条 煤矿未对承包单位、承租单位的安全生产统一协调、管理的违法行为

1. 认定违法行为的依据：

《安全生产法》第四十九条第二款 生产经营项目、场所发包或者出租给其他单位的，生产经营单位应当与承包单位、承租单位签订专门的安全生产管理协议，或者在承包合同、租赁合同中约定各自的安全生产管理职责；生产经营单位对承包单位、承租单位的安全生产工作统一协调、管理，定期进行安全检查，发现安全问题的，应当及时督促整改。

2. 作出处罚决定的依据：

《安全生产法》第一百零三条第二款 生产经营单位未与承包单位、承租单位签订专门的安全生产管理协议或者未在承包合同、租赁合同中明确各自的安全

生产管理职责,或者未对承包单位、承租单位的安全生产统一协调、管理的,责令限期改正,处五万元以下的罚款,对其直接负责的主管人员和其他直接责任人员处一万元以下的罚款;逾期未改正的,责令停产停业整顿。

3. 实施主体:

煤矿安全监管监察部门。

4. 具体标准:

处五万元以下的罚款,对其直接负责的主管人员和其他直接责任人员处一万元以下的罚款。

第二百零三条 煤矿逾期未改正未与承包单位、承租单位签订专门的安全生产管理协议或者未在承包合同、租赁合同中明确各自的安全生产管理职责,或者未对承包单位、承租单位的安全生产统一协调、管理的违法行为

1. 认定违法行为的依据:

《安全生产法》第一百零三条第二款 生产经营单位未与承包单位、承租单位签订专门的安全生产管理协议或者未在承包合同、租赁合同中明确各自的安全生产管理职责,或者未对承包单位、承租单位的安全生产统一协调、管理的,责令限期改正,处五万元以下的罚款,对其直接负责的主管人员和其他直接责任人员处一万元以下的罚款;逾期未改正的,责令停产停业整顿。

2. 作出处罚决定的依据:

《安全生产法》第一百零三条第二款 生产经营单位未与承包单位、承租单位签订专门的安全生产管理协议或者未在承包合同、租赁合同中明确各自的安全生产管理职责,或者未对承包单位、承租单位的安全生产统一协调、管理的,责令限期改正,处五万元以下的罚款,对其直接负责的主管人员和其他直接责任人员处一万元以下的罚款;逾期未改正的,责令停产停业整顿。

3. 实施主体:

煤矿安全监管监察部门。

4. 具体标准:

责令停产停业整顿。

5. 适用说明:

逾期未改正其中一个违法行为的,按照逾期未改正一个违法行为进行处罚;逾期未改正两个以上违法行为的,按照逾期未改正的违法行为的个数确定违法行为的数量。

第二百零四条 煤矿建设项目的施工单位未按照规定对施工项目进行安全管

理的违法行为

1. 认定违法行为的依据：

《安全生产法》第四十九条第三款　矿山、金属冶炼建设项目和用于生产、储存、装卸危险物品的建设项目的施工单位应当加强对施工项目的安全管理，不得倒卖、出租、出借、挂靠或者以其他形式非法转让施工资质，不得将其承包的全部建设工程转包给第三人或者将其承包的全部建设工程支解以后以分包的名义分别转包给第三人，不得将工程分包给不具备相应资质条件的单位。

2. 作出处罚决定的依据：

《安全生产法》第一百零三条第三款　矿山、金属冶炼建设项目和用于生产、储存、装卸危险物品的建设项目的施工单位未按照规定对施工项目进行安全管理的，责令限期改正，处十万元以下的罚款，对其直接负责的主管人员和其他直接责任人员处二万元以下的罚款；逾期未改正的，责令停产停业整顿。以上施工单位倒卖、出租、出借、挂靠或者以其他形式非法转让施工资质的，责令停产停业整顿，吊销资质证书，没收违法所得；违法所得十万元以上的，并处违法所得二倍以上五倍以下的罚款，没有违法所得或者违法所得不足十万元的，单处或者并处十万元以上二十万元以下的罚款；对其直接负责的主管人员和其他直接责任人员处五万元以上十万元以下的罚款；构成犯罪的，依照刑法有关规定追究刑事责任。

3. 实施主体：

煤矿安全监管监察部门。

4. 裁量阶次、适用条件和具体标准：

（1）第一阶次

适用条件：建设项目投资额5000万元以下的。

具体标准：对煤矿处三万元以下的罚款，对其直接负责的主管人员和其他直接责任人员处一万元以下的罚款。

（2）第二阶次

适用条件：建设项目投资额5000万元以上1亿元以下的。

具体标准：对煤矿处三万元以上七万元以下的罚款，对其直接负责的主管人员和其他直接责任人员处一万元以上二万元以下的罚款。

（3）第三阶次

适用条件：建设项目投资额1亿元以上的。

具体标准：对煤矿处七万元以上十万元以下的罚款，对其直接负责的主管人员和其他直接责任人员处一万元以上二万元以下的罚款。

第二百零五条　煤矿建设项目的施工单位逾期未改正未按照规定对施工项目进行安全管理的违法行为

1. 认定违法行为的依据：

《安全生产法》第一百零三条第三款　矿山、金属冶炼建设项目和用于生产、储存、装卸危险物品的建设项目的施工单位未按照规定对施工项目进行安全管理的，责令限期改正，处十万元以下的罚款，对其直接负责的主管人员和其他直接责任人员处二万元以下的罚款；逾期未改正的，责令停产停业整顿。以上施工单位倒卖、出租、出借、挂靠或者以其他形式非法转让施工资质的，责令停产停业整顿，吊销资质证书，没收违法所得；违法所得十万元以上的，并处违法所得二倍以上五倍以下的罚款，没有违法所得或者违法所得不足十万元的，单处或者并处十万元以上二十万元以下的罚款；对其直接负责的主管人员和其他直接责任人员处五万元以上十万元以下的罚款；构成犯罪的，依照刑法有关规定追究刑事责任。

2. 作出处罚决定的依据：

《安全生产法》第一百零三条第三款　矿山、金属冶炼建设项目和用于生产、储存、装卸危险物品的建设项目的施工单位未按照规定对施工项目进行安全管理的，责令限期改正，处十万元以下的罚款，对其直接负责的主管人员和其他直接责任人员处二万元以下的罚款；逾期未改正的，责令停产停业整顿。以上施工单位倒卖、出租、出借、挂靠或者以其他形式非法转让施工资质的，责令停产停业整顿，吊销资质证书，没收违法所得；违法所得十万元以上的，并处违法所得二倍以上五倍以下的罚款，没有违法所得或者违法所得不足十万元的，单处或者并处十万元以上二十万元以下的罚款；对其直接负责的主管人员和其他直接责任人员处五万元以上十万元以下的罚款；构成犯罪的，依照刑法有关规定追究刑事责任。

3. 实施主体：

煤矿安全监管监察部门。

4. 具体标准：

责令停产停业整顿。

第二百零六条　两个以上生产经营单位在同一作业区域内进行可能危及对方安全生产的生产经营活动，未签订安全生产管理协议的违法行为

1. 认定违法行为的依据：

《安全生产法》第四十八条　两个以上生产经营单位在同一作业区域内进行生产经营活动，可能危及对方生产安全的，应当签订安全生产管理协议，明确各自的安全生产管理职责和应当采取的安全措施,并指定专职安全生产管理人员进行安全检查与协调。

2. 作出处罚决定的依据:

《安全生产法》第一百零四条 两个以上生产经营单位在同一作业区域内进行可能危及对方安全生产的生产经营活动,未签订安全生产管理协议或者未指定专职安全生产管理人员进行安全检查与协调的,责令限期改正,处五万元以下的罚款,对其直接负责的主管人员和其他直接责任人员处一万元以下的罚款;逾期未改正的,责令停产停业。

3. 实施主体:

煤矿安全监管监察部门。

4. 具体标准:

处五万元以下的罚款,对其直接负责的主管人员和其他直接责任人员处一万元以下的罚款。

第二百零七条 两个以上生产经营单位在同一作业区域内进行可能危及对方安全生产的生产经营活动未指定专职安全生产管理人员进行安全检查与协调的违法行为

1. 认定违法行为的依据:

《安全生产法》第四十八条 两个以上生产经营单位在同一作业区域内进行生产经营活动,可能危及对方生产安全的,应当签订安全生产管理协议,明确各自的安全生产管理职责和应当采取的安全措施,并指定专职安全生产管理人员进行安全检查与协调。

2. 作出处罚决定的依据:

《安全生产法》第一百零四条 两个以上生产经营单位在同一作业区域内进行可能危及对方安全生产的生产经营活动,未签订安全生产管理协议或者未指定专职安全生产管理人员进行安全检查与协调的,责令限期改正,处五万元以下的罚款,对其直接负责的主管人员和其他直接责任人员处一万元以下的罚款;逾期未改正的,责令停产停业。

3. 实施主体:

煤矿安全监管监察部门。

4. 具体标准:

处五万元以下的罚款,对其直接负责的主管人员和其他直接责任人员处一万元以下的罚款。

第二百零八条 逾期未改正两个以上生产经单位在同一作业区域内进行可能危及对方安全生产的生产经营活动，未签订安全生产管理协议或者未指定专职安全生产管理人员进行安全检查与协调的违法行为

1. 认定违法行为的依据：

《安全生产法》第一百零四条 两个以上生产经营单位在同一作业区域内进行可能危及对方安全生产的生产经营活动，未签订安全生产管理协议或者未指定专职安全生产管理人员进行安全检查与协调的，责令限期改正，处五万元以下的罚款，对其直接负责的主管人员和其他直接责任人员处一万元以下的罚款；逾期未改正的，责令停产停业。

2. 作出处罚决定的依据：

《安全生产法》第一百零四条 两个以上生产经营单位在同一作业区域内进行可能危及对方安全生产的生产经营活动，未签订安全生产管理协议或者未指定专职安全生产管理人员进行安全检查与协调的，责令限期改正，处五万元以下的罚款，对其直接负责的主管人员和其他直接责任人员处一万元以下的罚款；逾期未改正的，责令停产停业。

3. 实施主体：

煤矿安全监管监察部门。

4. 具体标准：

责令停产停业。

第二百零九条 与从业人员订立协议，免除或者减轻其对从业人员因生产安全事故伤亡依法应承担的责任的违法行为

1. 认定违法行为的依据：

《安全生产法》第五十二条第二款 生产经营单位不得以任何形式与从业人员订立协议，免除或者减轻其对从业人员因生产安全事故伤亡依法应承担的责任。

2. 作出处罚决定的依据：

《安全生产法》第一百零六条 生产经营单位与从业人员订立协议，免除或者减轻其对从业人员因生产安全事故伤亡依法应承担的责任的，该协议无效；对生产经营单位的主要负责人、个人经营的投资人处二万元以上十万元以下的罚款。

3. 实施主体：

煤矿安全监管监察部门。

4. 裁量阶次、适用条件和具体标准：

(1) 第一阶次

适用条件：与从业人员订立协议，减轻其对从业人员因生产安全事故伤亡依法应承担责任的。

具体标准：处二万元以上五万元以下的罚款。

(2) 第二阶次

适用条件：与从业人员订立协议，免除其对从业人员因生产安全事故伤亡依法应承担责任的。

具体标准：处五万元以上十万元以下的罚款。

5. 适用说明：

减轻责任与免除责任只是程度不同，属于同一违法行为。

第二百一十条 拒不改正拒绝、阻碍负有安全生产监督管理职责的部门依法实施监督检查的违法行为

1. 认定违法行为的依据：

《安全生产法》第六十六条 生产经营单位对负有安全生产监督管理职责的部门的监督检查人员依法履行监督检查职责，应当予以配合，不得拒绝、阻挠。

2. 作出处罚决定的依据：

《安全生产法》第一百零八条 违反本法规定，生产经营单位拒绝、阻碍负有安全生产监督管理职责的部门依法实施监督检查的，责令改正；拒不改正的，处二万元以上二十万元以下的罚款；对其直接负责的主管人员和其他直接责任人员处一万元以上二万元以下的罚款；构成犯罪的，依照刑法有关规定追究刑事责任。

3. 实施主体：

煤矿安全监管监察部门。

4. 裁量阶次、适用条件和具体标准：

(1) 第一阶次

适用条件：拒绝、阻碍负有安全生产监督管理职责的部门依法实施监督检查的。

具体标准：处二万元以上十万元以下的罚款；对其直接负责的主管人员和其他直接责任人员处一万元以上二万元以下的罚款。

(2) 第二阶次

适用条件：采用胁迫方式拒绝、阻碍负有安全生产监督管理职责的部门依法实施监督检查的。

具体标准：处十万元以上十五万元以下的罚款；对其直接负责的主管人员和

其他直接责任人员处一万元以上二万元以下的罚款。

（3）第三阶次

适用条件：采用暴力手段拒绝、阻碍负有安全生产监督管理职责的部门依法实施监督检查的。

具体标准：处十五万元以上二十万元以下的罚款；对其直接负责的主管人员和其他直接责任人员处一万元以上二万元以下的罚款。

5. 适用说明：

拒绝、阻碍负有安全生产监督管理职责的部门依法实施监督检查，在性质上属于同一违法行为，只是程度不同。

第二百一十一条　煤矿有关人员提供虚假情况，或者隐瞒存在的事故隐患以及其他安全问题的违法行为

1. 认定违法行为的依据：

《煤矿安全监察条例》第三十二条　煤矿安全监察机构及其煤矿安全监察人员履行安全监察职责，向煤矿有关人员了解情况时，有关人员应当如实反映情况，不得提供虚假情况，不得隐瞒本煤矿存在的事故隐患以及其他安全问题。

2. 作出处罚决定的依据：

《煤矿安全监察条例》第四十五条　煤矿有关人员拒绝、阻碍煤矿安全监察机构及其煤矿安全监察人员现场检查，或者提供虚假情况，或者隐瞒存在的事故隐患以及其他安全问题的，由煤矿安全监察机构给予警告，可以并处 5 万元以上 10 万元以下的罚款；情节严重的，由煤矿安全监察机构责令停产整顿；对直接负责的主管人员和其他直接责任人员，依法给予撤职直至开除的纪律处分。

3. 实施主体：

矿山安全监察机构。

4. 裁量阶次、适用条件和具体标准：

（1）第一阶次

适用条件：提供虚假情况，或者隐瞒存在的事故隐患以及其他安全问题的。

具体标准：可以并处 5 万元以上 10 万元以下的罚款。

（2）第二阶次

适用条件：提供虚假情况，或者隐瞒存在的事故隐患以及其他安全问题，情节严重的。

具体标准：责令停产整顿。

5. 适用说明：

本条包括三个违法行为：①提供虚假情况；②隐瞒存在的事故隐患；③隐瞒

存在的其他安全问题。

第二百一十二条 煤矿企业对机电设备及其防护装置、安全检测仪器未尽管理职责的违法行为

1. 认定违法行为的依据：

《矿山安全法实施条例》第十五条 矿山企业应当对机电设备及其防护装置、安全检测仪器定期检查、维修，并建立技术档案，保证使用安全。

非负责设备运行的人员，不得操作设备。非值班电气人员，不得进行电气作业。操作电气设备的人员，应当有可靠的绝缘保护。检修电气设备时，不得带电作业。

2. 作出处罚决定的依据：

《矿山安全法实施条例》第五十四条 违反本条例第十五条、第十六条、第十七条、第十八条、第十九条、第二十条、第二十一条、第二十二条、第二十三条、第二十五条规定的，由劳动行政主管部门责令改正，可以处2万元以下的罚款。

3. 实施主体：

煤矿安全监管监察部门。

4. 具体标准：

可以处2万元以下的罚款。

5. 适用说明：

（1）矿山企业未对机电设备及其防护装置、安全检测仪器定期检查、维修，依据《安全生产法》第九十九条的规定处罚。其他违法行为依据本条的规定处罚。

（2）本条包括五种违法行为：①矿山企业未对机电设备及其防护装置、安全检测仪器建立技术档案；②非负责设备运行的人员操作设备；③非值班电气人员进行电气作业；④检修电气设备时，带电作业；⑤操作电气设备的人员，没有可靠的绝缘保护。对于⑤，如果单位未配备绝缘保护用品的，依据《安全生产法》第九十九条的规定处罚。

（3）如果构成事故隐患的，按照本《基准》关于事故隐患的规定处罚。

第二百一十三条 煤矿未依法对有毒有害物质进行检测的违法行为

1. 认定违法行为的依据：

《矿山安全法实施条例》第十六条 矿山作业场所空气中的有毒有害物质的浓度，不得超过国家标准或者行业标准；矿山企业应当按照国家规定的方法，按

照下列要求定期检测：

（一）粉尘作业点，每月至少检测两次；

（二）三硝基甲苯作业点，每月至少检测一次；

（三）放射性物质作业点，每月至少检测三次；

（四）其他有毒有害物质作业点，井下每月至少检测一次，地面每季度至少检测一次；

（五）采用个体采样方法检测呼吸性粉尘的，每季度至少检测一次。

2. 作出处罚决定的依据：

《矿山安全法实施条例》第五十四条　违反本条例第十五条、第十六条、第十七条、第十八条、第十九条、第二十条、第二十一条、第二十二条、第二十三条、第二十五条规定的，由劳动行政主管部门责令改正，可以处 2 万元以下的罚款。

3. 实施主体：

煤矿安全监管监察部门。

4. 具体标准：

可以处 2 万元以下的罚款。

5. 适用说明：

如果构成事故隐患的，按照本《基准》关于事故隐患的规定处罚。

第二百一十四条　煤矿未按规定管理顶帮或者支护的违法行为

1. 认定违法行为的依据：

《矿山安全法实施条例》第十七条第一款　井下采掘作业，必须按照作业规程的规定管理顶帮。采掘作业通过地质破碎带或者其他顶帮破碎地点时，应当加强支护。

2. 作出处罚决定的依据：

《矿山安全法实施条例》第五十四条　违反本条例第十五条、第十六条、第十七条、第十八条、第十九条、第二十条、第二十一条、第二十二条、第二十三条、第二十五条规定的，由劳动行政主管部门责令改正，可以处 2 万元以下的罚款。

3. 实施主体：

煤矿安全监管监察部门。

4. 具体标准：

可以处 2 万元以下的罚款。

5. 适用说明：

（1）本条包括三种违法行为：①井下采掘作业，未按照作业规程的规定管理顶帮；②采掘作业通过地质破碎带时，未加强支护；③采掘作业通过其他顶帮破碎地点时，未加强支护。

（2）如果构成事故隐患的，按照本《基准》关于事故隐患的规定处罚。

第二百一十五条 露天煤矿未按规定控制采剥工作面的阶段高度、宽度、边坡角和最终边坡角的违法行为

1. 认定违法行为的依据：

《矿山安全法实施条例》第十七条第二款 露天采剥作业，应当按照设计规定，控制采剥工作面的阶段高度、宽度、边坡角和最终边坡角。采剥作业和排土作业，不得对深部或者邻近井巷造成危害。

2. 作出处罚决定的依据：

《矿山安全法实施条例》第五十四条 违反本条例第十五条、第十六条、第十七条、第十八条、第十九条、第二十条、第二十一条、第二十二条、第二十三条、第二十五条规定的，由劳动行政主管部门责令改正，可以处2万元以下的罚款。

3. 实施主体：

煤矿安全监管监察部门。

4. 具体标准：

可以处2万元以下的罚款。

5. 适用说明：

（1）本条包括五种违法行为：①露天采剥作业，未按照设计规定，控制采剥工作面的阶段高度。②露天采剥作业，未按照设计规定，控制采剥工作面阶段宽度；③露天采剥作业，未按照设计规定，控制采剥工作面的阶段边坡角；④露天采剥作业，未按照设计规定，控制采剥工作面的最终边坡角；⑤采剥作业和排土作业，对深部或者邻近井巷造成危害。

（2）露天煤矿边坡角大于设计最大值的，属于重大事故隐患，按照《国务院关于预防煤矿生产安全事故的特别规定》第十条的规定裁量处罚。

第二百一十六条 煤矿未严格执行瓦斯检查制度，携带烟草和点火用具下井的违法行为

1. 认定违法行为的依据：

《矿山安全法实施条例》第十八条 煤矿和其他有瓦斯爆炸可能性的矿井，应当严格执行瓦斯检查制度，任何人不得携带烟草和点火用具下井。

2. 作出处罚决定的依据：

《矿山安全法实施条例》第五十四条　违反本条例第十五条、第十六条、第十七条、第十八条、第十九条、第二十条、第二十一条、第二十二条、第二十三条、第二十五条规定的，由劳动行政主管部门责令改正，可以处 2 万元以下的罚款。

《煤矿安全监察行政处罚办法》第十四条　煤矿未严格执行瓦斯检查制度，入井人员携带烟草和点火用具下井的，责令改正，可以并处二万元以下的罚款。

3. 实施主体：

煤矿安全监管监察部门。

4. 具体标准：

可以处 2 万元以下的罚款。

5. 适用说明：

（1）携带烟草和点火用具下井的，属于未严格执行瓦斯检查制度的违法行为，不是独立的违法行为。

（2）如果构成事故隐患的，按照本《基准》关于事故隐患的规定处罚。

第二百一十七条　煤矿未依法编制专门设计文件，并报管理矿山企业的主管部门批准的违法行为

1. 认定违法行为的依据：

《矿山安全法实施条例》第十九条　在下列条件下从事矿山开采，应当编制专门设计文件，并报管理矿山企业的主管部门批准：

（一）有瓦斯突出的；

（二）有冲击地压的；

（三）在需要保护的建筑物、构筑物和铁路下面开采的；

（四）在水体下面开采的；

（五）在地温异常或者有热水涌出的地区开采的。

2. 作出处罚决定的依据：

《矿山安全法实施条例》第五十四条　违反本条例第十五条、第十六条、第十七条、第十八条、第十九条、第二十条、第二十一条、第二十二条、第二十三条、第二十五条规定的，由劳动行政主管部门责令改正，可以处 2 万元以下的罚款。

3. 实施主体：

煤矿安全监管监察部门。

4. 具体标准：

可以处 2 万元以下的罚款。

5. 适用说明：

煤矿违反应当编制专门设计文件，并报管理矿山企业的主管部门批准的五种情形中的任何一种都属于一个独立的违法行为，应当分别裁量、合并处罚。

第二百一十八条　有自然发火可能性的煤矿未采取有关措施的违法行为

1. 认定违法行为的依据：

《矿山安全法实施条例》第二十条　有自然发火可能性的矿井，应当采取下列措施：

（一）及时清出采场浮矿和其他可燃物质，回采结束后及时封闭采空区；

（二）采取防火灌浆或者其他有效的预防自然发火的措施；

（三）定期检查井巷和采区封闭情况，测定可能自然发火地点的温度和风量；定期检测火区内的温度、气压和空气成分。

2. 作出处罚决定的依据：

《矿山安全法实施条例》第五十四条　违反本条例第十五条、第十六条、第十七条、第十八条、第十九条、第二十条、第二十一条、第二十二条、第二十三条、第二十五条规定的，由劳动行政主管部门责令改正，可以处 2 万元以下的罚款。

3. 实施主体：

煤矿安全监管监察部门。

4. 具体标准：

可以处 2 万元以下的罚款。

5. 适用说明：

（1）本条包括五种违法行为：①未及时清出采场浮矿和其他可燃物质；②回采结束后未及时封闭采空区；③未采取防火灌浆或者其他有效的预防自然发火的措施；④未定期检查井巷和采区封闭情况，测定可能自然发火地点的温度和风量；⑤未定期检测火区内的温度、气压和空气成分。上述违法行为，应当分别裁量、合并处罚。

（2）如果构成事故隐患的，按照本《基准》关于事故隐患的规定处罚。

第二百一十九条　煤矿井下采掘作业违反应当探水前进规定的违法行为

1. 认定违法行为的依据：

《矿山安全法实施条例》第二十一条　井下采掘作业遇下列情形之一时，应当探水前进：

（一）接近承压含水层或者含水的断层、流砂层、砾石层、溶洞、陷落柱时；

（二）接近与地表水体相通的地质破碎带或者接近连通承压层的未封钻孔时；

（三）接近积水的老窑、旧巷或者灌过泥浆的采空区时；

（四）发现有出水征兆时；

（五）掘开隔离矿柱或者岩柱放水时。

2. 作出处罚决定的依据：

《矿山安全法实施条例》第五十四条　违反本条例第十五条、第十六条、第十七条、第十八条、第十九条、第二十条、第二十一条、第二十二条、第二十三条、第二十五条规定的，由劳动行政主管部门责令改正，可以处2万元以下的罚款。

3. 实施主体：

煤矿安全监管监察部门。

4. 具体标准：

可以处2万元以下的罚款。

5. 适用说明：

（1）煤矿井下采掘作业违反应当探水前进规定的五种情形中的任何一种都属于一个独立的违法行为，应当分别裁量、合并处罚。

（2）如果构成事故隐患的，按照本《基准》关于事故隐患的规定处罚。

第二百二十条　煤矿井下风量、风质、风速和作业环境的气候不符合规定的违法行为

1. 认定违法行为的依据：

《矿山安全法实施条例》第二十二条　井下风量、风质、风速和作业环境的气候，必须符合矿山安全规程的规定。

采掘工作面进风风流中，按照体积计算，氧气不得低于20%，二氧化碳不得超过0.5%。

井下作业地点的空气温度不得超过28℃；超过时，应当采取降温或者其他防护措施。

2. 作出处罚决定的依据：

《矿山安全法实施条例》第五十四条　违反本条例第十五条、第十六条、第十七条、第十八条、第十九条、第二十条、第二十一条、第二十二条、第二十三条、第二十五条规定的，由劳动行政主管部门责令改正，可以处2万元以下的罚款。

《煤矿安全监察行政处罚办法》第十九条　煤矿井下风量、风质、风速和作业环境的气候，不符合煤矿安全规程的规定的，责令改正，可以并处2万元以下的罚款。

3. 实施主体：

煤矿安全监管监察部门。

4. 具体标准：

可以处2万元以下的罚款。

5. 适用说明：

（1）"煤矿井下风量、风质、风速和作业环境的气候不符合规定的违法行为"包括七种违法行为：①井下风量不符合矿山安全规程的规定；②井下风质不符合矿山安全规程的规定；③井下风速不符合矿山安全规程的规定；④井下作业环境的气候不符合矿山安全规程的规定；⑤采掘工作面进风风流中，按照体积计算，氧气低于20%；⑥采掘工作面进风风流中，按照体积计算，二氧化碳超过0.5%；⑦井下作业地点的空气温度超过28℃时，未采取降温或者其他防护措施。上述违法行为，应当分别裁量、合并处罚。

（2）如果构成事故隐患的，按照本《基准》关于事故隐患的规定处罚。

第二百二十一条　煤矿企业对地面、井下产生粉尘的作业未采取综合防尘措施，控制粉尘危害的违法行为

1. 认定违法行为的依据：

《矿山安全法实施条例》第二十五条　矿山企业对地面、井下产生粉尘的作业，应当采取综合防尘措施，控制粉尘危害。

井下风动凿岩，禁止干打眼。

2. 作出处罚决定的依据：

《矿山安全法实施条例》第五十四条　违反本条例第十五条、第十六条、第十七条、第十八条、第十九条、第二十条、第二十一条、第二十二条、第二十三条、第二十五条规定的，由劳动行政主管部门责令改正，可以处2万元以下的罚款。

《煤矿安全监察行政处罚办法》第二十条　煤矿对产生粉尘的作业场所，未采取综合防尘措施，或者未按规定对粉尘进行检测的，责令改正，可以并处2万元以下的罚款。

3. 实施主体：

煤矿安全监管监察部门。

4. 具体标准：

可以处 2 万元以下的罚款。

5. 适用说明：

（1）本条包括两种违法行为：①矿山企业对地面、井下产生粉尘的作业，未采取综合防尘措施，控制粉尘危害；②井下风动凿岩时干打眼。

（2）如果构成事故隐患的，按照本《基准》关于事故隐患的规定处罚。

第二百二十二条 煤矿未按照国家规定投保安全生产责任保险的违法行为

1. 认定违法行为的依据：

《安全生产法》第五十一条第二款 国家鼓励生产经营单位投保安全生产责任保险；属于国家规定的高危行业、领域的生产经营单位，应当投保安全生产责任保险。具体范围和实施办法由国务院应急管理部门会同国务院财政部门、国务院保险监督管理机构和相关行业主管部门制定。

2. 作出处罚决定的依据：

《安全生产法》第一百零九条 高危行业、领域的生产经营单位未按照国家规定投保安全生产责任保险的，责令限期改正，处五万元以上十万元以下的罚款；逾期未改正的，处十万元以上二十万元以下的罚款。

3. 实施主体：

煤矿安全监管监察部门。

4. 具体标准：

处五万元以上十万元以下的罚款。

第二百二十三条 煤矿逾期未改正未按照国家规定投保安全生产责任保险的违法行为

1. 认定违法行为的依据：

《安全生产法》第一百零九条 高危行业、领域的生产经营单位未按照国家规定投保安全生产责任保险的，责令限期改正，处五万元以上十万元以下的罚款；逾期未改正的，处十万元以上二十万元以下的罚款。

2. 作出处罚决定的依据：

《安全生产法》第一百零九条 高危行业、领域的生产经营单位未按照国家规定投保安全生产责任保险的，责令限期改正，处五万元以上十万元以下的罚款；逾期未改正的，处十万元以上二十万元以下的罚款。

3. 实施主体：

煤矿安全监管监察部门。

4. 裁量阶次、适用条件和具体标准：

（1）第一阶次

适用条件：未对井下作业人员投保人数少于井下作业人数10%以下的。

具体标准：处十万元以上十三万元以下的罚款。

（2）第二阶次

适用条件：未对井下作业人员投保人数少于井下作业人数10%以上20%以下的。

具体标准：处十三万元以上十七万元以下的罚款。

（3）第三阶次

适用条件：未对井下作业人员投保人数少于井下作业人数20%以上的。

具体标准：处十七万元以上二十万元以下的罚款。

第二百二十四条　矿井未使用专用防爆电器设备、专用放炮器、专用升降容器和使用明火明电照明的违法行为

1. 认定违法行为的依据：

《煤矿安全监察条例》第二十六条　煤矿安全监察机构发现煤矿作业场所有下列情形之一的，应当责令立即停止作业，限期改正；有关煤矿或其作业场所经复查合格的，方可恢复作业：

（一）未使用专用防爆电器设备的；

（二）未使用专用放炮器的；

（三）未使用人员专用升降容器的；

（四）使用明火明电照明的。

2. 作出处罚决定的依据：

《煤矿安全监察条例》第三十八条　煤矿作业场所未使用专用防爆电器设备、专用放炮器、人员专用升降容器或者使用明火明电照明，经煤矿安全监察机构责令限期改正，逾期不改正的，由煤矿安全监察机构责令停产整顿，可以处3万元以下的罚款。

《煤矿安全监察行政处罚办法》第九条　煤矿作业场所有下列情形之一的，责令限期改正；逾期不改正的，责令停产整顿，并处3万元以下的罚款：

（一）未使用专用防爆电器设备的；

（二）未使用专用放炮器的；

（三）未使用人员专用升降容器的；

（四）使用明火明电照明的。

3. 实施主体：

矿山安全监察机构。

4. 具体标准：

责令停产整顿，可以处 3 万元以下的罚款。

5. 适用说明：

（1）矿井未使用专用防爆电器设备、专用放炮器、专用升降容器和使用明火明电照明，如果属于事故隐患的，按照本《基准》事故隐患的规定处罚，此时煤矿安全监管监察部门都有行政处罚权。

（2）矿井未使用的专用防爆电器设备、专用放炮器、专用升降容器，如果属于矿山井下特种设备的，按照《安全生产法》的规定处罚。

第二百二十五条 煤矿采用危及相邻煤矿生产安全危险方法进行采矿作业的违法行为

1. 认定违法行为的依据：

《煤炭法》第二十四条第二款 采矿作业不得擅自开采保安煤柱，不得采用可能危及相邻煤矿生产安全的决水、爆破、贯通巷道等危险方法。

2. 作出处罚决定的依据：

《煤炭法》第五十八条 违反本法第二十四条的规定，擅自开采保安煤柱或者采用危及相邻煤矿生产安全的危险方法进行采矿作业的，由劳动行政主管部门会同煤炭管理部门责令停止作业；由煤炭管理部门没收违法所得，并处违法所得一倍以上五倍以下的罚款；构成犯罪的，由司法机关依法追究刑事责任；造成损失的，依法承担赔偿责任。

《煤矿安全监察条例》第四十三条 擅自开采保安煤柱，或者采用危及相邻煤矿生产安全的决水、爆破、贯通巷道等危险方法进行采矿作业，经煤矿安全监察人员责令立即停止作业，拒不停止作业的，由煤矿安全监察机构决定吊销安全生产许可证，并移送地质矿产主管部门依法吊销采矿许可证；构成犯罪的，依法追究刑事责任；造成损失的，依法承担赔偿责任。

3. 实施主体：

煤矿安全监管部门。

4. 具体标准：

吊销安全生产许可证。

5. 适用说明：

（1）采用危及相邻煤矿生产安全危险方法进行采矿作业的，违反了《煤炭法》第二十四条第二款、《煤矿安全监察条例》第四十三条的规定，《煤炭法》第二十四条第二款和第五十八条以及《煤矿安全监察条例》第四十三条对行政处罚作了规定，但因煤矿安全监管监察部门不属于煤炭管理部门，不能依《煤炭法》进行处罚，因此有上述违法行为时，应当依据《煤矿安全监察条例》第四十三条的规定处罚。根据职责分工，煤矿安全监管部门应当给予吊销安全生产许可证的处罚。

（2）依据《煤矿重大事故隐患判定标准》第十条，煤矿擅自开采保安煤柱的，属于重大事故隐患，按照"超层越界开采"依据《国务院关于预防煤矿生产安全事故的特别规定》第十条第一款的规定裁量处罚。

第二百二十六条 构成提请关闭煤矿的违法行为

1. 认定违法行为的依据：

《安全生产法》第一百一十三条 生产经营单位存在下列情形之一的，负有安全生产监督管理职责的部门应当提请地方人民政府予以关闭，有关部门应当依法吊销其有关证照。生产经营单位主要负责人五年内不得担任任何生产经营单位的主要负责人；情节严重的，终身不得担任本行业生产经营单位的主要负责人：

（一）存在重大事故隐患，一百八十日内三次或者一年内四次受到本法规定的行政处罚的；

（二）经停产停业整顿，仍不具备法律、行政法规和国家标准或者行业标准规定的安全生产条件的；

（三）不具备法律、行政法规和国家标准或者行业标准规定的安全生产条件，导致发生重大、特别重大生产安全事故的；

（四）拒不执行负有安全生产监督管理职责的部门作出的停产停业整顿决定的。

2. 作出处罚决定的依据：

《安全生产法》第一百一十三条 生产经营单位存在下列情形之一的，负有安全生产监督管理职责的部门应当提请地方人民政府予以关闭，有关部门应当依法吊销其有关证照。生产经营单位主要负责人五年内不得担任任何生产经营单位的主要负责人；情节严重的，终身不得担任本行业生产经营单位的主要负责人：

（一）存在重大事故隐患，一百八十日内三次或者一年内四次受到本法规定的行政处罚的；

（二）经停产停业整顿，仍不具备法律、行政法规和国家标准或者行业标准规定的安全生产条件的；

（三）不具备法律、行政法规和国家标准或者行业标准规定的安全生产条件，导致发生重大、特别重大生产安全事故的；

（四）拒不执行负有安全生产监督管理职责的部门作出的停产停业整顿决

定的。

3. 实施主体：

煤矿安全监管监察部门。

4. 裁量阶次、适用条件和具体标准：

（1）第一阶次

适用条件：①存在重大事故隐患，一百八十日内三次或者一年内四次受到本法规定的行政处罚的；②经停产停业整顿，仍不具备法律、行政法规和国家标准或者行业标准规定的安全生产条件的；③不具备法律、行政法规和国家标准或者行业标准规定的安全生产条件，导致发生重大、特别重大生产安全事故的；④拒不执行负有安全生产监督管理职责的部门作出的停产停业整顿决定的。

具体标准：负有安全生产监督管理职责的部门应当提请地方人民政府予以关闭，有关部门应当依法吊销其有关证照。生产经营单位主要负责人五年内不得担任任何生产经营单位的主要负责人。

（2）第二阶次

适用条件：具有第一阶次四种情形之一且情节严重的。

具体标准：负有安全生产监督管理职责的部门应当提请地方人民政府予以关闭，有关部门应当依法吊销其有关证照。生产经营单位主要负责人终身不得担任本行业生产经营单位的主要负责人。

第二百二十七条　煤矿逾期未改正未将生产安全事故应急救援预案报送备案、未建立应急值班制度或者配备应急值班人员的违法行为

1. 认定违法行为的依据：

《生产安全事故应急条例》第三十二条　生产经营单位未将生产安全事故应急救援预案报送备案、未建立应急值班制度或者配备应急值班人员的，由县级以上人民政府负有安全生产监督管理职责的部门责令限期改正；逾期未改正的，处3万元以上5万元以下的罚款，对直接负责的主管人员和其他直接责任人员处1万元以上2万元以下的罚款。

2. 作出处罚决定的依据：

《生产安全事故应急条例》第三十二条　生产经营单位未将生产安全事故应急救援预案报送备案、未建立应急值班制度或者配备应急值班人员的，由县级以上人民政府负有安全生产监督管理职责的部门责令限期改正；逾期未改正的，处3万元以上5万元以下的罚款，对直接负责的主管人员和其他直接责任人员处1万元以上2万元以下的罚款。

3. 实施主体：

煤矿安全监管监察部门。

4. 具体标准：

处 3 万元以上 5 万元以下的罚款，对直接负责的主管人员和其他直接责任人员处 1 万元以上 2 万元以下的罚款。

5. 适用说明：

逾期未改正其中一个违法行为的，按照逾期未改正一个违法行为进行处罚；逾期未改正两个以上违法行为的，按照逾期未改正的违法行为的个数确定违法行为的数量。

第二百二十八条 煤矿使用不符合国家安全标准或者行业安全标准的设备、器材、仪器、仪表被责令限期改正或者责令立即停止使用，逾期不改正或者不立即停止使用的违法行为

1. 认定违法行为的依据：

《矿山安全法实施条例》第十四条 矿山使用的下列设备、器材、防护用品和安全检测仪器，应当符合国家安全标准或者行业安全标准；不符合国家安全标准或者行业安全标准的，不得使用：

（一）采掘、支护、装载、运输、提升、通风、排水、瓦斯抽放、压缩空气和起重设备；

（二）电动机、变压器、配电柜、电器开关、电控装置；

（三）爆破器材、通讯器材、矿灯、电缆、钢丝绳、支护材料、防火材料；

（四）各种安全卫生检测仪器仪表；

（五）自救器、安全帽、防尘防毒口罩或者面罩、防护服、防护鞋等防护用品和救护设备；

（六）经有关主管部门认定的其他有特殊安全要求的设备和器材。

《煤矿安全监察条例》第二十八条 煤矿安全监察机构发现煤矿矿井使用的设备、器材、仪器、仪表、防护用品不符合国家安全标准或者行业安全标准的，应当责令立即停止使用。

2. 作出处罚决定的依据：

《煤矿安全监察条例》第三十九条 未依法提取或者使用煤矿安全技术措施专项费用，或者使用不符合国家安全标准或者行业安全标准的设备、器材、仪器、仪表、防护用品，经煤矿安全监察机构责令限期改正或者责令立即停止使用，逾期不改正或者不立即停止使用的，由煤矿安全监察机构处 5 万元以下的罚款；情节严重的，由煤矿安全监察机构责令停产整顿；对直接负责的主管人员和其他直接责任人员，依法给予纪律处分。

3. 实施主体：

矿山安全监察机构。

4. 裁量阶次、适用条件和具体标准：

（1）第一阶次

适用条件：逾期不改正或者不立即停止使用的。

具体标准：5万元以下的罚款。

（2）第二阶次

适用条件：逾期不改正或者不立即停止使用，情节严重的。

具体标准：责令停产整顿。

第二百二十九条 煤矿作业场所的粉尘或者其他有毒有害气体浓度超标，拒不停止作业的违法行为

1. 认定违法行为的依据：

《煤矿安全监察条例》第三十条　煤矿安全监察人员发现煤矿作业场所的瓦斯、粉尘或者其他有毒有害气体的浓度超过国家安全标准或者行业安全标准的，煤矿擅自开采保安煤柱的，或者采用危及相邻煤矿生产安全的决水、爆破、贯通巷道等危险方法进行采矿作业的，应当责令立即停止作业，并将有关情况报告煤矿安全监察机构。

2. 作出处罚决定的依据：

《煤矿安全监察条例》第四十二条　煤矿作业场所的瓦斯、粉尘或者其他有毒有害气体的浓度超过国家安全标准或者行业安全标准，经煤矿安全监察人员责令立即停止作业，拒不停止作业的，由煤矿安全监察机构责令停产整顿，可以处10万元以下的罚款。

3. 实施主体：

矿山安全监察机构。

4. 裁量阶次、适用条件和具体标准：

（1）第一阶次

适用条件：超过标准5%以下的。

具体标准：责令停产整顿，可以处3万元以下的罚款。

（2）第二阶次

适用条件：超过标准5%以上10%以下的。

具体标准：责令停产整顿，可以处3万元以上7万元以下的罚款。

（3）第三阶次

适用条件：超过标准10%以上的。

具体标准：责令停产整顿，可以处 7 万元以上 10 万元以下的罚款。

5. 适用说明：

煤矿作业场所的粉尘或者其他有毒有害气体浓度超标，构成事故隐患的，按照关于事故隐患的规定处罚，依据本《基准》中关于事故隐患的规定裁量。

第二百三十条 煤矿对一般事故负有责任的事故罚款

1. **认定违法行为的依据**：

《安全生产法》第四条 生产经营单位必须遵守本法和其他有关安全生产的法律、法规，加强安全生产管理，建立健全全员安全生产责任制和安全生产规章制度，加大对安全生产资金、物资、技术、人员的投入保障力度，改善安全生产条件，加强安全生产标准化、信息化建设，构建安全风险分级管控和隐患排查治理双重预防机制，健全风险防范化解机制，提高安全生产水平，确保安全生产。

《安全生产法》第十六条 国家实行生产安全事故责任追究制度，依照本法和有关法律、法规的规定，追究生产安全事故责任单位和责任人员的法律责任。

2. **作出处罚决定的依据**：

《安全生产法》第一百一十四条 发生生产安全事故，对负有责任的生产经营单位除要求其依法承担相应的赔偿等责任外，由应急管理部门依照下列规定处以罚款：

（一）发生一般事故的，处三十万元以上一百万元以下的罚款。

发生生产安全事故，情节特别严重、影响特别恶劣的，应急管理部门可以按照前款罚款数额的二倍以上五倍以下对负有责任的生产经营单位处以罚款。

《生产安全事故报告和调查处理条例》第四十条第一款 事故发生单位对事故发生负有责任的，由有关部门依法暂扣或者吊销其有关证照；对事故发生单位负有事故责任的有关人员，依法暂停或者撤销其与安全生产有关的执业资格、岗位证书；事故发生单位主要负责人受到刑事处罚或者撤职处分的，自刑罚执行完毕或者受处分之日起，5 年内不得担任任何生产经营单位的主要负责人。

3. **实施主体**：

煤矿安全监管监察部门。

4. **裁量阶次、适用条件和具体标准**：

（1）第一阶次

适用条件：事故发生单位对造成 1 人死亡，或者 3 人以上 6 人以下重伤（包括急性工业中毒），或者 300 万元以上 600 万元以下直接经济损失的一般事故负有责任的。

具体标准：由有关部门依法暂扣或者吊销其有关证照，处 30 万元以上 70 万元以下的罚款。

（2）第二阶次

适用条件：事故发生单位对造成 2 人死亡，或者 6 人以上 10 人以下重伤（包括急性工业中毒），或者 600 万元以上 1000 万元以下直接经济损失的一般事故负有责任的。

具体标准：由有关部门依法暂扣或者吊销其有关证照，处 70 万元以上 100 万元以下的罚款。

（3）第三阶次

适用条件：发生一般事故，有谎报或者瞒报事故情节的，或者地下矿山负责人未按照规定带班下井的。

具体标准：由有关部门依法暂扣或者吊销其有关证照，处 100 万元的罚款。

（4）第四阶次

适用条件：事故情节特别严重、影响特别恶劣的。

具体标准：由有关部门依法暂扣或者吊销其有关证照，处 100 万元二倍以上五倍以下的罚款。

第二百三十一条　煤矿对较大事故负有责任的事故罚款

1. 认定违法行为的依据：

《安全生产法》第四条　生产经营单位必须遵守本法和其他有关安全生产的法律、法规，加强安全生产管理，建立健全全员安全生产责任制和安全生产规章制度，加大对安全生产资金、物资、技术、人员的投入保障力度，改善安全生产条件，加强安全生产标准化、信息化建设，构建安全风险分级管控和隐患排查治理双重预防机制，健全风险防范化解机制，提高安全生产水平，确保安全生产。

《安全生产法》第十六条　国家实行生产安全事故责任追究制度，依照本法和有关法律、法规的规定，追究生产安全事故责任单位和责任人员的法律责任。

2. 作出处罚决定的依据：

《安全生产法》第一百一十四条　发生生产安全事故，对负有责任的生产经营单位除要求其依法承担相应的赔偿等责任外，由应急管理部门依照下列规定处以罚款：

（二）发生较大事故的，处一百万元以上二百万元以下的罚款。

发生生产安全事故，情节特别严重、影响特别恶劣的，应急管理部门可以按照前款罚款数额的二倍以上五倍以下对负有责任的生产经营单位处以罚款。

《生产安全事故报告和调查处理条例》第四十条第一款　事故发生单位对事故发生负有责任的，由有关部门依法暂扣或者吊销其有关证照；对事故发生单位负有事故责任的有关人员，依法暂停或者撤销其与安全生产有关的执业资格、岗位证书；事故发生单位主要负责人受到刑事处罚或者撤职处分的，自刑罚执行完毕或者受处分之日起，5年内不得担任任何生产经营单位的主要负责人。

3. 实施主体：

煤矿安全监管监察部门。

4. 裁量阶次、适用条件和具体标准：

（1）第一阶次

适用条件：事故发生单位对造成3人以上6人以下死亡，或者10人以上30人以下重伤（包括急性工业中毒），或者1000万元以上3000万元以下直接经济损失的较大事故负有责任的。

具体标准：由有关部门依法暂扣或者吊销其有关证照，处100万元以上150万元以下的罚款。

（2）第二阶次

适用条件：事故发生单位对造成6人以上10人以下死亡，或者30人以上50人以下重伤（包括急性工业中毒），或者3000万元以上5000万元以下直接经济损失的较大事故负有责任的。

具体标准：由有关部门依法暂扣或者吊销其有关证照，处150万元以上200万元以下的罚款。

（3）第三阶次

适用条件：发生较大事故，有谎报或者瞒报事故情节的，或者地下矿山负责人未按照规定带班下井的。

具体标准：由有关部门依法暂扣或者吊销其有关证照，处200万元的罚款。

（4）第四阶次

适用条件：情节特别严重、影响特别恶劣的。

具体标准：由有关部门依法暂扣或者吊销其有关证照，处200万元的二倍以上五倍以下的罚款。

第二百三十二条 煤矿对重大事故负有责任的事故罚款

1. 认定违法行为的依据：

《安全生产法》第四条 生产经营单位必须遵守本法和其他有关安全生产的法律、法规，加强安全生产管理，建立健全全员安全生产责任制和安全生产规章制度，加大对安全生产资金、物资、技术、人员的投入保障力度，改善安全生产条件，加强安全生产标准化、信息化建设，构建安全风险分级管控和隐患排查治理双重预防机制，健全风险防范化解机制，提高安全生产水平，确保安全生产。

《安全生产法》第十六条　国家实行生产安全事故责任追究制度，依照本法和有关法律、法规的规定，追究生产安全事故责任单位和责任人员的法律责任。

2. 作出处罚决定的依据：

《安全生产法》第一百一十四条　发生生产安全事故，对负有责任的生产经营单位除要求其依法承担相应的赔偿等责任外，由应急管理部门依照下列规定处以罚款：

（三）发生重大事故的，处二百万元以上一千万元以下的罚款。

发生生产安全事故，情节特别严重、影响特别恶劣的，应急管理部门可以按照前款罚款数额的二倍以上五倍以下对负有责任的生产经营单位处以罚款。

《生产安全事故报告和调查处理条例》第四十条第一款　事故发生单位对事故发生负有责任的，由有关部门依法暂扣或者吊销其有关证照；对事故发生单位负有事故责任的有关人员，依法暂停或者撤销其与安全生产有关的执业资格、岗位证书；事故发生单位主要负责人受到刑事处罚或者撤职处分的，自刑罚执行完毕或者受处分之日起，5 年内不得担任任何生产经营单位的主要负责人。

3. 实施主体：

煤矿安全监管监察部门。

4. 裁量阶次、适用条件和具体标准：

（1）第一阶次

适用条件：事故发生单位对造成 10 人以上 15 人以下死亡，或者 50 人以上 70 人以下重伤（包括急性工业中毒），或者 5000 万元以上 7000 万元以下直接经济损失的重大事故负有责任的。

具体标准：由有关部门依法暂扣或者吊销其有关证照，处 200 万元以上 600 万元以下的罚款。

（2）第二阶次

适用条件：事故发生单位对造成 15 人以上 30 人以下死亡，或者 70 人以上 100 人以下重伤（包括急性工业中毒），或者 7000 万元以上 1 亿元以下直接经济损失的重大事故负有责任的。

具体标准：由有关部门依法暂扣或者吊销其有关证照，处 600 万元以上 1000 万元以下的罚款。

（3）第三阶次

适用条件：发生重大事故，有谎报或者瞒报事故情节的，或者地下矿山负责人未按照规定带班下井的。

具体标准：由有关部门依法暂扣或者吊销其有关证照，处 1000 万元的罚款。

（4）第四阶次

适用条件：情节特别严重、影响特别恶劣的。
具体标准：由有关部门依法暂扣或者吊销其有关证照，处 1000 万元的二倍以上五倍以下的罚款。

第二百三十三条　煤矿对特别重大事故负有责任的事故罚款

1. 认定违法行为的依据：

《安全生产法》第四条　生产经营单位必须遵守本法和其他有关安全生产的法律、法规，加强安全生产管理，建立健全全员安全生产责任制和安全生产规章制度，加大对安全生产资金、物资、技术、人员的投入保障力度，改善安全生产条件，加强安全生产标准化、信息化建设，构建安全风险分级管控和隐患排查治理双重预防机制，健全风险防范化解机制，提高安全生产水平，确保安全生产。

《安全生产法》第十六条　国家实行生产安全事故责任追究制度，依照本法和有关法律、法规的规定，追究生产安全事故责任单位和责任人员的法律责任。

2. 作出处罚决定的依据：

《安全生产法》第一百一十四条　发生生产安全事故，对负有责任的生产经营单位除要求其依法承担相应的赔偿等责任外，由应急管理部门依照下列规定处以罚款：

（四）发生特别重大事故的，处一千万元以上二千万元以下的罚款。

发生生产安全事故，情节特别严重、影响特别恶劣的，应急管理部门可以按照前款罚款数额的二倍以上五倍以下对负有责任的生产经营单位处以罚款。

《生产安全事故报告和调查处理条例》第四十条第一款　事故发生单位对事故发生负有责任的，由有关部门依法暂扣或者吊销其有关证照；对事故发生单位负有事故责任的有关人员，依法暂停或者撤销其与安全生产有关的执业资格、岗位证书；事故发生单位主要负责人受到刑事处罚或者撤职处分的，自刑罚执行完毕或者受处分之日起，5 年内不得担任任何生产经营单位的主要负责人。

3. 实施主体：

煤矿安全监管监察部门。

4. 裁量阶次、适用条件和具体标准：

（1）第一阶次

适用条件：事故发生单位对造成 30 人以上 40 人以下死亡，或者 100 人以上 120 人以下重伤，或者 1 亿元以上 1.2 亿元以下直接经济损失的特别重大事故负有责任的。

具体标准：由有关部门依法暂扣或者吊销其有关证照，处 1000 万元以上 1500 万元以下的罚款。

(2) 第二阶次

适用条件：事故发生单位对造成 40 人以上 50 人以下死亡，或者 120 人以上 150 人以下重伤，或者 1.2 亿元以上 1.5 亿元以下直接经济损失的特别重大事故负有责任的。

具体标准：由有关部门依法暂扣或者吊销其有关证照，处 1500 万元以上 2000 万元以下的罚款。

(3) 第三阶次

适用条件：①谎报特别重大事故的；②瞒报特别重大事故的；③未依法取得有关行政审批或者证照擅自从事生产经营活动的；④拒绝、阻碍行政执法的；⑤拒不执行有关停产停业、停止施工、停止使用相关设备或者设施的行政执法指令的；⑥明知存在事故隐患，仍然进行生产经营活动的；⑦一年内已经发生 2 起以上较大事故，或者 1 起重大以上事故，再次发生特别重大事故的；⑧地下矿山负责人未按照规定带班下井的。

具体标准：由有关部门依法暂扣或者吊销其有关证照，处 2000 万元的罚款。

(4) 第四阶次

适用条件：情节特别严重、影响特别恶劣，或者造成 50 人以上死亡，或者 150 人以上重伤，或者 1.5 亿元以上直接经济损失的。

具体标准：由有关部门依法暂扣或者吊销其有关证照，处 2000 万元的二倍以上五倍以下的罚款。

第二百三十四条　煤矿主要负责人在事故发生后不立即组织抢救或者在事故调查处理期间擅离职守或者逃匿的违法行为

1. 认定违法行为的依据：

《安全生产法》第八十三条　生产经营单位发生生产安全事故后，事故现场有关人员应当立即报告本单位负责人。

单位负责人接到事故报告后，应当迅速采取有效措施，组织抢救，防止事故扩大，减少人员伤亡和财产损失，并按照国家有关规定立即如实报告当地负有安全生产监督管理职责的部门，不得隐瞒不报、谎报或者迟报，不得故意破坏事故现场、毁灭有关证据。

2. 作出处罚决定的依据：

《安全生产法》第一百一十条　生产经营单位的主要负责人在本单位发生生产安全事故时，不立即组织抢救或者在事故调查处理期间擅离职守或者逃匿的，给予降级、撤职的处分，并由应急管理部门处上一年年收入百分之六十至百分之一百的罚款；对逃匿的处十五日以下拘留；构成犯罪的，依照刑法有关规定追究刑事责任。

生产经营单位的主要负责人对生产安全事故隐瞒不报、谎报或者迟报的,依照前款规定处罚。

3. 实施主体:

煤矿安全监管监察部门。

4. 裁量阶次、适用条件和具体标准:

(1) 第一阶次

适用条件: 在事故发生后不立即组织事故抢救的。

具体标准: 处上一年年收入100%的罚款。

(2) 第二阶次

适用条件: 在事故调查处理期间擅离职守的。

具体标准: 处上一年年收入80%至100%的罚款。

(3) 第三阶次

适用条件: 事故发生后逃匿的。

具体标准: 处上一年年收入100%的罚款。

5. 适用说明:

逃匿包含了不立即组织抢救和擅离职守之意,而擅离职守则包含了不立即组织抢救之意,三者在程度上有所不同,构成违法行为的吸收,应当从重处罚。

第二百三十五条 煤矿主要负责人在事故发生后隐瞒不报、谎报或者迟报的违法行为

1. 认定违法行为的依据:

《安全生产法》第八十三条 生产经营单位发生生产安全事故后,事故现场有关人员应当立即报告本单位负责人。

单位负责人接到事故报告后,应当迅速采取有效措施,组织抢救,防止事故扩大,减少人员伤亡和财产损失,并按照国家有关规定立即如实报告当地负有安全生产监督管理职责的部门,不得隐瞒不报、谎报或者迟报,不得故意破坏事故现场、毁灭有关证据。

2. 作出处罚决定的依据:

《安全生产法》第一百一十条 生产经营单位的主要负责人在本单位发生生产安全事故时,不立即组织抢救或者在事故调查处理期间擅离职守或者逃匿的,给予降级、撤职的处分,并由应急管理部门处上一年年收入百分之六十至百分之一百的罚款;对逃匿的处十五日以下拘留;构成犯罪的,依照刑法有关规定追究刑事责任。

生产经营单位的主要负责人对生产安全事故隐瞒不报、谎报或者迟报的，依照前款规定处罚。

《生产安全事故报告和调查处理条例》第三十六条　事故发生单位及其有关人员有下列行为之一的，对事故发生单位处100万元以上500万元以下的罚款；对主要负责人、直接负责的主管人员和其他直接责任人员处上一年年收入60%至100%的罚款；属于国家工作人员的，并依法给予处分；构成违反治安管理行为的，由公安机关依法给予治安管理处罚；构成犯罪的，依法追究刑事责任：

（一）谎报或者瞒报事故的。

3. 实施主体：

煤矿安全监管监察部门。

4. 裁量阶次、适用条件和具体标准：

（1）第一阶次

适用条件：漏报事故的。

具体标准：对主要负责人处上一年年收入40%至60%的罚款。

（2）第二阶次

适用条件：迟报事故的。

具体标准：对主要负责人处上一年年收入60%至80%的罚款。

（3）第三阶次

适用条件：谎报或者瞒报一般事故的。

具体标准：对事故发生单位处100万元以上200万元以下的罚款；对主要负责人处上一年年收入100%的罚款。

（4）第四阶次

适用条件：谎报或者瞒报较大事故的。

具体标准：对事故发生单位处200万元以上300万元以下的罚款；对主要负责人处上一年年收入100%的罚款。

（5）第五阶次

适用条件：谎报或者瞒报重大事故的。

具体标准：对事故发生单位处300万元以上400万元以下的罚款；对主要负责人处上一年年收入100%的罚款。

（6）第六阶次

适用条件：谎报或者瞒报特别重大事故的。

具体标准：对事故发生单位处400万元以上500万元以下的罚款；对主要负责人处上一年年收入100%的罚款。

5. 适用说明：

瞒报与谎报在性质上相同，但迟报与谎报（瞒报）在性质上不同。如果主要负责人存在上述两种行为，属于两个不同的违法行为。

第二百三十六条 煤矿有关人员谎报或者瞒报事故的违法行为

1. 认定违法行为的依据：

《生产安全事故报告和调查处理条例》第四条第一款 事故报告应当及时、准确、完整，任何单位和个人对事故不得迟报、漏报、谎报或者瞒报。

2. 作出处罚决定的依据：

《生产安全事故报告和调查处理条例》第三十六条 事故发生单位及其有关人员有下列行为之一的，对事故发生单位处100万元以上500万元以下的罚款；对主要负责人、直接负责的主管人员和其他直接责任人员处上一年年收入60%至100%的罚款；属于国家工作人员的，并依法给予处分；构成违反治安管理行为的，由公安机关依法给予治安管理处罚；构成犯罪的，依法追究刑事责任：

（一）谎报或者瞒报事故的。

3. 实施主体：

煤矿安全监管监察部门。

4. 裁量阶次、适用条件和具体标准：

（1）第一阶次

适用条件：谎报或者瞒报一般事故的。

具体标准：对事故发生单位处100万元以上200万元以下的罚款；对直接负责的主管人员和其他直接责任人员处上一年年收入60%的罚款。

（2）第二阶次

适用条件：谎报或者瞒报较大事故的。

具体标准：对事故发生单位处200万元以上300万元以下的罚款；对直接负责的主管人员和其他直接责任人员处上一年年收入80%的罚款。

（3）第三阶次

适用条件：谎报或者瞒报重大事故的。

具体标准：对事故发生单位处300万元以上400万元以下的罚款；对直接负责的主管人员和其他直接责任人员处上一年年收入100%的罚款。

（4）第四阶次

适用条件：谎报或者瞒报特别重大事故的。

具体标准：对事故发生单位处400万元以上500万元以下的罚款；对直接负责的主管人员和其他直接责任人员处上一年年收入100%的罚款。

5. 适用说明：

（1）对主要负责人的处罚，按照本《基准》关于主要负责人谎报或者瞒报事故的规定处罚。

（2）直接负责的主管人员和其他直接责任人员按照本条的规定处罚。

第二百三十七条　事故煤矿及有关人员伪造或者故意破坏事故现场的违法行为

1. 认定违法行为的依据：

《生产安全事故报告和调查处理条例》第十六条　事故发生后，有关单位和人员应当妥善保护事故现场以及相关证据，任何单位和个人不得破坏事故现场、毁灭相关证据。

因抢救人员、防止事故扩大以及疏通交通等原因，需要移动事故现场物件的，应当做出标志，绘制现场简图并做出书面记录，妥善保存现场重要痕迹、物证。

2. 作出处罚决定的依据：

《生产安全事故报告和调查处理条例》第三十六条　事故发生单位及其有关人员有下列行为之一的，对事故发生单位处100万元以上500万元以下的罚款；对主要负责人、直接负责的主管人员和其他直接责任人员处上一年年收入60%至100%的罚款；属于国家工作人员的，并依法给予处分；构成违反治安管理行为的，由公安机关依法给予治安管理处罚；构成犯罪的，依法追究刑事责任：

（二）伪造或者故意破坏事故现场的。

3. 实施主体：

煤矿安全监管监察部门。

4. 裁量阶次、适用条件和具体标准：

（1）第一阶次

适用条件：发生一般事故的。

具体标准：对事故发生单位处100万元以上200万元以下的罚款；对主要负责人、直接负责的主管人员和其他直接责任人员处上一年年收入80%的罚款。

（2）第二阶次

适用条件：发生较大事故的。

具体标准：对事故发生单位处200万元以上300万元以下的罚款；对主要负责人、直接负责的主管人员和其他直接责任人员处上一年年收入90%的罚款。

（3）第三阶次

适用条件：发生重大事故的。

具体标准：对事故发生单位处300万元以上400万元以下的罚款；对主要负

责人、直接负责的主管人员和其他直接责任人员处上一年年收入100%的罚款。

(4) 第四阶次

适用条件：发生特别重大事故的。

具体标准：对事故发生单位处400万元以上500万元以下的罚款；对主要负责人、直接负责的主管人员和其他直接责任人员处上一年年收入100%的罚款。

5. 适用说明：

"伪造或者故意破坏事故现场的违法行为"包括两种违法行为：①伪造事故现场；②故意破坏事故现场。

第二百三十八条　事故煤矿及有关人员转移、隐匿资金、财产，或者销毁有关证据、资料的违法行为

1. 认定违法行为的依据：

《生产安全事故报告和调查处理条例》第十六条　事故发生后，有关单位和人员应当妥善保护事故现场以及相关证据，任何单位和个人不得破坏事故现场、毁灭相关证据。

因抢救人员、防止事故扩大以及疏通交通等原因，需要移动事故现场物件的，应当做出标志，绘制现场简图并做出书面记录，妥善保存现场重要痕迹、物证。

2. 作出处罚决定的依据：

《生产安全事故报告和调查处理条例》第三十六条　事故发生单位及其有关人员有下列行为之一的，对事故发生单位处100万元以上500万元以下的罚款；对主要负责人、直接负责的主管人员和其他直接责任人员处上一年年收入60%至100%的罚款；属于国家工作人员的，并依法给予处分；构成违反治安管理行为的，由公安机关依法给予治安管理处罚；构成犯罪的，依法追究刑事责任：

（三）转移、隐匿资金、财产，或者销毁有关证据、资料的。

3. 实施主体：

煤矿安全监管监察部门。

4. 裁量阶次、适用条件和具体标准：

(1) 第一阶次

适用条件：发生一般事故的。

具体标准：对事故发生单位处100万元以上200万元以下的罚款；对主要负责人、直接负责的主管人员和其他直接责任人员处上一年年收入80%的罚款。

(2) 第二阶次

适用条件：发生较大事故的。

具体标准：对事故发生单位处 200 万元以上 300 万元以下的罚款；对主要负责人、直接负责的主管人员和其他直接责任人员处上一年年收入 90% 的罚款。

（3）第三阶次

适用条件：发生重大事故的。

具体标准：对事故发生单位处 300 万元以上 400 万元以下的罚款；对主要负责人、直接负责的主管人员和其他直接责任人员处上一年年收入 100% 的罚款。

（4）第四阶次

适用条件：发生特别重大事故的。

具体标准：对事故发生单位处 400 万元以上 500 万元以下的罚款；对主要负责人、直接负责的主管人员和其他直接责任人员处上一年年收入 100% 的罚款。

5. 适用说明：

"转移、隐匿资金、财产，或者销毁有关证据、资料的违法行为"包括两种违法行为：①转移、隐匿资金、财产；②销毁有关证据、资料。

第二百三十九条　事故煤矿及有关人员拒绝接受调查或者拒绝提供有关情况和资料的违法行为

1. 认定违法行为的依据：

《生产安全事故报告和调查处理条例》第二十六条　事故调查组有权向有关单位和个人了解与事故有关的情况，并要求其提供相关文件、资料，有关单位和个人不得拒绝。

事故发生单位的负责人和有关人员在事故调查期间不得擅离职守，并应当随时接受事故调查组的询问，如实提供有关情况。

事故调查中发现涉嫌犯罪的，事故调查组应当及时将有关材料或者其复印件移交司法机关处理。

2. 作出处罚决定的依据：

《生产安全事故报告和调查处理条例》第三十六条　事故发生单位及其有关人员有下列行为之一的，对事故发生单位处 100 万元以上 500 万元以下的罚款；对主要负责人、直接负责的主管人员和其他直接责任人员处上一年年收入 60% 至 100% 的罚款；属于国家工作人员的，并依法给予处分；构成违反治安管理行为的，由公安机关依法给予治安管理处罚；构成犯罪的，依法追究刑事责任：

（四）拒绝接受调查或者拒绝提供有关情况和资料的。

3. 实施主体：

煤矿安全监管监察部门。

4. 裁量阶次、适用条件和具体标准：

(1) 第一阶次

适用条件：发生一般事故的。

具体标准：对事故发生单位处 100 万元以上 200 万元以下的罚款；对主要负责人、直接负责的主管人员和其他直接责任人员处上一年年收入 80% 的罚款。

(2) 第二阶次

适用条件：发生较大事故的。

具体标准：对事故发生单位处 200 万元以上 300 万元以下的罚款；对主要负责人、直接负责的主管人员和其他直接责任人员处上一年年收入 90% 的罚款。

(3) 第三阶次

适用条件：发生重大事故的。

具体标准：对事故发生单位处 300 万元以上 400 万元以下的罚款；对主要负责人、直接负责的主管人员和其他直接责任人员处上一年年收入 100% 的罚款。

(4) 第四阶次

适用条件：发生特别重大事故的。

具体标准：对事故发生单位处 400 万元以上 500 万元以下的罚款；对主要负责人、直接负责的主管人员和其他直接责任人员处上一年年收入 100% 的罚款。

5. 适用说明：

"拒绝接受调查或者拒绝提供有关情况和资料的违法行为"包括三个违法行为：①拒绝接受调查；②拒绝提供有关情况；③拒绝提供有关资料。

第二百四十条 事故煤矿及有关人员在事故调查中作伪证或者指使他人作伪证的违法行为

1. 认定违法行为的依据：

《生产安全事故报告和调查处理条例》第二十六条 事故调查组有权向有关单位和个人了解与事故有关的情况，并要求其提供相关文件、资料，有关单位和个人不得拒绝。

事故发生单位的负责人和有关人员在事故调查期间不得擅离职守，并应当随时接受事故调查组的询问，如实提供有关情况。

事故调查中发现涉嫌犯罪的，事故调查组应当及时将有关材料或者其复印件移交司法机关处理。

2. 作出处罚决定的依据：

《生产安全事故报告和调查处理条例》第三十六条 事故发生单位及其有关人员有下列行为之一的，对事故发生单位处 100 万元以上 500 万元以下的罚款；对主要负责人、直接负责的主管人员和其他直接责任人员处上一年年收入 60%

至 100% 的罚款；属于国家工作人员的，并依法给予处分；构成违反治安管理行为的，由公安机关依法给予治安管理处罚；构成犯罪的，依法追究刑事责任：

（五）在事故调查中作伪证或者指使他人作伪证的。

3. 实施主体：

煤矿安全监管监察部门。

4. 裁量阶次、适用条件和具体标准：

（1）第一阶次

适用条件：发生一般事故的。

具体标准：对事故发生单位处 100 万元以上 200 万元以下的罚款；对主要负责人、直接负责的主管人员和其他直接责任人员处上一年年收入 80% 的罚款。

（2）第二阶次

适用条件：发生较大事故的。

具体标准：对事故发生单位处 200 万元以上 300 万元以下的罚款；对主要负责人、直接负责的主管人员和其他直接责任人员处上一年年收入 90% 的罚款。

（3）第三阶次

适用条件：发生重大事故的。

具体标准：对事故发生单位处 300 万元以上 400 万元以下的罚款；对主要负责人、直接负责的主管人员和其他直接责任人员处上一年年收入 100% 的罚款。

（4）第四阶次

适用条件：发生特别重大事故的。

具体标准：负责人、直接负责的主管人员和其他直接责任人员处上一年年收入 100% 的罚款。

5. 适用说明：

"在事故调查中作伪证或者指使他人作伪证的违法行为"包括两种违法行为：①在事故调查中作伪证；②在事故调查中指使他人作伪证。

第二百四十一条 事故煤矿有关人员在事故发生后逃匿的违法行为

1. 认定违法行为的依据：

《生产安全事故报告和调查处理条例》第十七条 事故发生地公安机关根据事故的情况，对涉嫌犯罪的，应当依法立案侦查，采取强制措施和侦查措施。犯罪嫌疑人逃匿的，公安机关应当迅速追捕归案。

《生产安全事故报告和调查处理条例》第二十六条 事故调查组有权向有关单位和个人了解与事故有关的情况，并要求其提供相关文件、资料，有关单位和个人不得拒绝。

事故发生单位的负责人和有关人员在事故调查期间不得擅离职守，并应当随时接受事故调查组的询问，如实提供有关情况。

事故调查中发现涉嫌犯罪的，事故调查组应当及时将有关材料或者其复印件移交司法机关处理。

2. 作出处罚决定的依据：

《生产安全事故报告和调查处理条例》第三十六条 事故发生单位及其有关人员有下列行为之一的，对事故发生单位处 100 万元以上 500 万元以下的罚款；对主要负责人、直接负责的主管人员和其他直接责任人员处上一年年收入 60% 至 100% 的罚款；属于国家工作人员的，并依法给予处分；构成违反治安管理行为的，由公安机关依法给予治安管理处罚；构成犯罪的，依法追究刑事责任：

（六）事故发生后逃匿的。

3. 实施主体：

煤矿安全监管监察部门。

4. 裁量阶次、适用条件和具体标准：

（1）第一阶次

适用条件：发生一般事故的。

具体标准：对事故发生单位处 100 万元以上 200 万元以下的罚款；对主要负责人、直接负责的主管人员和其他直接责任人员处上一年年收入 80% 的罚款。

（2）第二阶次

适用条件：发生较大事故的。

具体标准：对事故发生单位处 200 万元以上 300 万元以下的罚款；对主要负责人、直接负责的主管人员和其他直接责任人员处上一年年收入 90% 的罚款。

（3）第三阶次

适用条件：发生重大事故的。

具体标准：对事故发生单位处 300 万元以上 400 万元以下的罚款；对主要负责人、直接负责的主管人员和其他直接责任人员处上一年年收入 100% 的罚款。

（4）第四阶次

适用条件：发生特别重大事故的。

具体标准：对事故发生单位处 400 万元以上 500 万元以下的罚款；对主要负责人、直接负责的主管人员和其他直接责任人员处上一年年收入 100% 的罚款。

5. 适用说明：

主要负责人逃匿的，依照本《基准》关于主要负责人逃匿的规定进行处罚。

第二百四十二条 煤矿对较大涉险事故迟报、漏报、谎报或者瞒报的违法

行为

1. 认定违法行为的依据：

《生产安全事故信息报告和处置办法》第六条第一款　生产经营单位发生生产安全事故或者较大涉险事故，其单位负责人接到事故信息报告后应当于1小时内报告事故发生地县级安全生产监督管理部门、煤矿安全监察分局。

《生产安全事故信息报告和处置办法》第二十六条　本办法所称的较大涉险事故是指：

（一）涉险10人以上的事故；

（二）造成3人以上被困或者下落不明的事故；

（三）紧急疏散人员500人以上的事故；

（四）因生产安全事故对环境造成严重污染（人员密集场所、生活水源、农田、河流、水库、湖泊等）的事故；

（五）危及重要场所和设施安全（电站、重要水利设施、危化品库、油气站和车站、码头、港口、机场及其他人员密集场所等）的事故；

（六）其他较大涉险事故。

2. 作出处罚决定的依据：

《生产安全事故信息报告和处置办法》第二十五条　生产经营单位对较大涉险事故迟报、漏报、谎报或者瞒报的，给予警告，并处3万元以下的罚款。

3. 实施主体：

煤矿安全监管监察部门。

4. 具体标准：

给予警告，并处3万元以下的罚款。

5. 适用说明：

"煤矿对较大涉险事故迟报、漏报、谎报或者瞒报的违法行为"包括三种违法行为：①煤矿对较大涉险事故迟报；②煤矿对较大涉险事故漏报；③煤矿对较大涉险事故谎报、瞒报。

第二百四十三条　承担煤矿安全评价、认证、检测、检验职责的机构出具失实报告的违法行为

1. 认定违法行为的依据：

《安全生产法》第七十二条第一款　承担安全评价、认证、检测、检验职责的机构应当具备国家规定的资质条件，并对其作出的安全评价、认证、检测、检验结果的合法性、真实性负责。资质条件由国务院应急管理部门会同国务院有关部门制定。

2. 作出处罚决定的依据：

《安全生产法》第九十二条第一款　承担安全评价、认证、检测、检验职责的机构出具失实报告的，责令停业整顿，并处三万元以上十万元以下的罚款；给他人造成损害的，依法承担赔偿责任。

3. 实施主体：

煤矿安全监管监察部门。

4. 裁量阶次、适用条件和具体标准：

（1）第一阶次

适用条件：情节较轻或者危害后果较轻的。

具体标准：责令停业整顿，并处三万元以上五万元以下的罚款。

（2）第二阶次

适用条件：情节较重或者危害后果较重的。

具体标准：责令停业整顿，并处五万元以上八万元以下的罚款。

（3）第三阶次

适用条件：情节严重或者危害后果严重的。

具体标准：责令停业整顿，并处八万以上十万元以下的罚款。

5. 适用说明：

《安全评价检测检验机构管理办法》第三十条第一款第十项"安全评价报告存在法规标准引用错误、关键危险有害因素漏项、重大危险源辨识错误、对策措施建议与存在问题严重不符等重大疏漏，但尚未造成重大损失的"和第十一项"安全生产检测检验报告存在法规标准引用错误、关键项目漏检、结论不明确等重大疏漏，但尚未造成重大损失的"，构成出具失实报告或者虚假报告，依据《安全生产法》第九十二条的规定处罚。

第二百四十四条　承担煤矿安全评价、认证、检测、检验职责的机构租借资质、挂靠、出具虚假报告的违法行为

1. 认定违法行为的依据：

《安全生产法》第七十二条第二款　承担安全评价、认证、检测、检验职责的机构应当建立并实施服务公开和报告公开制度，不得租借资质、挂靠、出具虚假报告。

2. 作出处罚决定的依据：

《安全生产法》第九十二条第二款　承担安全评价、认证、检测、检验职责的机构租借资质、挂靠、出具虚假报告的，没收违法所得；违法所得在十万元以上的，并处违法所得二倍以上五倍以下的罚款，没有违法所得或者违法所得不足十万元的，单处或者并处十万元以上二十万元以下的罚款；对其直接负责的主管人员和其他直接责任人员处五万元以上十万元以下的罚款；给他人造成损害的，与生产经营单位承担连带赔偿责任；构成犯罪的，依照刑法有关规定追究刑事责任。

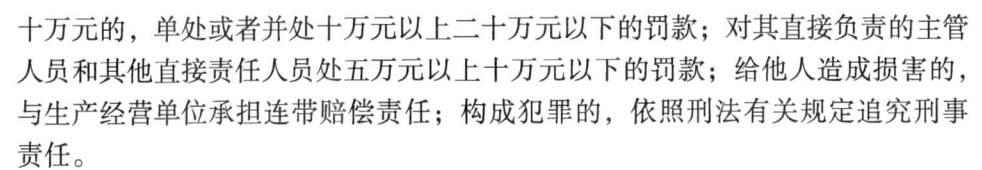

《安全生产法》第九十二条第三款　对有前款违法行为的机构及其直接责任人员，吊销其相应资质和资格，五年内不得从事安全评价、认证、检测、检验等工作；情节严重的，实行终身行业和职业禁入。

3. 实施主体：

煤矿安全监管监察部门。

4. 裁量阶次、适用条件和具体标准：

（1）第一阶次

适用条件：情节较轻或者危害后果较轻的。

具体标准：没收违法所得；违法所得在十万元以上的，并处违法所得二倍以上三倍以下的罚款，没有违法所得或者违法所得不足十万元的，单处或者并处十万元以上十三万元以下的罚款；对其直接负责的主管人员和其他直接责任人员处五万元以上七万元以下的罚款。对机构及其直接责任人员，吊销其相应资质和资格，五年内不得从事安全评价、认证、检测、检验等工作。

（2）第二阶次

适用条件：情节较重或者危害后果较重的。

具体标准：没收违法所得；违法所得在十万元以上的，并处违法所得三倍以上四倍以下的罚款，没有违法所得或者违法所得不足十万元的，单处或者并处十三万元以上十七万元以下的罚款；对其直接负责的主管人员和其他直接责任人员处七万元以上九万元以下的罚款。对机构及其直接责任人员，吊销其相应资质和资格，五年内不得从事安全评价、认证、检测、检验等工作。

（3）第三阶次

适用条件：情节严重或者危害后果严重的。

具体标准：没收违法所得；违法所得在十万元以上的，并处违法所得四倍以上五倍以下的罚款，没有违法所得或者违法所得不足十万元的，单处或者并处十七万元以上二十万元以下的罚款；对其直接负责的主管人员和其他直接责任人员处九万元以上十万元以下的罚款。对机构及其直接责任人员，吊销其相应资质和资格，五年内不得从事安全评价、认证、检测、检验等工作。

5. 适用说明：

（1）租借资质、挂靠、出具虚假报告属于三种不同的违法行为，如果机构同时存在这三种违法行为，应当分别处罚、合并裁量。

（2）租借资质和挂靠时，应当对出租方和租借方、挂靠方和被挂靠方进行处罚。对出租方、被挂靠方，依据《安全生产法》第九十二条第二款的规定处罚；对租借方、挂靠方，按照未取得资质的机构及其有关人员擅自从事煤矿安全评价、检测检验服务的违法行为，依据《安全评价检测检验机构管理办法》第二十九条的规定处罚。

（3）《生产安全事故报告和调查处理条例》第四十条第二款规定："为发生事故的单位提供虚假证明的中介机构，由有关部门依法暂扣或者吊销其有关证照及其相关人员的执业资格；构成犯罪的，依法追究刑事责任。"该款的规定实际上已经被《安全生产法》第九十二条第三款的规定废止。

第二百四十五条 未取得资质的机构及其有关人员擅自从事煤矿安全评价、检测检验服务的违法行为

1. 认定违法行为的依据：

《安全评价检测检验机构管理办法》第二十二条 安全评价检测检验机构及其从业人员不得有下列行为：

（二）不再具备资质条件或者资质过期从事安全评价、检测检验的；

（三）超出资质认可业务范围，从事法定的安全评价、检测检验的。

2. 作出处罚决定的依据：

《安全评价检测检验机构管理办法》第二十九条 未取得资质的机构及其有关人员擅自从事安全评价、检测检验服务的，责令立即停止违法行为，依照下列规定给予处罚：

（一）机构有违法所得的，没收其违法所得，并处违法所得一倍以上三倍以下的罚款，但最高不得超过三万元；没有违法所得的，处五千元以上一万元以下的罚款；

（二）有关人员处五千元以上一万元以下的罚款。

对有前款违法行为的机构及其人员，由资质认可机关记入有关机构和人员的信用记录，并依照有关规定予以公告。

3. 实施主体：

煤矿安全监管部门。

4. 裁量阶次、适用条件和具体标准：

（1）第一阶次

适用条件：没有违法所得的。

具体标准：对机构处五千元以上一万元以下的罚款；对有关人员处五千元以上一万元以下的罚款。

（2）第二阶次

适用条件：有违法所得的。

具体标准：对机构没收其违法所得，并处违法所得一倍以上三倍以下的罚款，但最高不得超过三万元；对有关人员处五千元以上一万元以下的罚款。

第二百四十六条　煤矿安全评价检测检验机构未依法与委托方签订技术服务合同的违法行为

1. 认定违法行为的依据：

《安全评价检测检验机构管理办法》第十六条　生产经营单位委托安全评价检测检验机构开展技术服务时，应当签订委托技术服务合同，明确服务对象、范围、权利、义务和责任。

2. 作出处罚决定的依据：

《安全评价检测检验机构管理办法》第三十条　安全评价检测检验机构有下列情形之一的，责令改正或者责令限期改正，给予警告，可以并处一万元以下的罚款；逾期未改正的，处一万元以上三万元以下的罚款，对相关责任人处一千元以上五千元以下的罚款；情节严重的，处一万元以上三万元以下的罚款，对相关责任人处五千元以上一万元以下的罚款：

（一）未依法与委托方签订技术服务合同的。

3. 实施主体：

煤矿安全监管部门。

4. 具体标准：

给予警告，可以并处一万元以下的罚款。

第二百四十七条　煤矿安全评价检测检验机构违反法规标准规定更改或者简化安全评价、检测检验程序和相关内容的违法行为

1. 认定违法行为的依据：

《安全评价检测检验机构管理办法》第二十二条　安全评价检测检验机构及其从业人员不得有下列行为：

（六）违反有关法规标准规定，更改或者简化安全评价、检测检验程序和相关内容的。

2. 作出处罚决定的依据：

《安全评价检测检验机构管理办法》第三十条　安全评价检测检验机构有下列情形之一的，责令改正或者责令限期改正，给予警告，可以并处一万元以下的罚款；逾期未改正的，处一万元以上三万元以下的罚款，对相关责任人处一千元以上五千元以下的罚款；情节严重的，处一万元以上三万元以下的罚款，对相关责任人处五千元以上一万元以下的罚款：

（二）违反法规标准规定更改或者简化安全评价、检测检验程序和相关内容的。

3. 实施主体：

煤矿安全监管部门。

4. 具体标准：

给予警告，可以并处一万元以下的罚款。

5. 适用说明：

"违反法规标准规定，更改或者简化安全评价、检测检验程序和相关内容的违法行为"包括多种违法行为，应当根据具体情形确定违法行为的数量。

第二百四十八条 煤矿安全评价检测检验机构未按规定公开安全评价报告、安全生产检测检验报告相关信息及现场勘验图像影像资料的违法行为

1. 认定违法行为的依据：

《安全评价检测检验机构管理办法》第十八条第二款 安全评价检测检验机构应当按照有关规定在网上公开安全评价报告、安全生产检测检验报告相关信息及现场勘验图像影像。

2. 作出处罚决定的依据：

《安全评价检测检验机构管理办法》第三十条 安全评价检测检验机构有下列情形之一的，责令改正或者责令限期改正，给予警告，可以并处一万元以下的罚款；逾期未改正的，处一万元以上三万元以下的罚款，对相关责任人处一千元以上五千元以下的罚款；情节严重的，处一万元以上三万元以下的罚款，对相关责任人处五千元以上一万元以下的罚款：

（三）未按规定公开安全评价报告、安全生产检测检验报告相关信息及现场勘验图像影像资料的。

3. 实施主体：

煤矿安全监管部门。

4. 具体标准：

给予警告，可以并处一万元以下的罚款。

5. 适用说明：

"未按规定公开安全评价报告、安全生产检测检验报告相关信息及现场勘验图像影像资料的违法行为"包括多种违法行为，应当根据具体情形确定违法行为的数量。

第二百四十九条 煤矿安全评价检测检验机构未在开展现场技术服务前七个工作日内，书面告知项目实施地资质认可机关的违法行为

1. 认定违法行为的依据：

《安全评价检测检验机构管理办法》第十九条 安全评价检测检验机构应当在开展现场技术服务前七个工作日内，书面告知项目实施地资质认可机关，接受资质认可机关及其下级部门的监督抽查。

2. 作出处罚决定的依据：

《安全评价检测检验机构管理办法》第三十条 安全评价检测检验机构有下列情形之一的，责令改正或者责令限期改正，给予警告，可以并处一万元以下的罚款；逾期未改正的，处一万元以上三万元以下的罚款，对相关责任人处一千元以上五千元以下的罚款；情节严重的，处一万元以上三万元以下的罚款，对相关责任人处五千元以上一万元以下的罚款：

（四）未在开展现场技术服务前七个工作日内，书面告知项目实施地资质认可机关的。

3. 实施主体：

煤矿安全监管部门。

4. 具体标准：

给予警告，可以并处一万元以下的罚款。

第二百五十条 煤矿安全评价检测检验机构名称、注册地址、实验室条件、法定代表人、专职技术负责人、授权签字人发生变化之日起三十日内未向原资质认可机关提出变更申请的违法行为

1. 认定违法行为的依据：

《安全评价检测检验机构管理办法》第十二条 安全评价检测检验机构的名称、注册地址、实验室条件、法定代表人、专职技术负责人、授权签字人发生变化的，应当自发生变化之日起三十日内向原资质认可机关提出书面变更申请。资质认可机关经审查后符合条件的，在本部门网站予以公告，并及时更新安全评价检测检验机构信息查询系统相关信息。

安全评价检测检验机构因改制、分立或者合并等原因发生变化的，应当自发生变化之日起三十日内向原资质认可机关书面申请重新核定资质条件和业务范围。

安全评价检测检验机构取得资质一年以上，需要变更业务范围的，应当向原资质认可机关提出书面申请。资质认可机关收到申请后应当按照本办法第九条至第十一条的规定办理。

2. 作出处罚决定的依据：

《安全评价检测检验机构管理办法》第三十条　安全评价检测检验机构有下列情形之一的，责令改正或者责令限期改正，给予警告，可以并处一万元以下的罚款；逾期未改正的，处一万元以上三万元以下的罚款，对相关责任人处一千元以上五千元以下的罚款；情节严重的，处一万元以上三万元以下的罚款，对相关责任人处五千元以上一万元以下的罚款：

（五）机构名称、注册地址、实验室条件、法定代表人、专职技术负责人、授权签字人发生变化之日起三十日内未向原资质认可机关提出变更申请的。

3. 实施主体：

煤矿安全监管部门。

4. 具体标准：

给予警告，可以并处一万元以下的罚款。

5. 适用说明：

依规定应当办理申请变更的情形很多，但无论违反了哪种情形，都属于未依法办理变更手续的违法行为，情形多寡是自由裁量考虑的因素。

第二百五十一条　煤矿安全评价检测检验机构未按照有关法规标准的强制性规定从事安全评价、检测检验活动的违法行为

1. 认定违法行为的依据：

《安全评价检测检验机构管理办法》第二十二条　安全评价检测检验机构及其从业人员不得有下列行为：

（一）违反法规标准的规定开展安全评价、检测检验的。

2. 作出处罚决定的依据：

《安全评价检测检验机构管理办法》第三十条　安全评价检测检验机构有下列情形之一的，责令改正或者责令限期改正，给予警告，可以并处一万元以下的罚款；逾期未改正的，处一万元以上三万元以下的罚款，对相关责任人处一千元以上五千元以下的罚款；情节严重的，处一万元以上三万元以下的罚款，对相关责任人处五千元以上一万元以下的罚款：

（六）未按照有关法规标准的强制性规定从事安全评价、检测检验活动的。

3. 实施主体：

煤矿安全监管部门。

4. 具体标准：

给予警告，可以并处一万元以下的罚款。

5. 适用说明：

"未按照有关法规标准的强制性规定从事安全评价、检测检验活动的违法行为"包括多种违法行为，应当根据具体情形确定违法行为的数量。

第二百五十二条　煤矿安全评价检测检验机构安全评价项目组组长及负责勘验人员不到现场实际地点开展勘验等有关工作的违法行为

1. 认定违法行为的依据：

《安全评价检测检验机构管理办法》第二十二条　安全评价检测检验机构及其从业人员不得有下列行为：

（八）安全评价项目组组长及负责勘验人员不到现场实际地点开展勘验等有关工作的。

2. 作出处罚决定的依据：

《安全评价检测检验机构管理办法》第三十条　安全评价检测检验机构有下列情形之一的，责令改正或者责令限期改正，给予警告，可以并处一万元以下的罚款；逾期未改正的，处一万元以上三万元以下的罚款，对相关责任人处一千元以上五千元以下的罚款；情节严重的，处一万元以上三万元以下的罚款，对相关责任人处五千元以上一万元以下的罚款：

（八）安全评价项目组组长及负责勘验人员不到现场实际地点开展勘验等有关工作的。

3. 实施主体：

煤矿安全监管部门。

4. 具体标准：

给予警告，可以并处一万元以下的罚款。

5. 适用说明：

"安全评价项目组组长及负责勘验人员不到现场实际地点开展勘验等有关工作的违法行为"包括两种违法行为：①安全评价项目组组长不到现场实际地点开展勘验等有关工作；②安全评价项目组负责勘验人员不到现场实际地点开展勘验等有关工作。应当根据具体情形确定违法行为的数量。

第二百五十三条　煤矿安全评价检测检验机构承担现场检测检验的人员不到现场实际地点开展设备检测检验等有关工作的违法行为

1. 认定违法行为的依据：

《安全评价检测检验机构管理办法》第二十二条　安全评价检测检验机构及其从业人员不得有下列行为：

（九）承担现场检测检验的人员不到现场实际地点开展设备检测检验等有关

工作的。

2. 作出处罚决定的依据：

《安全评价检测检验机构管理办法》第三十条 安全评价检测检验机构有下列情形之一的，责令改正或者责令限期改正，给予警告，可以并处一万元以下的罚款；逾期未改正的，处一万元以上三万元以下的罚款，对相关责任人处一千元以上五千元以下的罚款；情节严重的，处一万元以上三万元以下的罚款，对相关责任人处五千元以上一万元以下的罚款：

（九）承担现场检测检验的人员不到现场实际地点开展设备检测检验等有关工作的。

3. 实施主体：

煤矿安全监管部门。

4. 具体标准：

给予警告，可以并处一万元以下的罚款。

5. 适用说明：

"煤矿安全评价检测检验机构承担现场检测检验的人员不到现场实际地点开展设备检测检验等有关工作的违法行为"包括多种违法行为，应当根据具体情形确定违法行为的数量。

第二百五十四条 煤矿安全评价检测检验机构逾期未改正有关违法行为的违法行为

1. 认定违法行为的依据：

《安全评价检测检验机构管理办法》第三十条 安全评价检测检验机构有下列情形之一的，责令改正或者责令限期改正，给予警告，可以并处一万元以下的罚款；逾期未改正的，处一万元以上三万元以下的罚款，对相关责任人处一千元以上五千元以下的罚款；情节严重的，处一万元以上三万元以下的罚款，对相关责任人处五千元以上一万元以下的罚款：

（一）未依法与委托方签订技术服务合同的；

（二）违反法规标准规定更改或者简化安全评价、检测检验程序和相关内容的；

（三）未按规定公开安全评价报告、安全生产检测检验报告相关信息及现场勘验图像影像资料的；

（四）未在开展现场技术服务前七个工作日内，书面告知项目实施地资质认可机关的；

（五）机构名称、注册地址、实验室条件、法定代表人、专职技术负责人、

授权签字人发生变化之日起三十日内未向原资质认可机关提出变更申请的;

(六) 未按照有关法规标准的强制性规定从事安全评价、检测检验活动的;

(八) 安全评价项目组组长及负责勘验人员不到现场实际地点开展勘验等有关工作的;

(九) 承担现场检测检验的人员不到现场实际地点开展设备检测检验等有关工作的。

2. 作出处罚决定的依据:

《安全评价检测检验机构管理办法》第三十条 安全评价检测检验机构有下列情形之一的,责令改正或者责令限期改正,给予警告,可以并处一万元以下的罚款;逾期未改正的,处一万元以上三万元以下的罚款,对相关责任人处一千元以上五千元以下的罚款;情节严重的,处一万元以上三万元以下的罚款,对相关责任人处五千元以上一万元以下的罚款:

(一) 未依法与委托方签订技术服务合同的;

(二) 违反法规标准规定更改或者简化安全评价、检测检验程序和相关内容的;

(三) 未按规定公开安全评价报告、安全生产检测检验报告相关信息及现场勘验图像影像资料的;

(四) 未在开展现场技术服务前七个工作日内,书面告知项目实施地资质认可机关的;

(五) 机构名称、注册地址、实验室条件、法定代表人、专职技术负责人、授权签字人发生变化之日起三十日内未向原资质认可机关提出变更申请的;

(六) 未按照有关法规标准的强制性规定从事安全评价、检测检验活动的;

(八) 安全评价项目组组长及负责勘验人员不到现场实际地点开展勘验等有关工作的;

(九) 承担现场检测检验的人员不到现场实际地点开展设备检测检验等有关工作的。

3. 实施主体:

煤矿安全监管部门。

4. 裁量阶次、适用条件和具体标准:

(1) 第一阶次

适用条件:未改正违法行为的。

具体标准:处一万元以上三万元以下的罚款,对相关责任人处一千元以上五千元以下的罚款。

(2) 第二阶次

适用条件：未改正违法行为，情节严重的。
具体标准：处一万元以上三万元以下的罚款，对相关责任人处五千元以上一万元以下的罚款。

5. 适用说明：

逾期未改正其中一个违法行为的，按照逾期未改正一个违法行为进行处罚；逾期未改正两个以上违法行为的，按照逾期未改正的违法行为的个数确定违法行为的数量。

备注：1. 《国务院办公厅关于印发煤矿安全监察管理体制改革实施方案的通知》（国办发〔1999〕104号）"现由劳动等部门负责的煤矿安全监察职能，均由煤矿安全监察局承担。"

2. 《国务院关于取消和调整一批行政审批项目等事项的决定》（国发〔2015〕11号）、《国家煤矿安全监察局关于取消煤矿矿长资格证行政许可的通知》（煤安监监察〔2014〕33号）已经取消了煤矿矿长资格证和矿长安全资格证。

3. 《中共中央办公厅　国务院办公厅关于印发〈国家矿山安全监察局职能配置、内设机构和人员编制规定〉的通知》第八条将煤矿安全生产许可、建设工程安全设施设计审查和竣工验收核查、检验检测机构认证、相关人员培训等事项移交给地方政府。

4. 《国务院关于深化"证照分离"改革进一步激发市场主体发展活力的通知》（国发〔2021〕7号）要求"重要工业产品（除食品相关产品、化肥外）生产许可证核发等15项涉企经营许可事项（含煤矿安全生产许可），下放审批权限，便利企业就近办理"。

5. 《国务院办公厅关于全面实行行政许可事项清单管理的通知》（国办发〔2022〕2号）行政许可事项清单序号893、894、895规定：煤矿安全设施设计审查、煤矿企业安全生产许可、矿山特种作业人员职业资格认定由省级煤矿安全监管部门负责。